U0507716

中国农业科学院
农业经济与发展研究所
研究论丛
第 5 辑

● 本书为中央级公益性科研院所基本科研业务费
专项资金资助项目

IAED

The Poverty Alleviation and Prevention Effect of Participatory
Comprehensive Community Development
—Based on the Multidimensional Dynamic Perspective

参与式社区综合发展的减贫防贫效应研究

——基于多维动态视角

郭君平 ◎著

中国财经出版传媒集团

经济科学出版社
Economic Science Press

中国农业科学院农业经济与发展研究所
研究论丛编委会

主　　　任：袁龙江

常务副主任：毛世平

执行副主任：胡向东

编委会成员：（按姓氏笔画为序）

　　　　　　任爱胜　　孙东升　　朱立志　　李宁辉　　李思经

　　　　　　李先德　　吴敬学　　赵芝俊　　夏　英

　　减贫方式一直是世界各国在反贫困进程中最为关注的重要议题。自20世纪五六十年代以来，从扶贫方式的理论阐述、探索创新、调查反思、专题讨论到最优选择解析以及效益或效率评估，国内外相关研究文献层出不穷。当前，我国贫困地区面貌（如贫困人口、贫困面积及贫困程度）相比20世纪70年代末虽有较大改观，但影响低收入群体脱贫发展的不稳定、不确定因素却日益增多，贫困问题依然是非常尖锐、复杂、严峻的社会问题，并且不断以新的形式表现出来。不仅如此，新时期扶贫工作还将面临经济增长减贫作用弱化、扶贫攻坚任务艰巨、农户贫困状态波动频繁、反贫困成本逐年提高、农村贫困向城镇转移以及失地农民贫困化、贫困老龄化、贫困女性化等诸多现实挑战。

　　作为一种减贫方式，参与式社区综合发展在中外已开展数十年，但只有极少数专家学者在揭示其运行机制和减贫绩效方面做了有益尝试，不过不够全面、深入甚或忽略了一些关键问题，如参与式社区综合发展的内涵与外延是什么？为什么要实施参与式社区综合发展？相比其他减贫方式，其高效发挥作用的前提条件有哪些，有何优势和局限性？对于当前农村多维贫困，其减贫作用机理又是怎样？参与式社区综合发展的收入分配效应、消费分层效应、动态减贫效应、精准防贫效应有多大？若推行此减贫方式，需从哪些方面着手以保障其有效性？上述问题的探讨和解答对我们深刻认识参与式社区综合发展意义重大。为此，本书基于中外文献资料，运用国际主流研究方法，全面、系统地剖析参与式社区综合发展，以期进一步丰富、完善社区发展与贫困治理理论，并为参与式社区综合发展的减贫实践及相关制度安排提供科学合理的政策建议。

经理论分析与实证研究，本书得出如下主要结论：

（1）参与式社区综合发展是指以具备一定规模和长期发展条件（或资源禀赋）的农村贫困社区及其中弱势群体为基本瞄准单元，通过实施"一揽子"扶贫项目、援助活动或干预措施，达到多维有效减贫并促进农村可持续发展目标的减贫方式，属于综合而非单一干预的"区域发展减贫模式"范畴。其主要优势包括：能最大限度满足穷人多方面需求；相对容易跨越社区发展的临界最小努力阈值；化解贫困表现形式多样化与扶贫项目单一化的矛盾；贫困瞄准精度相比片区、重点县更高。其局限性为：扶助社区须具备一定的发展基础和条件；内外资源整合成本高，统筹协调工作难度大；社区内农户受益不均，存在"溢出效应"和"漏出效应"；脱贫指标多，资金需求大，供需矛盾突出。此外，其减贫作用机理是通过农村生活类、生产类、社会类以及生态类基础设施建设的单一作用与协同效应直接或间接地减少"生存型贫困""温饱型贫困"和"发展型贫困"，同时，通过践行参与和赋权理念，减少农村社会排斥。

（2）参与式社区综合发展减贫方式虽有一定"漏出效应"和"溢出效应"，但其包容性较强，可惠及绝大多数"轻度贫困户"和"中、小富户"。除"极贫户"（最低收入组）和部分"极富户"（最高收入组）外，其间各收入组农户均能从中受益，且收入水平越高，相对受益越大。不仅如此，参与式社区综合发展此种减贫效果可持续性较强，无论即期效应抑或时滞效应均很明显，且后者远大于前者。此外，参与式社区综合发展对农户参与种植、养殖以及本地务工等主要生计活动的影响存在显著的"群体"和"时期"双重差异。

（3）参与式社区综合发展具有显著的动态减贫效应。在消费流动性维度上，参与式社区综合发展能显著降低农户陷入慢性消费贫困的概率（下降16.4%），其作用路径是使一部分农户从慢性消费贫困减缓至暂时性消费贫困，而另一部分农户从慢性消费贫困直接脱贫；在收入流动性维度上，参与式社区综合发展可明显降低农户陷入慢性收入贫困和暂时性收入贫困的概率（依序下降10.3%、2.9%），其减贫机理相对更复杂，除使部分农户从慢性收入贫困直接脱贫外，还使部分农户从慢性收入贫困先减缓至暂时性收入贫困后再完全脱贫，余下其他农户则从暂时性收入贫困直接脱贫。

（4）欠发达地区农户的贫困脆弱性在 1999～2011 年期间降幅巨大（约下降 99%），抗风险冲击能力得到极大提升。总体上，参与式社区综合发展的"防贫"即期效应显著，可使农户贫困脆弱性指数降低 5 个百分点以上，然而其"防贫"时滞效应却并不突出。分不同群体考察，参与式社区综合发展"防贫"虽存在一定"漏出效应"和"溢出效应"，但包容性较强、瞄准精度尚可，能惠及大多数"重度脆弱户"和"中度、轻度脆弱户"；换言之，除"微度脆弱户""极度脆弱户"及部分"重度脆弱户"外，其间各贫困脆弱组农户均能从中得到保障，然而贫困脆弱性强度越高，所受保障程度越小。不仅如此，参与式社区综合发展此种"防贫"的精准度可持续性差，无明显时滞效应。

（5）参与式社区综合发展对减缓消费贫困有显著的即期效应（致使农户恩格尔系数下降 7.2～9.8 个百分点）和滞后效应（致使农户恩格尔系数下降 12.1～22.6 个百分点），且后一种效应更大。不仅如此，参与式社区综合发展即期减贫精度不高、包容性较强，存在"溢出效应"，但在一定程度上具有缩小农户间恩格尔系数差距（或消费贫富差距）的功能，且对处于"脱贫率"分位点附近的农户恩格尔系数负向作用最大；及至后期，此减贫方式的"瞄准偏差"极大，仅能降低处于"小康率"分位点的农户恩格尔系数，"漏出效应"突出。

目 录

Content

第1章 绪论 ………………………………………………… **1**

1.1 问题的提出 / 1

1.2 研究背景、目的和意义 / 5

1.3 研究方法、数据来源及技术路线 / 12

1.4 创新点、不足及篇章安排 / 18

第2章 农村社区扶贫的理论基础与文献综述 ……………… **22**

2.1 核心概念的界定与厘清 / 22

2.2 基本理论依据 / 31

2.3 国内外文献回顾与述评 / 41

第3章 中国农村社区扶贫实践及主要方式辨析 …………… **52**

3.1 现阶段中国农村社区的贫困表征 / 52

3.2 中国农村社区扶贫方式的辨析与比较 / 59

第4章 参与式社区综合发展减贫理论分析 ………………… **78**

4.1 参与式社区综合发展减贫的内涵与外延 / 78

4.2 参与式社区综合发展减贫的作用机理 / 83

4.3 参与式社区综合发展减贫的优势和局限性 / 88

4.4 参与式社区综合发展减贫实施的必要性和前提条件 / 92

第5章 **参与式社区综合发展的潜在减贫效应**
——基于比较静态分析法 ······················· **96**

5.1 农户收入、消费及生产性贫困特征 / 96

5.2 参与式社区综合发展对贫困深度、广度和强度的影响 / 109

5.3 本章小结 / 121

第6章 **参与式社区综合发展的收入分配净效应**
——基于收入贫困视角 ······················· **122**

6.1 问题的提出 / 122

6.2 理论框架、研究方法及数据来源 / 125

6.3 实证结果及分析 / 129

6.4 拓展讨论：参与式社区综合发展与不同农户的
生计活动 / 135

6.5 本章小结 / 137

第7章 **参与式社区综合发展的消费分层净效应**
——基于消费贫困视角 ······················· **139**

7.1 问题的提出 / 139

7.2 理论分析与研究设计 / 141

7.3 实证结果及分析 / 146

7.4 本章小结 / 153

第8章 **参与式社区综合发展的动态减贫效应**
——基于收入与消费流动性视角 ············· **155**

8.1 引言 / 155

8.2 文献综述 / 157

8.3 研究设计 / 159

8.4 实证结果及分析 / 163

8.5 本章小结 / 168

第9章 **参与式社区综合发展的精准"防贫"效应**
——基于贫困脆弱性视角 ······················· **170**

9.1　引言 / 170

9.2　文献综述 / 172

9.3　理论框架与研究方法 / 174

9.4　实证结果与分析 / 180

9.5　本章小结 / 189

第 10 章　研究结论与政策建议 ·· 191

10.1　全书研究结论 / 191

10.2　宏微观政策建议 / 193

参考文献 ·· 201

第 1 章

绪　论

"我们一定要抓紧工作、加大投入，努力在统筹城乡关系上取得重大突破，特别是要在破解城乡二元结构、推进城乡要素平等交换和公共资源均衡配置上取得重大突破，给农村发展注入新的动力，让广大农民平等参与改革发展进程、共同享受改革发展成果。"

——2015 年 4 月习近平总书记在中共中央政治局第 22 次集体学习时的讲话

1.1　问题的提出

自人类社会告别蛮荒走向文明，贫困便成了全世界范围内普遍存在的一种经济现象或社会问题，无论是在发达国家还是在发展中国家，不管在城镇抑或在乡村，都以不同形态、不同严重程度以及不同人口分布特征而为人们所关注。然而，贫困的概念内涵丰富，涉及经济学、政治学、人类学和社会学等学科领域。不同时代的人因视角或立场差异而对"贫困"见仁见智，即使置身于同一时代、相同国家和共同民族语言当中，人们在不同语境下对其含义的理解也不尽相同。过去数十年，贫困概念的演进虽受不同时期社会经济发展状况的制约，然而伴随时间的推移，其变化逻辑具有明显的层次性、递进性和统一性，经历了从 19 世纪末的侧重物质贫困（即从收入、消费角度定义贫困问题），到20世纪七八十年代更多关注包括教育、健康、机会公平在内的可行能力贫困，再至90年代发展到包含社会剥夺与社会排斥等权利贫困在内的更为宽泛的贫困定义。

与贫困相对应，反贫困既是人类社会面临的一项长期重大课题，亦是人类对自身发动的一场旷日持久之战。当前，我国正以"踏石留印""抓铁有痕"的精神，向全国人民展示前所未有的反贫决心与力度。回顾历史，中国真正严格意义上的扶贫大致经过了五个阶段，即体制改革推动（1978～1985年）、大规模开发（1986～1993年）、重点扶贫攻坚（1994～2000年）、巩固温饱成果（2001～2010年）和多目标综合扶贫（2011～2020年）。期间，各种扶贫惠农政策层出不穷，众多新颖扶贫模式竞相涌现，扶贫工作机制不断创新。单就扶贫模式或方式而言，从改革开放至今发生了诸多转变。例如，救济式扶贫→开发式扶贫→开放式扶贫，单一或单向扶持→多元互动综合发展，分散式扶贫（重点县与贫困村）→集中连片跨域治理，政府主导扶贫→参与式扶贫，"一刀切"式扶贫（相同标准和措施）→差别化扶贫，等等。

尽管扶贫模式或方式千变万化、形式多样，然而，从扶贫环节和任务分解角度看，我国反贫困无论采取何种模式或方法都将面临"扶谁的贫"（瞄准扶贫对象）、"谁去扶贫"（明确扶贫主体）、"怎样扶贫"（指向致贫因素）、"扶贫投入"（引导社会参与）和"制度保障"（及时建章立制）五大问题。这些问题能否得到有效解决，在很大程度上决定了扶贫模式或方式的优劣，而扶贫效果的高低又基本取决于扶贫模式或方式的瞄准度、效率以及可持续性等。刘坚（2006）的统计研究表明，20世纪80年代，我国农村贫困人口年均减少1350万，90年代年均减少530万，2002～2005年平均每年仅减少140万，三个阶段减贫速度渐次递减。从2011年《中国农村扶贫开发纲要（2011～2020年）》（以下简称《扶贫开发纲要》）颁布实施至2012年（期间以推行集中连片开发模式为主），贫困发生率显著下降（减贫速度攀升），脱贫效果明显，按新的农村扶贫标准，全国扶贫对象从1.66亿人减少至9899万人（占农村户籍人口比例相应下降了2.5个百分点），两年共减少6700万人，其中2012年减少了2339万人。

进而言之，从"往"至今，国内外被实践证明比较有效的扶贫方式或模式一般都存在时效性问题，即在某一阶段取得巨大或较大成就之后，总会出现边际效益递减趋势。对此，我国当前是执着探索长期持续有效的扶贫方式（可大范围推广），还是偏重因地因事制宜不断创新有针对性的短期扶贫方式（不具推广性或推广性较差），这是扶贫领域专家、学者和实践人员面临的且须孜孜求索的难题。

贵州是我国典型的经济欠发达的少数民族聚居省份，地处我国西南边陲的黔之地，属喀斯特地貌，虽富集多种自然资源，但那里土地贫瘠、地理环境恶劣，历史上从建省到新中国成立半个世纪，贵州的贫穷面貌从未有大的改观，随着时间的更迭、推移，贵州的经济社会发展水平与东部发达地区，尤其是与沿海地区的差距越拉越大。农民生活艰难、农业发展滞后、农村环境堪忧是贵州的基本省情和普遍现状，而贫困人口数量大、贫困覆盖面积广、贫困程度深以及贫困类型多样则是贵州山区的主要特征。及至目前，它仍是国内农村贫困问题最突出、扶贫攻坚最艰难的省份，其贫困人口和贫困发生率均位列全国第一（属于新时期集中连片扶贫开发的主战场之一）。在 2012 年，贵州省的 88 个县（市、区）中，有 50 个国家扶贫开发工作重点县（占 56.8%）。若按新的国家扶贫线（2300 元）测算，2011 年贵州农村贫困人口约有 1149 万人，占全省农村人口的 33.4%，相较之前 1274 元标准下的 418 万人激增 2.7 倍，与一个欧洲发达国家（比利时）的人口数量相当。"发展慢""长期贫困""富饶的贫困"是贵州的基本省情，亦是国情专家、学者常称作的"贵州现象"。自 20 世纪 90 年代以来，亚洲开发银行（以下简称"亚行"）、世界银行、香港乐施会、美国福特基金会等国际或发达国家 NGO 组织就积极投入贵州农村反贫困实践，在这一过程中，这些机构除了提供物质、资金、技术等各种直接援助外，尤为可贵的是带来了全新的扶贫发展理念和先进的项目管理经验，并重视社区能力建设。

在此背景下，亚行贵州纳雍社区扶贫示范项目正是以上非政府机构与该省联合开展农村减贫项目中的一个经典案例。纳雍社区扶贫示范项目，是我国政府于 1998 年与亚行合作的技援项目（TA3150：支持中国农村扶贫项目的途径和方法研究）中"基础设施发展"分项目的一个研究性试点项目，其目标是通过建设电力、饮水、灌溉、公路等小型基础设施，同时辅之以其他技术支持，来检验基础设施状况的改善对农村经济社会发展、减缓社区贫困的影响作用。项目实验地择定在纳雍县（国家贫困县）昆寨乡（极贫乡）的3个交通十分不便的"一类"贫困村。据统计，亚行对此扶贫示范项目共投入22.9万美元（在1999～2003年投入19.9万美元，2004年又追加3万美元用以新建千秋村大桥、千秋村进寨公路和农技服务中心），按当时汇率折算约188.8万元，再加上地方政府拨付的260万元配套资金（其中160万元用于果园开发），项目全程总投资达448.8万元。[①]另从项目实施过程和效果来看，试点村充分赋权予农民并引导他们全程高密度参与，体现了参与式发展理念和方法。在短短数年时间，项目村发生了全方位的深刻变化，其经济发展水平早已从落后村跃居全乡前列，村民的生产生活条件也得到明显改善。可见，贵州纳雍社区扶贫示范项目的贡献不仅在于对社区减贫、农民增收和生活质量方面影响显著，而且在扶贫项目的设计方式、管理运作以及制度建设等层面对其他贫困地区提供了重要的借鉴作用。

综上所述，作为我国现阶段众多扶贫方式或模式中的一种，参与式社区综合发展是以农村贫困社区为瞄准单位的综合而非单一措施或项目的减贫方式，除具有普遍共性之外，还有其自身特点。详言之，参与式社区综合发展是一种较整村推进外延更宽泛、内涵更丰富的新型反贫困治理结构或理念，是一项立足社区发展建设的系统工程。从国内地方实践看，它克服了以往扶贫运动中群众参与少、覆盖面窄、发展力度小等缺点，可满足社区群体尤其是贫困人口的多方面需求，而且更具包容性，能最大范围动员农村社区居民的力量，并充分尊重贫困农民的主体地位、意愿和智慧。但是，目前学术界对这种扶贫方式研究甚少，致使理论滞后正日益成为制约参与式社区综合发展全面铺开的突出问题，有鉴于此，本书试图就此作全面分析和探讨。

---

① 国务院扶贫开发领导小组办公室外资项目管理中心、贵州扶贫开发领导小组办公室外资项目管理中心及纳雍农村社会经济调查队调查资料。

1.2 研究背景、目的和意义

1.2.1 研究背景

1. 全国农村贫困人口呈现集中分布与分散分布并存形态，其中集中连片特困地区成为新时期扶贫主体区域

自中央推进新阶段扶贫开发工作以来，全国农村贫困人口分布的密集程度发生了地域性收缩，目前，"大分散、小集中"是其主要空间分布格局和特点，具体表现为"点（近 15 万个贫困村）、线（沿边境贫困带）、片（14 个连片特困区，其中含有 431 个国定贫困县）"并存态势。"大分散"是指全国尤其是中西部各省市区（县）基本都有贫困人口在农村居住和生活；"小集中"则是指农村贫困人口因社会经济发展水平和自然资源环境上的差异而相对集中在偏远地区，且主要分布在一些连片特殊困难地区。根据这一实情，2011 年 12 月，国家在全国划分了 11 个集中连片特困地区（共涉及 19 个省区市的 505 个县，区域面积 141.3 万平方公里，区域人口 2.28 亿，其中乡村人口 1.96 亿），加上已实施特殊扶持政策的西藏、四省藏区、新疆南疆三地州，共 14 个片区（即"11 + 3"），680 个县，作为未来扶贫攻坚的主战场。

这些集中连片特困地区覆盖了国内绝大多数贫困区县（在全国综合排名最低的 600 个县中，有 521 个在片区内，占 86.8%）和深度贫困群体（2011 年底片区农民人均纯收入 2676 元，仅相当于全国平均水平的50%）。至 2012 年底，片区贫困发生率（28.4%）高出全国平均水平 15.7个百分点，并且还有 3862 万农民和 601 万在校师生尚未解决饮水安全问题。在这些区域，一般的经济增长方式和常规的扶贫手段对其脱贫、发展可能难以奏效（必须施以综合性、差异化的扶贫政策）。此外，即使在集中连片特困地区和国家贫困重点县内，贫困人口也大多聚居在地理位置偏远、生存条件恶劣、生态环境脆弱、基础设施薄弱、公共服务滞后、可耕良田稀少以及土地"陡、薄、瘦、碎"的村庄或山寨。由此可见，对贫困面大、贫困程度深、致贫成因复杂的集中连片特困地区，扶贫开发工作在统筹区域经济发展的基础上，仍然必须以贫困村为基本单元，采取特殊政策或非常手段下沉到村、扶持到户，以使其有更强的针对性和更高的瞄准度。

2. 经济增长减贫作用弱化，其益贫效应或将长期停滞在低水平状态，而且扶贫成本也呈逐年刚性增长趋势

自 1978 年改革开放后，中国每年取得约 9% 的经济增长是贫困发生率快速下降的重要原因，这是目前学术界的基本共识。然而，有些学者、官员也注意到，当贫困发生率降至某一低水平阈值（如 5%①）时，经济增长对减贫的直接作用将会弱化，会陷入贫困深、广、强度难以较大幅度下降的困境，这意味着，如果按照传统减贫方式（单靠经济增长或政府强势介入），即使有再高的经济增速或更大的扶贫资金投入，其相对益贫性和绝对益贫性也将非常微小，剩余贫困群体的脱贫发展将会越发艰难。因此，政府有必要顺时应势、相机抉择，对扶贫政策或减贫方式做出新的调整。事实上，中国农村扶贫开发早已显现出反贫成本上升、减贫速度起伏波动的现象。据刘畅（2009）研究测算，1987~2006 年国内经济增长总体上减少了贫困，但并非都是益贫式增长。其中，1987~1997 年，经济增长表现出持续的益贫性不稳定特征（尤其是 1995~1997 年农村经济增长成果被不平等的收入分配全部抵销）；而在 1998~2006 年，转而出现了稳定的益贫性增长。

另外，我们还知道，扶贫投入直接关乎贫困群众脱贫致富和公共权益的保障，扶贫成本的剧增自然会严重削弱减贫效果。扶贫（脱贫）成本或边际成本，从经济成本角度可狭义定义为一定数量人口或平均每个贫困人口脱贫所需的扶贫资金投入总额。目前，政府扶贫成本不断提高，是我国基层扶贫工作面临的首要问题。扶贫边际成本逐年递增主要有以下三方面原因：一是交通、农田水利和生产生活用电等基础设施建设单位投资成本增高；二是教育（农村中小学）、医疗（村卫生室）、文化（村民阅览室

---

① 王国良认为，当绝对贫困发生率下降至 5% 以下时，经济增长对贫困的缓解作用就非常小。详见王国良：《中国扶贫政策——趋势与挑战》，社会科学文献出版社 2005 年版。

或文化站）及卫生（垃圾池）等公共服务设施建设的单位成本上升；三是主导产业发展，包括特色优势产业、林业及生态建设投入等增加。具体来说，扶贫成本升高的根本原因主要是：首先，原材料、能源、劳动力等投入要素价格涨幅明显；其次，剩余贫困人口（几乎全部在深山区、高寒区、地方病高发区以及自然环境恶劣与基础设施严重滞后等地区）脱贫的基础性条件太差，即余下贫困地区扶持难度太大且贫困人口贫困程度太深；最后，扶贫项目推进方式的转变显著增加了政府投入，这是因为现在农村劳动力普遍缺乏（多数外出务工），以致政府在农村基础设施和公共服务设施建设方面不得不采用工程承包方式以取代过去政府补助、受益群众投工投劳的方式。

3. 农村慢性贫困人口大为减少，但暂时贫困问题更加突出，农村贫困具有明显的波动性

从贫困动态视角来看，我国现阶段农村贫困呈现出以下特征：高脆弱性的暂时贫困与持久顽固的慢性贫困同在。长期以来，我国政府制定的扶贫政策均指向慢性贫困，而且随着我国经济的持续蓬勃发展和扶贫手段的不断丰富，农村慢性贫困人口已经大幅减少。然而，由于农村经济可持续发展能力仍非常脆弱，农村社会保障体系尚不健全，以及农民抗风险能力极弱等原因，暂时贫困人口成为新时期的贫困主体（常摇摆于脱贫与返贫之间），主要表现在处于贫困线边缘的低收入群体一遇到天灾、人祸、疾病和意外就很容易重新坠入贫困。世界银行（2009）曾指出，暂时贫困已成为当前中国农村贫困问题面临的最大挑战，据估计，2001～2004年大约有1/3的农村人口至少经历过一次消费贫困，并且农村易陷入贫困风险的人数比实际贫困人数高1倍。从这两种贫困类型在我国农村不同地区的分布来看，东北地区、东部沿海地区和中部非山区地区以暂时贫困为主，而中西部山区尤其是少数民族聚居地则是慢性贫困比例最高（杨颖，2012）。有鉴于此，伴随农村贫困类型的转变，减贫方式或政策亦应相机调整，只有在完善农村社会保障体系的同时，提供最具针对性的反贫方式和政策，才能巩固并扩大减贫成果。

4. "大扶贫"时期任务艰巨，情况复杂，亟须推行标本兼治、减贫与防贫并举、民生与发展兼顾的综合治理

所谓"大扶贫"，不仅是指扶贫主体的多元化，它更关注扶贫对象收入以外诸如文化、教育、卫生等多方面的服务状况，旨在使《扶贫开发纲要》颁布伊始的新一轮扶贫开发攻坚战能有效促进贫困地区经济和人口的全面发展，其实质是一种更宽领域、更广视角的立体式、全方位扶贫理念或格局。未来10年扶贫开发任务艰巨异常，主要表现在以下两方面：

其一，贫困人口数量巨大仍是我国民生改善中的一个突出矛盾。按照2011年提高后的贫困标准（农户人均纯收入2300元/年）计算，中国农村贫困人口数量由2010年的2688万人扩大到1.28亿人，占农村户籍人口比例13.4%，接近全国总人口的1/10。尽管截至2012年底，我国农村贫困人口又减少了将近3000万人，但剩下9899万贫困人口的规模仍然很庞大。若要使贫困人口占农村总人口的比例至2020年下降到3%以下，那么未来数年内平均至少需减贫1000万人，而这样大且长期的减贫幅度即使在扶贫史上也较为罕见，所以要想圆满实现自是非常不易。

其二，贫困地区与其他地区间的差距仍是当前区域发展不平衡、不协调的一个突出问题。以农民纯收入差距为例，2010年，全国农民人均纯收入5919元，国家贫困重点县平均3273元，两者相差2646元；到2020年，贫困重点县的农民人均纯收入若要达到全国翻番后的水平（即11838元），那么这10年中必须保持13.7%以上的年均增速，这样的速度对于贫困地区而言难度不大，但是若要持续缩小与非贫困地区的绝对差距难度甚大。因此，为促使贫困地区加快发展、迎头赶上全面小康社会的"大部队"，中央政府除了引导、激励贫困地区融入区域经济发展，增强内生发展能力外，还可考虑给一些基础薄弱、起点低的贫困地区"开小灶"，以提供更多"解渴"的"非常规"支持。

此外，新时期扶贫开发工作面临的形势、情况将更加复杂。比如，快速推进的城镇化，给农村反贫困既带来了机遇，也可能带来挑战。一方面，城镇化有利于带动地区经济社会发展，提供大量就业岗位，促进贫困人口增收；另一方面，城镇化加剧了贫困地区优质人力资源的外流，致使农村基层政治治理弱化、新农村建设人力资本短缺以及农村"空心化"问题恶化。不仅如此，倘若扶贫对象也存在较大流动性，那将增加政府在识别登记、政策瞄准、政策落实等方面协调管理的难度。

5. 农村贫困人口出现新特征：失地农民贫困化、贫困老龄化、贫困女性化以及由农村向城镇转移等趋势凸显

自农村实行家庭联产承包责任制以来，在工业化、城镇化、信息化和农业现代化进程中，因各种原因失去土地的农民越来越多，如今已成为继下岗职工后出现的又一庞大弱势群体。由于缺少技术专长，他们多数长期处于结构性失业或非自愿性失业状态，且其中大部分农民生活处境十分艰难（上不能养老、下无力抚幼），因而，外界通常称之为"种田无地、上班无岗、低保无份"的"三无"阶层。据统计和测算，"十一五"期间每年新增失地农民约 200 万人，截至目前，我国完全或部分失去土地的农民累计约 6000 万人，其中，3600 多万（占 60%）失地农民贫困化[1]，而未受失地影响基本生活的仅占 30%；此外，高达 81% 的失地农民表示对未来生活担忧，其中担忧养老、医疗及经济来源的分别占 72.8%、52.6% 和 63%[2]。

当下我国扶贫实践已进入全面的综合减贫阶段，贫困形态也正悄然发生改变，其中尤需让人警醒的是：农村老龄贫困群体（既普遍又特殊）的规模变得越来越大且情况越来越复杂。人口数量多、平均收入低、疾病高发、贫困率高以及社会基本保障缺失（如医疗保障差、覆盖率偏低等）是目前农村贫困老龄化的现状和突出矛盾。我国老龄人口的贫困问题长期被忽视，从 1994 年的"八七扶贫攻坚计划"至 2011 年的《中国农村扶贫开发的新进展》均未对老龄贫困人口提及只言片语。众所周知，老龄人口属于人口中的弱势群体，而老龄贫困人口则更是弱势群体中的"弱者"，从其构成来看，主要包括因高龄、病残丧失或降低了劳动能力、文化素质低下无谋生能力、无赡养的孤寡老人等。我国在1999 年就步入老龄化社会，而今人口老龄化加速发展并日益呈现高龄

---

① 北京大学宪法与行政法研究中心：《宪政讲坛之十六——"新型城镇化与中国土地制度改革"》，http：//www. publiclaw. cn/article/Details. asp？NewsId = 4288&ClassName = 。

② 中国网——新闻中心，http：//www. china. com. cn/news/local/2011 – 03/09/content_22092950. htm。

化、空巢化趋势，在这种老龄人口基数大、增长快以及实际老龄人口贫困发生率高于总体贫困发生率的基本国情下，贫困老龄化问题绝不容小觑或再掉以轻心。

作为社会的另一个严峻事实，农村贫困女性化或女性贫困化现象目前已成为全球关注的焦点问题。贫困女性化首先侧重指妇女或女户主家庭所遭受的严重剥夺以及她们和子女摆脱贫困所面临的极大困难，其次才表现出比男性或男户主家庭有更高的贫困发生率。在中国，妇女数千年形成的"积贫、积弱"状态至今依然保持着强大的惯性，若仅施以单纯的经济增长模式并不必然带来女性的长足发展。为此，党和政府历来高度重视妇女贫困问题，制定了一系列有益于消除农村妇女贫困的倾斜政策和法律制度，并将性别意识嵌入扶贫总体规划之中。虽然近年我国妇女贫困程度、教育、就业以及社会参与等状况有了较大改善，但由于受传统文化和社会观念的深刻影响，目前妇女在社会分工、管理公共事务和资源占有/支配/使用等方面仍处于相对劣势。就此而言，妇女和女户主家庭更易陷入赤贫且受贫困冲击更深而难以短期走出困境。

农村贫困人口向城市（镇）转移，或可称农村贫困城市（镇）化，是我国眼下城市贫困的重要来源之一，意指大批流入城市的农村剩余劳动力沦为城市新贫困阶层的过程。我国农村的基本矛盾是人多地少、人均土地资源稀缺，随着工业化与城镇化的快速推进，大量农村人口向非农产业和城市转移，形成了规模庞大而又极具中国特色的"农民工"群体。由于城乡二元结构户籍制度的阻隔和禁锢，农民工在就业、社保、教育、医疗等方面很难完全享受与城镇居民同等的福利待遇，其就业的行业和工种会受到很大限制，并且还可能遇到工资歧视、雇用歧视和职业歧视，抑或出现与城市工人同工不同酬、同工不同时、同工不同权等情形。这个只在特殊历史时期才出现的社会群体大多在城市的最底层为了生存而挣扎，他们的贫困问题（包括贫困深度和广度）已变得非常突出，农村贫困城市化态势也渐趋明朗。诸多研究表明，中国农村剩余劳动力的"消解"出路在于城市化和工业化。然而，倘若农民持久性地不断向城市迁移，但又分享不到平等的发展机会、权利和基本公共服务，那么必将使农村贫困城市化问题更加复杂化，甚至加剧城乡减困难度。

1.2.2　研究目的和意义

本书预期解决的关键问题是：在现行中国农村扶贫方式各尽其能的情况下，分析什么是"参与式社区综合发展"？为什么要实施"参与式社区综合发展"？相比其他减贫方式，其高效发挥作用的前提条件是什么，有何优势和不足？对于当前农村多维贫困，其作用机理与减贫成效又怎样？若推行这一减贫方式，需从哪些方面着手以保障其有效性？

本书的目标是，通过对参与式社区综合发展减贫实践的实证分析和归纳抽象，构建一个国内相对完整的农村参与式社区综合发展减贫方式的理论分析与应用研究框架，在此基础上，从宏观、微观视角提出新时期农村扶贫开发的改进方向、路径选择及其他相关政策建议。

本书的研究意义为：

1. 理论意义

（1）参与式社区综合发展减贫方式研究，是对区域扶贫开发理论和农村社区发展建设理论的丰富和发展，有利于填补我国农村反贫困方式与理念的研究空白或"飞地"，深化人们对人类反贫困规律的认识。十几年来，地方政府在参与式社区综合发展领域已积累了丰富的实践经验，但是相关理论研究却因学者极少关注而非常欠缺或滞后，以致其成为扶贫开发研究中一个最薄弱的环节。因此，现阶段对参与式社区综合发展减贫进行全面深入的经验总结和理论升华刻不容缓且恰逢其时。

（2）研究参与式社区综合发展减贫方式，有利于减少、弥合前人在此相关领域的理论分歧，促进学界凝聚、形成、巩固甚或扩大理论共识。当前，不少专家、学者对参与式社区综合发展减贫方式推行的必要性、有效性和普适性等方面尚存质疑甚或否定态度，但反过来看，这正表明此问题是一个具有较高研究价值的学术前沿热点且孕育着重要的理论创新机遇。

（3）为后续有关参与式社区综合发展减贫研究作理论铺垫，冀以抛砖引玉，加快推动我国农村贫困治理研究的进程。

2. 现实意义

（1）参与式社区综合发展减贫方式有利于调和、消除"精准扶贫"要求（到村到户）与扶贫事实（如"整村推进"子模式减贫效果不彰、剩余贫困村脱贫难度加大等）之间的矛盾。实践表明，至今仍没有哪一种扶贫方式是"全能冠军"，可在瞄准精度、实施成本（包括行政、经济、社会和生态成本）、农民参与度、资金使用绩效、减贫成效（脱贫人数和贫困深、广、强度）、穷人多方面需求以及可持续性等方面包揽一切"奖牌"，其根本原因在于每一种扶贫方式的问世都有特定的扶助对象及优劣势，而且其性质、特征相对稳定，不需要随着农村反贫困工作中涌现的新情况、新问题、新任务而不断做出适应性改变。

（2）有利于政策设计者在了解农村扶贫现状与未来趋向的基础上，从定性、定量两个角度更准确地把握参与式社区综合发展减贫的成效和机制，提高扶贫政策制定的前瞻性、科学性、合理性以及可操作性。

（3）有利于在全国更大范围内推广参与式社区综合发展减贫方式，以期尽可能最大限度减少贫困群体瞄准偏差、促进扶贫资金进村入户、整合各类扶贫资源、发挥贫困农户积极性、缓解农村公共服务供需矛盾、提高贫困人口综合素质以及贫困社区可持续发展能力。

1.3 研究方法、数据来源及技术路线

1.3.1 研究方法

本书综合采取"定性研究与数量研究相辅、实证分析与规范分析相成、比较分析与动态分析互补，以及系统科学与交叉研究相融"的研究方法。

（1）定性研究与数量研究相辅。定性研究以大量历史事实和生活经验材料为分析基础，主要借助逻辑推理、历史比较等方法着重研究事物"质"的方面，其结论表述形式多以文字描述为主；数量研究法，又称"定量分析法"和"统计分析法"，通常以调研的现实资料数据为依据，运用经验测量、统计处理、计量模型等方法着重研究事物"量"的方面，借

以正确认识、揭示、解释或预测事物间的相互关系、变化规律及发展趋势。一般而言，定性分析是数量研究的基础和指南，而数量研究则是为了更准确地定性，两者相辅相成。因此，在实际研究中，常将定性分析与数量研究搭配或交叉使用（如定性意见的量化）。

（2）实证分析与规范分析相成。实证分析旨在研究"是什么""能不能做到"的问题，注重找寻事物或现象间的因果关系；规范分析主要研究"应该是什么"的问题，涉及价值判断，突出对事物、现象的本质考察。本书将选取代表性群体和典型案例进行实证分析，以评价现阶段我国农村参与式社区综合发展的减贫效应，并探究社会转型中期参与式社区综合发展减贫方式"应该是什么样的"。

（3）比较分析与动态分析互补。比较分析法，也称对比分析法，是一种按照事先择定的指标体系将客观事物置于不同时间、空间、理论和计划等标准下加以比较，以实现洞见事物本质、规律并做出正确评判的最常用的简单方法。动态分析法，又名时序分析法，是反映某些因素指标在特定时期内发展或增减速度的方法，如"十一五"期间贫困人口和低保人数的年度变化等，其最重要且引人侧目的特征即是将时间因素的影响纳入考虑范围，并把客观事物或现象的数量变化视为一个不间断或阶段性的连续过程。

（4）系统科学与交叉研究相融。系统科学方法，肇始于 20 世纪中叶，是以系统思想为核心的一组包含系统论、信息论、控制论、突变论、协同论以及耗散结构论等研究方法的新学科群。这些新方法不仅可作为理论方法，还能作为经验方法为人们研究关系复杂、要素繁多、规模宏大的问题提供全局性最优化的解决思路。交叉研究法，即跨学科研究，意指超越学科界限、融合多学科知识以从不同视域实现对某一特定问题进行整合性研究的方法。从现代科技发展史来看，许多前沿理论或原创成果都是泛领域、跨学科的知识结晶，可见，跨学科研究是当前乃至今后科研的大趋势或大方向。

1.3.2 数据来源

1. 调查项目简述

亚洲开发银行（简称"亚行"）贵州纳雍社区扶贫示范项目，是我国政府于 1998 年与亚行合作的技援项目①（TA3150：支持中国农村扶贫项目的途径和方法研究）中"基础设施发展"分项目的一个研究性试点项目，其目标是通过建设电力、饮水、灌溉、公路等小型基础设施，同时辅之以其他技术支持，来检验基础设施状况的改善对农村经济社会发展、减缓社区贫困的影响作用。

项目试点地在贵州纳雍县（国家贫困县）昆寨乡（极贫乡）2 个"一类"贫困村。其中，硫窝河村为对照村，不开展任何具体项目；千秋村为项目干预村，实施的项目内容比较广（政府主导、社区参与），包括饮水、灌溉、道路、供电、水毁工程修复以及泥石流治理等基础设施建设、社区发展基金及农户和社区综合技能培训，可视为综合发展村。

据国务院扶贫开发领导小组办公室（简称"国务院扶贫办"）外资中心、贵州省扶贫开发办公室（简称"贵州扶贫办"）外资中心以及贵州纳雍县农村社会经济调查队（简称"纳雍县农调队"）等部门的调查资料显示，亚行对此扶贫示范项目共投入 22.9 万美元（在 1999～2003 年投入 19.9 万美元，2004 年又追加 3 万美元用以新建千秋村大桥、千秋村进寨公路和农业技术推广服务中心），按当时汇率折算约 188.8 万元，再加上地方政府拨付的 260 万元配套资金（其中 160 万元用于果园开发），项目总投资达 448.8 万元。纳雍社区扶贫示范项目前后历时 5 年，共分为两个阶段：第一期始自 2000 年 3 月，截至 2002 年 9 月，以推进小规模农村基础设施建设为主。这期间完成的项目预定内容有：建立了 6 个饮用水供应系统，修建了 2.4 公里灌渠和 3.8 公里村内公路，安装了供电设施，以及安排了 9 次实用技术培训、13 次现场技术指导和 2 次外出考察等。第二期从 2003 年 3 月开始到 2005 年 7 月结束，期间以社区综合能力培育为核心，并继续完善试点村的基础设施服务。比如修复 2002 年水毁工程，利用项目节余资金实施村内道路镶边工程，此外，还给项目村村民发放社区发展基金等。

———————————

① 该技援项目的主要目标是通过研究实施持续性减缓贫困和缩小地区间差异的活动，并将获得的知识在全国推广，来减缓中国的贫困状况。然而，其更直接的目标是评估利用亚行普通商业贷款（OCR）开展扶贫活动的可能性，以期在扶贫政策调整与资金管理、小额信贷、自愿移民、农产品加工业和其他私人企业、农村基础设施 5 个领域中获得成功。

一言以蔽之，在项目开始前（1999 年），两村农户总体情况大致相当；1999～2003 年，是项目启动实施期；2003～2011 年，为项目后续观测期，期间处理组和对照组获得的其他支持项目基本一样。

2. 调查形式和内容

调查形式以农户问卷调查（长期追踪调查）为主，深度访谈为辅。农户问卷由该技援项目专家设计，并委托纳雍县农调队进行抽样调查。调查内容包括三部分：一是住户调查，包括家庭财产、生活设施、土地与农业技术应用、收入支出、食物消费、借贷储蓄、技能培训以及社会保障与服务等状况；二是家庭成员调查，包括性别、年龄、民族、婚姻状况、受教育程度、劳动力就业、入学辍学、妇女生育、健康水平等人口统计特征；三是农户满意度调查，包括农户对家庭生活条件、村级组织及村里经济状况的评价或满意程度。本书主要以前两部分调研内容为深度分析的事实依据。

3. 调查地点概况

本书的田野调查点千秋村和碓窝河村位于贵州省纳雍县昆寨乡境内。

纳雍县地处贵州省西北、毕节地区东南，是多民族聚居区，共有苗、彝、白、布依、回、侗、壮等 22 个少数民族，其西北与毕节、赫章，东南与织金、六枝，东北与大方，西南与水城相连，东西相距 56 千米，南北相距 48 千米，总面积 2448 平方千米。它是贵州高原第二阶梯黔西山原的一部分，即云贵高原向黔中山原的过渡地带，地势西北东南高、东北西南低，山脉呈 "L" 形由西北向东南延伸。纳雍是喀斯特地貌广泛发育地区，盲谷、伏流、峰林随处可见，境内地貌有高中山、中山、低中山、洼地、盆地等 5 种类型，土地大多倾斜、坡度较大，坡度小于 5 度的平坦地带，只有 247.2 平方千米，占 10.1%。纳雍地区属亚热带季风气候，适宜玉米、水稻、洋芋、烤烟、柑橘等农作物生长，县内盛产烤烟、核桃、茶叶、竹荪、杜仲、黄檗、天麻等经济作物，有宜烟地 30 多万亩。有宜牧地80 余万亩，发展畜牧业条件较好。全县有耕地 3.07 万公顷，其中水田4150.1 公顷，旱地 2.66 万公顷。纳雍是一个自然、矿产资源丰富，开发前景较好的县，现已探明的地下资源有煤、铅、锌、大理石、硫铁、萤石、白云石、石灰石等 20 余种。[①] 另外，水能资源丰富，可开发量 6 万千瓦，现仅开发 1 万多千瓦。

昆寨乡，全称昆寨苗族彝族白族乡，位于纳雍县城西北部，地处高中山地带，群山环绕，沟壑纵横，距县城 70 千米，东西长 13 千米，南北宽 8 千米，总面积 80.4 千米。境内四面环山、气候温和，宜发展板栗、生漆、核桃等经果树木等，且煤炭、铅锌矿、铁矿等矿产资源丰富。全乡下辖 1 个社区和 20 个行政村，共 114 个村民小组，居住着汉、苗、彝、蒙、白、穿青等 9 种民族，其中少数民族（10142 人/2291 户）占总人口 47%，农业人口（20826 人/5783 户）占总人口 96.4%。至于贫困人口，主要包括三类：鳏寡孤独、五保、低保等人群，一方水土养不活一方人的地方群体，以及因病因灾返贫等可开发扶贫的群体。乡耕地面积 13687 亩，其中，旱地 12778 亩（占 93%），25 度以上的坡耕地 5882 亩（占 43%），水田 909 亩（占 7%）。荒山荒坡 106942 亩，占总面积 88%；草场面积 25585 亩（可利用牧草面积 23611 亩，占草场面积 92%），占总面积 21%；灌木林面积 26123 亩，占总面积 22%；疏林面积 18561 亩，占总面积 15%；其他面积（荒水、荒滩、未利用水域面积等）36673 亩，占总面积 30%。[②]

千秋村位于昆寨乡西部，属少数民族山区，距离最近的县城和乡政府分别有 77 千米、11 千米。1998 年，全村共 183 户，总人口 727 人（劳动力 448 人，少数民族 250 人），男性 364 人（50.1%），女性 363 人（49.9%），下辖 4 个村民小组，总耕地面积 479 亩，其中可灌溉耕地 190 亩（人均灌溉地 0.26 亩），旱地 289 亩（人均旱地 0.4 亩）。此外，农户人均纯收入 760 元，人均粮食 301 公斤。

碓窝河村位于昆寨乡北部，是昆寨乡相对高差最大（647 米）的一个村，最高海拔 1980 米，最低海拔 1333 米。1998 年有 7 个村民小组，全村人口 1277 人（劳动力 459 人，占 35.9%），男性 640 人（50.1%），女性

①　纳雍县县情简介，http：//www. gznayong. gov. cn/nyarticleshow. aspx?articleid = 8946。

②　纳雍县人民政府网，http：//www. gznayong. gov. cn/Html/Xxgk/zzjg/05152132061338. aspx。

637人（49.9%），以汉族、苗族为主（少数民族463人，占36.3%）。村总耕地面积446亩，可灌溉耕地35亩（人均灌溉地0.03亩），旱地411亩（人均旱地0.32亩）。

这两个行政村同处于建新河流域，其中，千秋村坐落在该河上游，碓窝河村在下游；从地势上看，千秋村被河分为两半，而碓窝河村的地势较陡，大部分土地坡度很大；从面积上看，千秋村仅是碓窝河村的一半左右。

4. 调查样本特征

本书所用数据依托亚洲开发银行贵州纳雍社区综合扶贫示范项目，以当地两个极贫村1999年、2003年和2011年的追踪调查户为分析样本。每个年度发放问卷350份，其中，千秋村（处理组）150份/年，碓窝河村（对照组）200份/年，三年问卷数累计1050（3×350）份（可作面板数据分析）。剔除部分无效和略有缺陷的问卷后，最终得到1019份高质量问卷，问卷有效率为97.05%。经检验，调查问卷的信度优良且内容效度、建构效度均较高。样本主体特征如表1-1所示。

表1-1 1999~2011年处理组与对照组的基本情况统计

项目	处理组			对照组		
	1999年	2003年	2011年	1999年	2003年	2011年
调查户数	145	145	145	195	194	195
少数民族（户）	83	83	83	34	33	34
平均每户家庭人口（人）	4.29	4.11	3.77	4.46	4.35	3.67
平均每户劳动力（人）	2.29	2.23	2.31	2.60	2.75	2.25
平均每户外出务工人口（人）	0.37	0.49	0.60	0.78	0.61	0.41
平均每户负担系数	0.97	1.02	0.75	0.82	0.83	0.88
女户主占比（%）	8.82	5.88	5.71	2.17	4.35	2.22
户主文盲/半文盲率（%）	26.47	26.47	26.47	56.52	56.52	55.56
平均每户收支比重（%）	1:1	1.2:1	1.6:1	1:1	1:1	1.6:1
钢混结构住房比重（%）	14.3	25.7	60.0	8.7	19.6	21.7
通电户比重（%）	0	100	100	36.96	89.13	100
通自来水户比重（%）	5.71	100	97.14	54.35	71.74	86.96

1.3.3　技术路线

与上述问题背景和研究方法相呼应，本书研究框架及技术路线如图1-1所示。

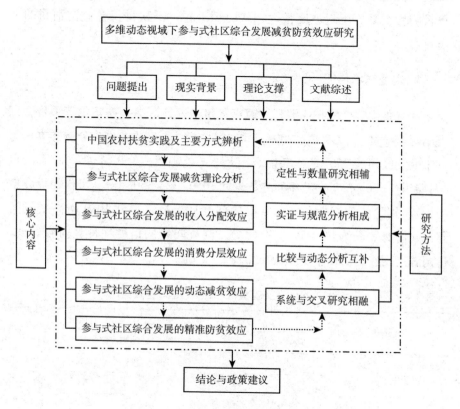

图1-1　研究框架及技术路线

1.4　创新点、不足及篇章安排

1.4.1　主要创新点

本书的新意或特色主要体现在以下三方面。

第一，研究方法新。当前，国内外学界常采用平均处理效应来评估某政策或项目对产出变量的平均影响（有时并非人们关心的全部内容），研究者和政策制定者往往更关心政策或项目对群体整个分布在不同分位点上的异质性影响，即分位数处理效应。据此，本书将双重差分模型与分位数回归法结合使用以估计参与式社区综合发展的"分位数处理效应"，这与国际经济与金融学界的流行方法——获取"平均处理效应"相比有较大进步。

第二，研究内容新。一是基于收入分配效应视角实证检验参与式社区综合发展的"益贫性"（漏出效应）或"溢富性"（溢出效应）。二是以农户恩格尔系数为贫困测量指标，探索了参与式社区综合发展与农户恩格尔系数间的因果（或相关）关系，并考察了不同时期前者对后者的群体差异性净影响。三是一改过去单一以收入为贫困判定标准和静态研究范式，尝试将"收入与消费"两个维度和"慢性贫困、暂时性贫困及非贫困"三个维度进行交叉以形成六维贫困分析架构，在此基础上，剖析、刻画了参与式社区综合发展的动态减贫效应及其内在逻辑。四是从贫困脆弱性视角量化分析参与式社区综合发展的"防贫"效应及其精准性，在一定程度上拓展、深化了"贫困预防"理论研究。

第三，政策含义新。不同减贫方式对平衡扶贫精度、瞄准收益与扶贫成本三者之间的效果各异。本书所得结论的政策含义突出体现在两方面：一是今后当以参与式社区综合发展为精准扶贫的重要抓手，在全国范围内大力推广；二是扶贫政策的制定须兼具差异化、动态性和前瞻性特征。

1.4.2 不足之处

第一，本书实证计量分析部分仅限于从农户收入水平、生活消费支出、贫困脆弱性以及恩格尔系数四个维度探索参与式社区综合发展的精准减贫防贫效果，而未基于多维贫困指数（MPI）、人类贫困指数（HPI）或人类发展指数（HDI）等分析框架剖析参与式社区综合发展对健康（营养状况、儿童死亡率）、教育（儿童入学率、受教育程度）以及生活水平（饮用水、电、日常生活用燃料、室内空间面积、环境卫生和耐用消费品）

的影响和作用。

第二，本书因数据、资料的不可获得性而没有从社会成本效益和目标实现方式视角来评价、分析参与式社区综合发展减贫的有效性和效率。换言之，未来可重点探究此减贫方式的实际产出与所付出的全部成本（含直接投入和社会成本）之间的数量关系，及其减贫目标的实现方式与实现过程是否合理。

第三，本书基于实验经济学的"受控实验"方法来探析参与式社区综合发展的减贫防贫问题，因而其内在效度较高，能有效控制研究条件，并采用随机对照试验（RCT）来合理推论因果关系。然而，本书以贵州省纳雍县这一地区的实践为例，经实证所得结论的概括性如何？其解释一般情形的程度怎样？在其他省（市、区）的类似情景中能否类推或得到验证？等疑问，还有待深入全国贫困地区广泛调研参与式社区综合发展的减贫情况。

1.4.3　篇章结构

本书共分为十章。

第1章：绪论。简要介绍了本书的研究主题、背景、目的、意义、研究方法、数据来源及技术路线、创新点不足及篇章安排等内容。

第2章：农村社区扶贫的理论基础与文献综述。其中，理论基础分为两部分：一是核心概念的界定与厘清；二是基本理论依据，涵盖发展经济学理论、信息经济学理论、福利经济学理论、社会学理论以及公共管理学理论。基于此，梳理、评述与参与式社区综合发展减贫方式主题密切相关的文献，包括"经济增长与减贫问题""社会保障制度和减贫"以及"开发式扶贫或扶贫开发"。

第3章：中国农村社区扶贫实践及主要方式辨析。本章先从社区发展的生计资本、可行能力以及社区性文化等层面分析了现阶段我国农村社区的贫困表征；随后辨析、比较了保障型扶贫、开发式扶贫和市场化扶贫等主要扶贫方式，为后续参与式社区综合发展减贫方式研究提供必要的理论铺垫和分析前提。

第 4 章：参与式社区综合发展减贫理论分析。本章剖析参与式社区综合发展减贫的内涵与外延（包括目标、内容、类型等）、优劣势、减贫作用机理、实施必要性以及应用条件。

第 5 章：参与式社区综合发展的潜在减贫效应——基于比较静态分析法。本章利用比较静态分析法对比分析了参与式社区综合发展村和对照村中贫与非贫农户的收入、消费及生产性贫困状况，并从多个维度测算、对比了两对照村的贫困发生率、贫困深度和贫困强度。

第 6 章：参与式社区综合发展的收入分配净效应——基于收入贫困视角。本章采用"双重差分—分位数回归"法，从精准扶贫和收入分配效应视角探析参与式社区综合发展"益贫"或"溢富"的特征化事实及其对不同农户群体生计活动的作用。

第 7 章：参与式社区综合发展的消费分层净效应——基于消费贫困视角。本章利用赫克曼（Heckman）两阶段法、双重差分模型和"双重差分—分位数回归"法，基于贵州纳雍县两个贫困村跨期十数年的农户追踪调查数据，以受访农户恩格尔系数为标尺，探析参与式社区综合发展减缓农户消费贫困的特征化事实及其内在规律。

第 8 章：参与式社区综合发展的动态减贫效应——基于收入与消费流动性视角。本章利用有序 Logit 模型和负二项回归模型，从消费和收入流动性双重视角实证分析、检验参与式社区综合发展对农户贫困动态变化的边际影响及其内在机理。

第 9 章：参与式社区综合发展的精准"防贫"效应——基于贫困脆弱性视角。本章从贫困脆弱性视角量化分析、评价不同时期参与式社区综合发展的"防贫"效应及其精准性。

第 10 章：研究结论与政策建议。在归纳、提炼上述各章分析结论的基础上，分别从微观、宏观层面给出了相关政策建议。

第 2 章

农村社区扶贫的理论基础与文献综述

"全面建成小康社会，最艰巨最繁重的任务在农村特别是农村贫困地区。我们一定要抓紧工作、加大投入，努力在统筹城乡关系上取得重大突破，特别是要在破解城乡二元结构、推进城乡要素平等交换和公共资源均衡配置上取得重大突破，给农村发展注入新的动力，让广大农民平等参与改革发展进程、共同享受改革发展成果。"

——2015 年 4 月习近平总书记在中共中央政治局第 22 次集体学习时的讲话

2.1 核心概念的界定与厘清

2.1.1 贫困、能力贫困与多维贫困

何谓贫困？这是一个动态、历史、多元化且内涵不断丰富的概念（亦是一种多维现象），涉及人文社会科学诸多领域。在过去的一百多年间，不计其数的学者、研究机构及相关部门对贫困问题做了大量深入的研究和探讨，从不同视角、不同学科界定了贫困的含义。其中，社会学家通常从社会权利和社会排斥两方面来定义贫困；而经济学家则从物质层面与经济学意义上加以确定。在学术界，常被引用的贫困定义如表 2-1 所示。

表 2 - 1　　　　　　　　　　　较具代表性的作者、机构对贫困的定义

作者/机构	年份	对贫困概念的界定
朗特里	1901	家庭总收入不足以支付仅仅维持家庭成员生理正常功能所需的最低量生活必需品（包括食品、衣物、住房及取暖等项）开支
汤森	1988	所有居民中那些缺乏获得各种食物、参加社会活动和最起码的生活和社交条件的资源的个人、家庭和群体就是所谓贫困的
世界银行	1990	当某些人、某些家庭或某些群体没有足够的资源去获取他们那个社会公认的，一般都能享受到的饮食、生活条件、舒适和参加某些活动的机会，就是处于贫困状态
奥本海默	1993	贫困是指物质上、社会上及情感上的匮乏。它意味着在食物、保暖和衣着方面的开支要少于平均水平
世界银行	2001	贫困不仅指物质的匮乏（以适当的收入或消费概念来测算），还包括低水平的教育和健康，同时还包含风险和面临风险时的脆弱性，以及不能表达自身的需求和缺乏影响力
阿玛蒂亚·森	2001	贫困意味着贫困人口缺少获取和享有正常生活的能力，抑或贫困的真正含义是贫困人口创造收入能力和机会的贫困，其根本原因是他们获取收入的能力受到剥夺及机会的丧失

综合各方观点来看，贫困实际上包含两层涵义：其一，贫困是因物质、文化及社会资源的匮乏而处于一种社会不可接受的最低限度的生活标准；其二，贫困的根源在于贫困人口缺乏创造收入的必要手段、能力或机会。然而，现在研究者对贫困概念的认识与最初的理解相比，在角度、含义、标准、范围等方面均有很大程度的拓展和深化（换言之，贫困定义经历了一个由简到繁、由单一到丰富的演变过程）。根据贫困内涵，可分为狭义贫困（即经济贫困、物质贫困或生存贫困）和广义贫困（包括经济、政治、历史、文化、社会、生理、心理及环境等众多方面）；根据贫困程度，可分为绝对贫困与相对贫困；根据贫困种类，可分为收入贫困、知识贫困和人类贫困；根据贫困成因，可分为普遍性贫困、制度性贫困、区域性贫困及阶层性贫困（康晓光，1995）；根据贫困区域范围，可分为群体贫困、区域贫困和国家贫困；在估计测量层面，可分为客观贫困与主观贫困（定性判断）；根据综合收入与消费两种贫困测量方法，可分为持久性贫困、暂时性贫困及选择性贫困（李实、Knight，2000）；从中国贫困与反贫困的历史角度，可分为整体贫困、边缘化贫困、冲击型贫困三个阶段

（蔡昉，2005）；从人类贫困与反贫困角度，可分为古典贫困（老式贫困）、稀缺中的贫困（经济不发展而导致的贫困）、经济高速发展的贫困以及富裕中的贫困（叶普万，2007）。

能力贫困是印度著名"贫困经济学家"阿玛蒂亚·森（Amartya Sen）于 20 世纪 70 年代开创的一种全新贫困理论。森认为，低收入水平和消费支出仅仅是贫困的表征，可行能力①被剥夺才是贫困的实质（这已成为现在识别贫穷的通行标准）。1996 年，联合国开发计划署（UNDP）在其《人类发展报告》中首次正式使用了这个概念。在该报告中，能力贫困指标中的"能力"集中体现在基本生存、健康生育和接受教育与获得知识等三个最为基础的方面。然而，在现代社会，对能力贫困的理解不应只限于 UNDP 报告和森的贫困思想，其内涵应随时代变迁而更广泛、更深刻和更丰富。为此，结合中国减贫实践和国际社会对贫困的认识，笔者认为刘爽（2001）对能力贫困内涵的界定更为全面和恰当。她指出，能力贫困：（1）是一种比物质贫困更深层次、更普遍、更综合性的社会现象，属于相对社会发展进步的动态范畴；（2）反映的是人口综合能力的欠缺情况（即一类人中缺少基本发展能力的人口与比例），而不特指某个个体或某种现象；（3）除 UNDP 所提的三方面外，其"能力"还包括社会认知、就业劳动、参与决策、获取收入、支配个人生活、维护权利、合理利用资源以及风险防御与应对等诸多方面，并且都将汇集于"自我发展能力"之中；（4）具有非外显性，它通常不直接对社会变革与进步形成阻碍，而是通过影响人们的价值观念、信仰风俗、行为习惯以及生产生活方式，间接作用于个人、家庭、社区乃至整个区域经济社会和文化发展。此外，从能力贫困的形成原因看，首先，是由于受资源趋利配置、地缘因素以及社会发育低层次性的影响而表现出"物质和服务的缺乏性"特征，但其实质是"手段""机会"以及"能力"的匮乏；其次，因外力介入失误或不足而未能激发贫困乡村发展的内生动力，致使其难以通过与外部环境的有效互动来挣脱自我演变的惯性状态（段世江、石春玲，2005）。

---

① 在《印度：经济发展与社会机会》一书中，森指出，"能力"是个人能够选择的不同功能组合。但之后，他又在《以自由看待发展》中将"能力"进一步发展成"可行能力"，并重新界定了其内涵，即"可行能力"是指一种实现各种可能的功能性活动组合的实质自由。

一直以来，贫困被视为一个一维概念，且主要依据个人或家庭维持生计所需的最低收入或消费水平（即贫困线）作为评判贫困与否的标准。之后，有不少学者指出，贫困应定义为福利在某些维度上正处于缺乏的状态。由于一些福利的获得取决于收入水平，而另一些福利的享用（如医疗保险、义务教育等公共产品）却与货币变量无关，因此，福利是个多维概念，与之相应，贫困也是一个多维概念（尚卫平、姚智谋，2005）。

　　多维贫困（multidimensional poverty）是随着贫困研究的不断深入而逐渐被提出来的概念，是对收入或消费一维贫困（uni‐dimensional poverty）的拓展，它包括人类福祉众多维度，由多个部分、多方面状况（component aspects）构成。相比单维贫困，其更能准确把握贫困的本质和内涵。多维贫困的核心观点是个体的贫困绝非仅指经济上的贫困，也包括饮用水、道路、卫生设施等其他客观指标的贫困和对福利主观感受的贫困（王小林、Alkire，2009）。学术界对多维贫困的关注历史较长，最早分析贫困多元性特质的当属社会学家与人类学家。但是，直到阿玛蒂亚·森将能力贫困纳入贫困分析框架之后，多维贫困才真正受到研究者的高度关注（郭建宇、吴国宝，2012）。及至目前，贫困的多维性已得到国际社会的普遍认同并形成了共识。然而，多维贫困已非一个从政治或哲学尺度上是否应采用的问题，而是如何操作化的问题（Wagle，2008）。在近年的多维贫困研究过程中，理论界就多维贫困指数的构建、测量、加总等方面中远未解决的问题展开了激烈探讨。

　　在本书中，贫困是一种涵盖诸如无法获得足量食物而饥饿、无法获得房屋而无地居住、无法享受医疗服务而有病不治、无法得到教育而收入低下等物质和精神方面的生存状态，反映了人们的实际生活或福利水平。

2.1.2　反贫困、扶贫和减贫

　　在国际范围内，理论界对反贫困的表述归纳起来有三种：一是减少贫困，侧重减少贫困人口的数量；二是减缓贫困，强调减轻贫困程度的行为过程；三是消除贫困，旨在彻底消灭、根除贫困，反映了人们反贫困的最理想结果。就使用频率来看，西方国家更青睐于使用"减缓贫困"一词，这可能是因为贫困并非一个一成不变的固定概念，其认定标准会随着经济社会发展和人民生活水平的提高而不断调整，而要完全消除贫困近乎天方夜谭，是不可能的，并且，"减少贫困"也是个相对概念。因此，人们更理性地选用"减缓贫困"这个相对折中的概念，来表达他们反贫困的决心、意志及其反贫困任务的艰巨性（姜爱华，2008）。

扶贫，是独具中国特色的词汇，源自古成语"扶危济贫"，意指"扶助处境危急之人，救济生活贫穷之人"，更多反映的是政府和社会等外部力量施加于贫困的行动和过程。但是，经过不断发展，扶贫的内涵和外延现在已大为扩大，远超出了它过去的特定范围。当前，就"扶贫"的政策含义，可将其定义为一种扶持贫困地区开发经济、帮助贫困农户发展生产以改变穷困面貌的公共产品或社会工作。其基本内容和特点包括三点：首先，明确近远期规划和目标；其次，标本兼治、以治本为主；最后，全面调动政府、社会各方力量。此外，依据扶贫手段的不同，我国的扶贫模式或战略可分为救济式扶贫和开发式扶贫。其中，救济式扶贫，也称"输血"式扶贫，是直接向贫困人口提供食物、衣服等物质或现金，以解决他们生活最低基本需求问题，度一时之厄；开发式扶贫，即"造血"式扶贫，其重心在"发展援助"，后文对此有详细论述。

减贫，在国内属中性词，重在一"减"字。其有四层含义：其一，减少贫困人口数量和降低贫困发生率。当然，这两者之间并不能划等号，因为贫困人口量是绝对量，而贫困发生率是相对量，贫困发生率的高低取决于贫困人数和地区总人口的相对变动程度。当某地区贫困人口减少时，若其全部总人口也随之大减大增，那么由该地"贫困发生率变化"所衡量的减贫成效将会"虚高"或"虚低"。其二，减轻贫困程度，其暗含的前提假设是当贫困人口在一定时期内不能彻底或完全脱贫时，可尽力使他们无限接近非贫困状态。一般从以下两方面着手：一是促贫困人口增收，缩小贫困户人均纯收入与贫困标准线间的缺口（即降低贫困缺口率）；二是通过将农户从绝对贫困转变成低收入状态、从慢性贫困减缓至暂时贫困等方式来改变贫困人口结构，即降低绝对贫困人口或慢性贫困人口占比，提高低收入人口或暂时贫困人口比重。其三，减小贫困户与非贫困户未来陷入贫困的概率，即有"降低贫困脆弱性"或"贫困预防"的意蕴，这与国际反贫"困"概念的内涵不一致。其四,减少农户返贫人口数、返贫发生率以及返贫频次(频率和次数)。

2.1.3 赋权、赋权扶贫及参与式扶贫

赋权(empowerment)概念的使用可追溯至 20 世纪 70 年代美国学者所罗门(Solomon,1976)出版的《黑人增权——受压迫社区中的社会工作》一书,也有学者将其译为"充权""增权"或"增能"(林卡、陈梦雅,2008;周沛,2007),其含义可理解为赋予或充实个人或群体"权力",并挖掘、激发他(她)或他们(她们)潜能的一个发展过程、介入方式及实践活动。此处"权力"意指个人或群体拥有的对外界的控制力与影响力,强调人们对他人、组织或社会的拥有、控制和影响(陈树强,2003;范斌,2004),它不仅表现为一种客观存在,也表现为个人的一种主观感受(即权力感)。从赋权实践的目标、过程和介入方式的表现来看,古铁雷斯(Gutiérrez,1990)、古铁雷斯和奥尔特加(Gutiérrez and Ortega,1991)等学者认为赋权涉及个人(聚焦于个人发展、个人权力感与自我效能感)、人际(强调使个人有更多影响他人能力的具体技术)和政治(强调社会行动与社会改变的目标),而齐默尔曼(Zimmerman,1990)、珀金斯和齐默尔曼(Perkins and Zimmerman,1995)等则认为赋权涉及个人(包括控制感、参与行为与批判意识)、组织(涵盖有效争取资源、共享领导、参与决策的机会以及扩展政策影响等)和社区(包括组织结盟、居民参与的技巧与对多元性的宽容等)。此外,赋权理论(Friedmann,1992)认为,家庭为了生活或发展必须依靠社会、政治和心理三方面的力量。借助社会力量,家庭可获得所需的信息、技术、知识、信贷支持以及参与社会组织等,而当一个家庭的期望和能力都随其社会力量上升而上升时,便标志着家庭的发展致富。

赋权扶贫,即将赋权理论应用于农村扶贫工作,以充分调动农民参与的积极性和主观能动性为核心,赋予贫困地区农民"五权"(项目决策权、实施参与权、知情监督权、管理维护权和评估监测权),让他们成为真正的扶贫受益主体。这五项权力基本涵盖了所有扶贫项目实施的全过程,并

把抽象的"自我发展、自我管理"理念具体化，从而促使农民的心态发生逆转——由被动的"要我干"变为主动的"我要干"。目前，赋权扶贫在中国的典型实践是社区主导型发展（或称社区推动式发展）模式，这是参与式发展的最高层次之一。

"参与"一词现今被广泛引用于各类农村发展项目的相关文件和报告之中，然而从严格的学术意义上讲，"参与式"概念最早出现在 20 世纪 40 年代末。关于参与的定义和内涵，国外很多发展文献中均有提及，但尚未统一，不同学者对参与的理解和解释存在一定程度的差异。为了能较全面反映参与概念的全貌及其复杂性，并有助于清晰地对参与概念进行梳理，表 2-2 列举了较有影响力和代表性的参与定义。

表 2-2　　　　　　　　　　　　参与概念的若干定义

学者	年份	定义
休厄尔和科波克	1977	公众参与是指通过一系列正规和非正规的机制直接使公众介入决策
皮尔斯和施蒂费尔	1979	参与涉及人们（那些过去被排除在对资源及管理部门的控制之外）在给定社会背景下为增加对资源及管理部门的控制而进行有计划、有组织的努力
保罗	1987	社区参与是受益人影响发展项目实施及方向的一种积极主动的过程。这种影响主要是为了改善和加强他们自身的生活条件，如收入、自力能力以及其他方面的价值追求
厄普霍夫和叶斯曼	1990	参与是在对产生利益的活动进行选择及努力的行动之前的介入
奥克利和彼得等	1991	参与可定义为农村贫困人口组织自己和自己的机构来确定他们真正的需求、介入行动的设计、实施以及评估的过程
波普	1992	参与是在决策过程中人们自愿、民主地介入，包括：（1）确立总目标、制定发展政策、规划、实施及评估经济与发展计划；（2）为发展努力做贡献，分离发展利益

资料来源：主要根据李小云，《参与式发展概论》，中国农业大学出版社 2001 年版中其他学者提出的参与定义整理而成。

从上述分析及目前其他学者对参与的定义可知，参与本身主要包含 12 个重要因素或方面，即决策及选择过程中的介入、在全部项目循环中的介入、贡献努力、承诺及能力、动力及责任、乡土知识及创新、对资源的利用和控制、能力建设、利益分享、自我组织及自立、权力及民主的再分配、机制促进等。

　　参与式扶贫（即参与式发展扶贫模式）起始于 20 世纪 80 年代末期，是一种将参与式发展①思想引入具体扶贫实践中的全新扶贫方式（承载着国际主流化发展理念、模式和制度），为世界银行和亚洲开发银行所力推，其核心理念是对社会弱势群体（disadvantaged group）或社会边缘化的群体（marginalized group）重新赋权和倡导机会均等，以激发他们谋求发展的主动性和创造力，并确保与外来施援方在扶贫实践中建立良好的互动关系。此扶贫方式是对以往政府主导型传统扶贫方式的根本性变革或反思的结果，集中体现为从政府主导转向全面参与（被不少学者总结为民本主义的参与式），其初衷或出发点是为了构建一种贫困群众参与扶贫工作过程的机制，提高扶贫行为的可持续性和目标瞄准精确度，以及减少扶贫资金的中间渗漏。它不仅强调从目标群体的角度设计、规划扶贫项目，给予目标群体更多权力、机会根据他们自身需求和愿望来参与扶贫项目的选择、实施、管理及监督的全过程，也主张积极争取政府政策支持和社会各界的帮助，还重视当地社区村民的乡土知识与资源的公平分配，以最大可能提高目标群体自我觉醒、自我意识、自主发展及自主脱贫的能力，并形成农村可持续发展的扶贫开发机制，从而从根本上彻底解决贫困问题（李小云，2001；张永丽、王虎中，2007；张海霞、庄天慧，2010）。

　　与传统的自上而下的政府扶贫方式相比，参与式扶贫具有以下特点：（1）确立当地贫困人口（受援方）在扶贫开发过程中的主体地位；（2）在决策体制上，坚持自下而上的原则，主张权力倒置或下放，赋权给利益相关群体（尤其是穷人和弱势群体），使他们能够影响和控制涉及他们的发展介入、发展决策以及相应资源；（3）以人为本，着重关注社会弱势群体，多把受益人群确定为少数民族、农村妇女和穷人等；（4）扶贫更扶智，即注重社区与农户的能力建设，以培育和壮大农村内生力量、促成内源性发展机制为重点；（5）坚持实地调研，且有一套独特具体的方法和工具，主要包括半结构访谈、排序、问题树、剖面图、季节历、展示板等

──────────

　　① "参与式发展"由美国康乃尔大学的诺曼·厄普霍夫（Norman Uphoff）教授最早提出，他认为，发展对象不仅要执行发展，还要作为受益方参与监测和评价。

（来仪，2004；楚永生，2008；杨小柳，2010）。

2.1.4 社区、贫困社区和社区能力

社区是一个组织集体行动、提供公共产品与服务，以及帮助社区成员搭建个人关系网络、增强归属感和认同感的基本功能单位。在全世界有关社区发展的话语中，"社区"一词（最早出自德国社会学家 F . 滕尼斯1887 年出版的《社区与社会》一书中）包含了三层含义，分别是：地理性社区、认同性社区和因某特定问题产生的社区（Craig，2007）。就区域面积而言，社区既可以是一个或一个以上的自然村，也可以由数个行政村聚居而成，甚至还可以大到整个乡镇。不过，本书所指的社区主要指农村社区或村庄（数量不定）。① 在我国广袤的农村地区，有的村庄既是地理性社区同时又是认同性社区，而有的村庄仅是地理意义上的社区。

贫困社区（poor community）即指社区（村庄）层面的贫困，是贫困在空间上的一种表现。目前，学术界对此展开的研究和探讨较为有限，多数学者更倾向于分析社区发展问题。然而，从社区功能和社区发展两个角度来看，贫困社区意味着社区已不能正常发挥其功能（社区的存在、维系须依赖外来资源）或其经济发展不具有可持续性（以牺牲自然、社会资源为代价）。为此，根据以往研究成果和田野调研资料，可将贫困社区定义为资源匮乏和社区可行能力不足的社区。对于不同社区而言，这两种情形可能都存在，或者其中一个情形更加明显。不仅如此，这两种情形还会相互影响和作用，即社区资源的匮乏可能会加大社区可行能力建设的难度，而社区可行能力的不足则不利于改善社区资源匮乏的状况，致使社区终将无法脱贫发展。

社区能力（community capacity）是相伴社区能力建设（community capacity building）而生的。早在20世纪90年代末，"社区可行能力建设"一词开始在发达国家和发展中国家得到广泛应用，主要用于描述如何帮助

---

① 克雷格（Craig，2007）认为村庄是一种由政府规划的、界限清晰的地理性社区。在这个特定区域中，人们可能会因分享共同的价值观或拥有共同的利益而表现出社区认同性，但是也可能为争夺集体资源和权利而分化成冲突不断的不同利益群体，以致阻碍社区的整体发展。

贫困社区全面充分参与社会、政治和经济生活的相关活动或项目。然而，这种社区可行能力建设的反贫困方法却饱受诟病和批评，原因在于人们认为这是政府在推卸或转嫁本身责任的表现，而要求农村社区担负起自我发展的责任并应对突发的经济危机和社会事件（Simpson et al. ，2003）。21世纪初，据 Chaskin（2001）的研究，社区可行能力指的是社区行动主体（个人、组织或社会网络）利用社区内可得资源，解决社区及其成员面临的共同问题，以增进整个社区的民生福祉和发展能力。一般情况下，与脱贫减困存在关系的社区可行能力主要包括三种能力，分别是领导能力、资源获取能力和集体行动能力。

2.2 基本理论依据

农村贫困与反贫困的理论有很多，但与本研究主题密切相关的理论主要涉及：发展经济学理论（包括人力资本理论、临界最小努力理论、循环积累因果关系理论及大推进理论）、福利经济学理论（帕累托改进与补偿原则）、信息经济学理论（如委托—代理理论中的道德风险及逆向选择问题）、社会学理论（包含内源式发展理论、社会资本理论和治理理论）以及公共管理学理论（治理与善治理论）。

2.2.1 发展经济学理论

1. 人力资本理论

人力资本思想萌芽于 18 世纪英国古典经济学家亚当·斯密（Adam Smith）时代，而其概念和理论则直接源自 19 世纪末形成的新古典学派。虽然新古典学派提出的资本生产率及边际生产率并未涉及"人"的投资，但却为后来人力资本理论研究者扩大"投资"范畴奠定了重要基础。之后再经苏联经济学家斯特鲁米林（Strumilin，1924）和美国哈佛大学教授沃尔什（Wolsh，1935）等的研究，直至 20 世纪 60 年代，美国经济学家西奥多·W. 舒尔茨（T. W. Schultz）提出"人力资本投资"这一概念，并对人力投资成本与教育经济效益核算进行全面系统阐述后，才正式宣告了人力资本理论的诞生或被完整地创立。人力资本理论的诞生，不仅极大拓展了当代西方经济学理论内涵，更对世界发展中国家或地区 50 多年来的扶贫实践产生了广泛深远的影响。世界银行曾在《1990 年世界发展报告》中总结全球范围 25 年内不同欠发达国家的反贫困经验时指出：凡是减贫成就最大的国家，都推行一种充分利用劳动力资源的经济增长模式，并对贫困人口在健康（如医疗卫生、营养保健）和智力（教育培训）方面进行人力资本投资，以谋求提升国家人口的整体素质，为改造传统经济、加速现代化进程夯实基础。这恰好印证了舒尔茨 1981 年所作的研判："改善贫困群体福利的决定性生产要素不是空间、能源和耕地，而是人口质量的改善和知识的增进"。

2. 大推进理论

1943 年，英籍美国著名发展经济学家罗森斯坦·罗丹（Rosenstein Ro-dan）在《东欧和东南欧的工业化问题》一文中，率先提出了一种在均衡发展理论中极具代表性的发展战略理论——大推进理论。至 1961 年，他又在《关于大推进理论的说明》中作了进一步论述。该理论认为，为了克服发展中国家或地区经济的长期停滞状态，必须对国有经济的各个部门同时投入足量的人力、财力、物力支持，以推进这类国家或地区走上繁荣发展之路。倘若采用一点一滴的隔期投资建设模式，那么其预期效果或将难以实现，而这正如飞机起飞时需要最低限度的强大推动力才能腾空而起一样。因此，基于罗森斯坦·罗丹理论，参与式社区综合发展减贫，就是要在农村社区贫困恶性循环的锁链上叩开一个缺口（作为发展的起点），通过对基础设施、公共服务等诸多方面进行大规模投资和建设，以取得外部经济之利，从而促进贫困社区经济社会全面发展。

3. 临界最小努力理论

1957 年，生于俄国的美国经济学家哈维·莱宾斯坦（Harvey Leiben-stein）在《经济落后与增长》一书中提出了临界最小努力理论（the theory of critical minimum effect）。这一理论的前提或出发点是承认发展中国家存在"贫困陷阱",即贫困恶性循环和低水平均衡"陷阱"。其基本观点是:发展中国家之所以贫穷落后,是因为人均收入水平太低,经济中内在刺激力量太弱,致使无论怎样投资,资本形成的规模都小于经济起飞所需的临界最小数量,如要打破恶性循环、跳出"陷阱",必须首先保证有一个初始阶段的高投资率,以此形成一个最小临界努力,使"提高收入的力量"大于或超过"降低收入的力量",从而使人均收入水平得到明显提高。简而言之,资本积累与形成不足是阻滞发展中国家或欠发达地区经济发展的关键因素,因而,需以临界最小努力推动国民经济摆脱极端贫困境况,实现长期稳定发展。

4. 循环积累因果关系理论

罗森斯坦·罗丹和哈维·莱宾斯坦都特别强调了资本形成对促进经济增长的重要性,但是他们的理论唯资本论印迹过重,反而易忽视其他因素在经济发展中的作用。相比之下,诺贝尔经济学奖得主、瑞典学派的创始人之一,甘纳尔·缪尔达尔(Gunnar Myrdal)在 1957 年用系统论方法,从动态、演进角度提出的循环积累因果关系理论更加全面精辟。他在分析经济的、社会的和制度现象的内在依赖性时指出,经济发展是由经济、政治、社会、文化、制度等多因素综合决定的,这些因素之间的关系不是趋于均衡,而是以因果循环的具有累积效应的方式运动,即呈循环积累的发展态势。为此,针对欠发达国家或地区的贫困问题,缪尔达尔主张通过改革权力关系、土地关系和教育等方面,来实现收入分配制度上的平等,以提高贫困人口的消费水平,增强投资引诱。然而,正是这种倡导对制度进行一系列改革以加速资本形成和收入增长的主张,突破了罗格纳·纳克斯(Ragnar Nurkse)的悲观论点和理论局限,成为缪尔达尔贫困与反贫困理论的最大特色或亮点。

2.2.2　信息经济学理论

信息经济学起始于 20 世纪 40 年代,发展于 50~60 年代,成熟于 70 年代,是一门以信息的经济作用、成本价值、经济效果、产业结构以及相关系统、技术和经济理论为主要研究内容的信息科学的分支学科。从信息经济学角度看，市场信息可划分为四种基本形式，包括对称与不对称信息、完全与不完全信息、同质与异质信息以及公共与私人信息。其中，信息不对称（asymmetric information）是指不同个体在社会政治经济活动中所掌握、拥有的信息呈不均匀分布状态，该理论产生于 20 世纪 70 年代，是微观信息经济学研究的核心内容，由三位美国经济学家迈克尔·斯彭斯（Michael Spence）、乔治·阿克洛夫（George Akerlof）和约瑟夫·斯蒂格利茨（Joseph Stiglitz）共同提出。在自由市场经济中，信息不对称会产生交易关系且能造成契约安排的不公平或市场资源配置效率下降等问题。然而探究信息不对称的原因不外乎两方面：一是信息供给方不愿公开信息；二是信息传导机制不畅。前者主要是出于私利考虑或缺少动力而瞒报、不报；后者则通常因为信息甄别困难、收集不规范或处理效率不高所致。在现代社会，信息在政府扶贫、行业含义和社会扶贫中发挥着重要作用，因此，信息经济学理论对各方力量参与农村扶贫的指导意义也必将越来越大。

目前，我国扶贫系统实行的是多层级委托—代理关系（国务院扶贫办→省级扶贫机构→县、市扶贫机构→地方基层组织），这种模式涉及的不同利益相关方非常广泛，各方行为主体之间的博弈错综复杂且信息不对称，致使滋生道德风险与逆向选择问题在所难免。从历年农村扶贫瞄准情况看，由于信息不对称（最根本因素）、人的自利本性（理性经济人假设）和内外监管不力等原因，我国贫困瞄准长期出现不同程度的偏差或错位，主要表现如下：第一，经济强贫困村驱逐经济弱贫困村。历史反贫经验表明，相同资源用于不同区域的扶贫效果不同，地区脱贫的难易程度也与其自身经济实力正相关。为在短期最大化扶贫绩效以彰显政绩，处于代理人地位的扶贫机构往往偏好于将扶贫资源分派给经济基础较好的贫困村，结果使得经济薄弱的贫困村获取外部资源的机会和数量均大大减少，甚至完全被排斥在外，而这严重违背了中央扶贫政策公平公正的目的。第二，中高收入户驱逐贫困户。一般情况下，贫困户身份的确定首先需由个人向村委会申请，然后逐层报批。在这个过程中，处于扶贫链条上游的机构对扶助受体知之甚少，而链条下端的基层组织却掌握着最丰富真实的信息，如此一来，上层机构与基层组织之间存在很大的信息不对称性，而这正好给某些中高收入户寻租、合谋提供了行动空间，致使出现"假穷人"戴穷帽、"真穷人"无人问的扭曲现象。此外，扶贫项目的"配套门槛"，也为这种逆向选择披上了"合理的外衣"。第三，原有贫困户驱逐新晋贫困户。这种情况的出现可归于两个原因：一是国家对扶贫受体的"特殊待遇"不断提高，使得部分实已脱贫的贫困户不愿主动"摘帽"，为继续骗取好处而制造信息盲点（如"藏富"）、谎报家庭最新财产收入情况。二是扶贫对象缺乏动态退出机制，可能出于瞄准成本（尤其是信息搜寻成本）和工作效率考虑，贫困户的重新认定和调整需要间隔较长时间。在此期间，新增贫困户因身份尚未正式确认而与扶助无缘，有些贫困户可能早已脱贫却仍受到"惠顾"。

2.2.3　福利经济学理论

1920 年，庇古（Pigou）所著《福利经济学》一书的出版标志着福利经济学的问世，其产生的原因被归结为英国阶级矛盾与社会经济矛盾尖锐化的结果。福利经济学属于规范经济学，是一门研究资源配置、收入分配和集体选择以提高效率、实现公平及增进社会福利的西方经济学分支。福利经济学可划分为旧福利经济学（以 A. C. Pigou、Marshall 为代表）和新福利经济学（以 Kaldor、Hicks、Lerner、Scitovsky 和 Samuelson 等为代表）。旧福利经济学以边沁（Bentham）功利主义原则（最大多数人的最大福利）为哲学基础，在对待公平与效率问题上，特别注重对公平的维护。庇古根据边际效用基数论提出了有关福利的基本命题，即社会经济福利相当程度上取决于国民收入总量及其分配状况，国民收入越多、收入分配越均等化，社会经济福利就越大。可见，如果要增加社会经济福利，在生产方面必须扩大国民收入总量，在分配方面必须消除国民收入分配不均等。据此，庇古指出，凡是不影响贫困人口绝对份额而增加国民收入总量，或者不减少国民收入总量而增加贫困人口绝对份额，均意味着社会经济福利的增进。进一步而言，政府若将富裕阶层的一部分收入转移给贫困人口，也会增大一国或地区的社会经济福利。然而，由于市场经济对收入分配均等化失灵，所以，国家通常采取累进税政策将向富裕阶层征得的税收用于社会慈善与福利事业，让低收入和特困群体享用，以提升社会整体福利水平。当所有人的货币边际效用相等时，"富人"与"穷人"的阶层划分或将消失，社会福利总量就会达到峰值或极大化。

20世纪30年代以后，庇古的旧福利经济学受到以 L. C. 罗宾斯（L. C. Robbins）为主的很多著名经济学家批判，直至50年代，西方经济学在"扬弃"旧福利学说的同时，基于帕累托理论最终形成了新福利经济学（或称现代西方福利经济学），其内容则主要是围绕"帕累托最优"这一核心概念展开、演化而来的。面对公平与效率问题，新福利经济学彻底颠覆了之前旧福利经济学的观点，主张效率高于公平，最佳的效率就是最大的福利。新福利经济学家认为，边际效用不能衡量且个人间效用无可比性，因此，最大社会福利的内容是经济效率而非收入均等化问题。经济效率是指生产资源的配置和产出状态。当经济资源得到最适度的使用时，即实现了帕累托效率（即任何改变都不可能使某些人境况变好而不使其他人处境变坏的状态）。然而，西方一些福利经济学家指出，帕氏标准太过严苛（最优状态具有高度限制性），致使其在现实生活中无广泛适用性，应该予以修正和补充，于是，1939年卡尔多（Kaldor）、希克斯（Hicks）分别提出了假想的和长期自然的补偿原则。不过，西托夫斯基（Scitovsky）认为，卡尔多原则与希克斯原则仅适于顺向检验而不能逆向检验，当两种检验结果相互矛盾时，就不能做出社会福利是否改善的结论，为此，他提出了只有当卡尔多原则与希克斯原则同时满足才算是社会福利改进的西托夫斯基补偿原则。该补偿原则的论点是：在社会变革或经济变动中会产生受益方和受损方，但如果受益方愿给受损方补偿以换取受损方接受这一变化，并且补偿后仍有剩余，那么这种变革或变化是可取的。按照以上福利经济学中的帕累托标准和补偿原则，参与式社区综合发展减贫的某些干预项目对村民的影响无非有两种结果：一是至少有一些农户的境况得到改善；二是一部分农户获益而另一部分农户受损。对于第一种结果，农村社区的社会福利确实增进了，但不一定是福利最大化，因为境况变好的农户有可能不是贫困户而是富裕户；至于第二种结果，倘若获益总额超过损失总额，那么可以向受损户尤其是受损贫困户加大补偿，这样对任何农户都没有不利而对一些农户有利，因而增进了社会福利。

2.2.4　社会学理论

1. 内源性发展理论

一般而言，一个国家或地区的发展动力无非源自内部要素作用和外部援助推动两方面。这两者分别被称为内源性发展（endogenous development）和外源性发展（exogenous development）。对于那些相对落后的农村社区，大部分专家学者通常将其脱贫困难的原因框定为内部发展动力不足，缺少经济社会发展的充分必要条件。因此，借助外部要素来推动农村贫困社区的发展势不可或缺，而这一思想的主旨是通过移植、嫁接发达国家或地区的技术经验和发展模式，迅速促进发展中国家或地区实现现代化。然而，实践中不少正反事例证明，这种发展模式的成功植入需满足一定条件，或会受制于当地某些因素，因为落后国家或地区在经济制度、社会文化、资源禀赋和民众受教育水平等方面存在明显差异。在此情况下，随着人们对传统发展理论的反思和批判，20 世纪 60 年代后，内源性发展应运而生，但直至 80 年代初才得以作为正式发展概念在联合国教科文组织的"中期规划"中出现，并开始逐渐受到各方高度重视。该发展模式要求在不异化、不扭曲或不破坏本土文化特征的基础上，实现内部传统性与外来现代性互动融合发展，主张在不简单奉行"拿来主义"基础上，着重挖掘当地内部发展源泉和根本动力——乡土资源。依循其理，在参与式社区综合发展减贫工作中，既须注重农村外源发展力量，也要兼顾社区的异质性和特殊性，更应将社区内生因素与外在资源两者有机结合起来，形成一种综合向上之力，推进贫困地区不断向前发展。如此，便是对内源性发展理论的最佳诠释与注解。

2. 社会资本理论

作为一个跨学科的综合性理论工具，社会资本（social capital）最早却是以社会学概念首次出现在美国社区改革倡导者利达·J. 汉尼范（Lyda J. Hanifan）1916 年所著的《乡村学校社区中心》一文中，但那时这一专属称谓并未得到人们的较大关注或普遍认同，直到 1980 年法国社会学家皮埃尔·布尔迪厄（Piere Bourdieu）正式将体制化关系网络作为结构性资源纳入社会资本的分析框架后，社会资本才开始引起国际学术界的浓厚兴趣。8年后，美国社会学家詹姆斯·科尔曼（James Coleman，1988）发表了一篇经典的社会资本论文，至此，社会资本理论成为社会学、经济学、管理学、政治学以及人类学等社会科学领域中的前沿热点和最具影响力的分析框架之一。

20世纪90年代，社会资本已被广泛引入对发展中国家经济增长、公共产品、社会保障、收入分配以及可持续发展等问题的研究中，而这些方面均与反贫困研究有密切联系，并且社会资本同物质资本与人力资本一样，也是人们从事经济活动、获取收益与福利的基础和资源，不过这种资本是存在于人际关系结构之中的隐性资源，然而正因如此，社会资本为各国城乡贫困问题提供了崭新的理论分析视角和反贫机制设计思路。此外，大量文献研究也表明，社会资本对地区减贫与经济发展确有不可忽视的促进作用，它是人们用以摆脱贫困的主要资本形式和重要措施（Woolcock，1997；World Bank，2001；Knack，2001；Chuzu，2002；Das，2004；等等），主要表现在两方面：第一，可作为"中介"将生产资本、自然资本和人力资本紧密地粘合在一起；第二，如果运用得当，社会资本还具有生产性和其他资本无法替代的社会保障与支持功能。对应地，倘若社会资本缺乏，则会产生贫困、加剧贫困，甚至贫困再生产（代际延续）和固化贫困。

社会资本是一个复杂且不易把握的概念，目前国内外学者对它内涵的界定因角度、概念主体和范围（或表现形式）不同而各有千秋，其中，国外以布尔迪厄（Bourdieu）、科尔曼（Coleman）和罗伯特·D·普特南（Robert D. Putnam）等为代表，国内以张其仔（1997）、李春玲（1997）、朱国宏（1999）以及丘海雄、边燕杰（2000）等为代表。但是，经对比分析可知，他们的定义普遍存在两个问题：一是混淆了社会资本与社会资源；二是注重社会资本的社会属性，而忽视了其资本属性（即价值增值性）。因此，在综合考虑各方面问题后，社会资本可定义为存在于社会组织或网络中，能为其拥有主体带来收益的一种具有潜在性但对外体现为社会关系的能力（吴江、黄晶，2004）。不过另须说明的是，社会资本的内容依赖于其具体定义，一般包括信任、互惠、规范、网络以及共享的文化、习俗、价值观等，并且这些构成要素通常能通过促进合作来提升社会效率。

当然，社会资本可进一步细分，有的学者将其划分为个体与群体或微观与宏观社会资本，也有学者在此基础上添加了中观社会资本，世界银行则将其分成紧密型、跨越型和垂直型社会资本。不过，克里希纳和厄普霍夫（Krishna and Uphoff，2000）认为，不管是从微观、中观还是宏观层次，社会资本对发展的影响都将通过结构型社会资本与认知型社会资本的相互作用来实现。在早期研究者当中，比如美国社会学家林楠（Lin Nan）和科尔曼等所关注的就是个人或微观层面的社会资本，因为他们都将社会资本解释为个人为达到预期目的而通过自己拥有的社会网络关系以获得相关资源，包括各种有价值的信息和一些实质性的帮助。后来，随着社会资本研究范围的快速拓展，不少学者试图从更宽广的层面分析社会资本的作用，而不再仅满足于微观视角探讨，美国政治学家、哈佛大学社会学教授普特南①就是其中较早研究集体（或团体）社会资本的学者之一。团体社会资本包含了中观层面（社会组织、社区和区域）和宏观层面（国家）社会资本，但它绝非微观社会资本的简单加总，其核心要素是信任，它的产生与积累在相当程度上取决于一个社会的传统文化、有效的制度规范和积极的公共政策，而不是依靠某单独个体的一己之力就能完成。

2.2.5　公共管理学：治理与善治理论

20 世纪 90 年代，治理理论开始在西方蓬勃兴起，当前已遍布不同层次，正发展成一个蔚为壮观的治理理论与实践体系，可细分为全球治理、民族国家治理、地方治理、社会治理以及社区治理等理论。英语中"governance"（治理）一词源自拉丁文"gubernare"和古希腊语"steering"，意指控制、引导、操纵或掌舵之行为或行为方式。长期以来与传统的统治（government）相对应并交叉使用，且主要用于与国家公共事务相关的管理活动和政治活动中。1989 年，世界银行在《南撒哈拉非洲：从危机走向可

---

① Putnam, R. D.. The Prosperous Community: Social Capital and Public Life [J]. *The American prospect*, 1993（13）：35 – 42.

持续增长》一文中首次使用了"治理危机"，自此"治理"概念便被广泛用于政治发展研究之中。其后，随着内涵的不断扩展丰富，治理开始逐渐运用于社会经济领域，而不再局限于政治学领域。然而，学术界却从未达成有关治理理论的共识。在探讨治理的众多定义或观点中，最具代表性与权威性的有以下四种：

第一，治理是各种公共的或私人的个人和机构管理其共同事务的诸多方式的总和。它是使相互冲突的或不同的利益得以调和并且采取联合行动的持续的过程。这既包括有权迫使人们服从的正式制度和规则，也包括各种人们同意或以为符合其利益的非正式的制度安排。其特征是：（1）治理是一个过程，而非一套规则或活动；（2）治理过程的基础是协调，而非控制；（3）治理涉及公共部门和私人部门；（4）治理是持续的互动，而非一种正式制度。①

第二，治理意味着统治的含义发生了变化，意味着一种新的统治过程，意味着有序统治的条件已不同于从前，或是以新的方法来统治社会。治理理论至少包括最小国家的管理活动、公司管理、新公共管理、善治、社会控制体系以及自组织网络治理等六种含义（Rhodes，1996）。

第三，治理是一系列活动领域里的管理机制，是一种由共同目标支持的管理活动。这些管理活动未必获得正式授权，主体未必是政府，亦无须依靠国家的强制力量来实现，却能发挥有效的作用（James Rosenau，2001）。

第四，截至目前，各国学者对治理提出了五个论点：（1）治理指一系列出自政府但又不限于政府的机构和行为者；（2）治理在为社会经济问题寻求解决方案的过程中表现出非常模糊的权责划分情况；（3）治理明确肯定了不同集体之间存在着权力依赖；（4）意味着参与者最终将形成一个自主的网络；（5）治理认定办好事情的能力不限于政府的权力、发号施令或运用权威（Gerry Stock，2006）。

虽然治理理论在一定程度上可以弥补国家和市场在调控、协调过程中的某些缺陷，但是治理并非万能，也存在着诸多内在局限性。因此，为克服治理失效问题，不少专家学者甚或国际组织适时提出了善治（或有效治

---

① 全球治理委员会：《我们的全球伙伴关系》，牛津大学出版社1995年版。

理）理论。善治（good governance）指使公共利益最大化的社会管理过程和管理活动，其本质特征在于它是政府与公民对公共生活的合作管理，是政治国家与公民社会的一种新型关系，是两者的最佳状态（俞可平，2000）。实际上，善治的过程是一个还政于民或国家权力向社会回归的过程（公民社会是其现实基础），表示国家与社会或政府与公民之间积极而有成效的合作，然而，若无健全发达的公民社会和民主政治条件，则无所谓真正的善治。当下多数学者认为，善治包含合法性、透明性、责任性、法治、回应性以及有效性等六大基本要素，而其理论与实践风起盛行的原因有：一是公民社会或民间社会日益壮大；二是使用范围比传统善政更广，覆盖了政府、公司、社区、地区、国家以及国际社会等；三是全球化时代下国际国内社会对公共权威与公共秩序的需要；四是民主化进程的必要结果。

综上言之，治理理论是一种关于政府与公民共治的价值追求（兴起于"市场失灵"和"政府失败"），它不仅是对社会科学范式的反思，也是对经济全球化浪潮的反映，其主要观点有：（1）重视社会管理力量多元化（须充分发挥第三部门协同社会管理的效能）；（2）政府在新的社会治理结构中应充当多元治理角色；（3）倡导以共识、共治、共享为特征的网络管理体系；（4）主张以善治为治理目标；（5）强调资源配置中市场的优先性和政府的有限性。当前，就治理理论在扶贫领域（尤其是农村社区扶贫领域）的应用来看，还处于萌芽阶段，但治理理论对贫困社区中政府、社会与市场三者之间关系的阐释，对于人们深刻理解和认识参与式社区综合发展减贫机制有很大帮助。因此，治理理论的引入，可为变革以往常规减贫方式提供有益思路，并对农村社区扶贫中政府、社会及市场的角色进行重新定位。

2.3　国内外文献回顾与述评

2.3.1　经济增长与减贫问题

经济增长与减贫的关系一直以来都是发展中国家政府、国际社会和经济学界所热衷的民生议题。人们通常认为，经济增长对减贫有正向显著作用，是减缓农村贫困的有力武器，许多国内外专家如多拉尔和克雷（Dollar and Kraay，2002）、克雷（2006）、张全红和张建华（2007）以及黄季焜等（2008）也先后引证经济增长为缓解农村贫困做出了重大贡献，是决定或有利于减贫战略落实的首要因素之一。若作进一步分析，可根据经济增长的不同减贫成效，将其划分为贫困化增长（immiserizing growth）、滴漏式增长（trickle－down growth）和益贫式增长（pro－poor growth）。其中，贫困化增长是指除少数富裕地区人口收入有所增加外，其余大部分地区人口的收入都随经济增长不增反降，其直接后果是同时加剧了绝对贫困和地区差距；滴漏式增长，即对贫困人口具有"涓滴"效应的经济增长，在这种经济增长类型中，穷人的收入增速远低于平均收入增速；益贫式增长，也称亲贫困增长，一般可理解为能使穷人参与经济活动并从中得到更多收益的经济增长（Ravallion，1994；阮敬，2007；周华，2008），但若严格定义，此类增长又可分为相对益贫式增长和绝对益贫式增长，前者是指经济增长给穷人带来的收入增长率大于非穷人收入增长率或超过平均增长率（Kakwani and Perni，2000；Ravallion and Chen，2003；Son，2004），后者意指穷人获得的增长的绝对利益要等于或多于非穷人（White and Anderson，2001；Grosse and Klasen，2008）。

国内学者汪三贵（2008）曾指出，经济增长对减贫有两方面效应：一是直接效应，为贫困人口提供更多、更好的就业和创收机会；二为间接效应，即增加政府财政收入，使其更有能力去扶危济困。但若从经济增长的间接减贫效应看，经济增长带动的积极财政政策的减贫作用，不仅对于不同地区财政支出项目（包括基础建设支出、文教事业费、社会保障补助支出、抚恤与社会福利救济费、科学事业费、支援不发达地区、卫生事业费及政策性补贴支出）有较大差别，而且因中东西部的致贫因素各异而大相径庭（罗知，2011）。除此之外，经济增长在不同区域的减贫效应亦表现不一，其原因可能是地区内部经济增长质量存在某些差异，不仅如此，不同产业增长给每个区域带来的减贫效果同样并不完全相同，但总体而言，农业部门的增长较第二、第三产业仍具有更高的减贫效应或弹性（文秋良，2006）。与之类似，张萃（2011）从产业构成视角实证分析了中国经济增长与减贫论题，研究发现，除第二产业增长的减贫效应微弱外，第一、第三产业增长均对内陆地区减贫产生了非常显著的影响，而在沿海地区，只有第一产业增长对减贫影响显著。然而，在此之前，黄季焜等（2004）早就基于1985～2002年分省数据进行了建模测算，他们认为经济增长的"涓滴"效应在一定程度上只能有限地改善贫困人口的福利状况，但是，若经济增长能更多地通过振兴农业来实现，那么减贫效果会愈加明显。

综观既有中外相关文献，其中绝大多数研究成果表明，经济增长对减少贫困人口发挥了重要作用，但是，经济增长对减贫究竟有多大的影响或贡献呢？针对此问题，不少研究人员均试图利用实证模型来测算经济增长的减贫成效（见表2-3）。当然，由于研究的时间范围、计量方法、样本以及数据条件不同，结果大相径庭，这也从侧面说明不同地区经济增长的亲贫（富）类型、减贫成就及其对贫困人口的受益条件等都是不一样的。

表2-3　　　　　　国内外对经济增长减贫成效的估计

序号	作者	估计年份	方法	样本点与数据来源	减贫成效
1	克雷（2004）	20世纪80～90年代	贫困变动分解、平均收入函数和洛伦兹（Lorenz）曲线	80个发展中国家的285个住户调查	经济增长能揭示95%和70%的长、短期贫困变化
2	拉瓦雷和陈（2007）	1980～2001年	贫困变动分解和对数差分回归模型（OLS与IVE）	国家统计局城乡住户抽样调查（全国）	贫困发生率对经济增长[a]的弹性绝对值为2.7
3	盛来运（1997）	1980～1995年	贫困指数变动分解模型	国家统计局农村住户抽样调查（全国）	经济增长使贫困发生率下降27.3%
4	乔召旗（2009）	1985～2006年	以脱贫人口及其比例为因变量的两个计量模型	全国范围，中国统计年鉴	人均GDP每增长1%，可带动脱贫率提高0.09%～0.12%
5	文秋良（2006）	1993～2004年	非参数和参数估计法	全国各大区域，中国统计年鉴	贫困发生率对经济增长的弹性绝对值为1.07
6	张凤华等（2011）	1994～2008年	贫困指数与解释变量间的对数线性模型	内陆9个典型性省（区），中国统计年鉴	贫困发生率相对经济增长的弹性为-2.055

续表

序号	作者	估计年份	方法	样本点与数据来源	减贫成效
7	李金叶等（2012）	1995～2009 年	FGT 贫困指数、洛伦兹曲线和沙普利分解法	新疆维吾尔自治区，新疆统计年鉴	经济增长的减贫贡献度高达 95%
8	李小云等（2010）	2000～2008 年	非参数和参数估计法	全国六大区域[b]，中国统计年鉴	人均 GDP 每增长 1%，贫困发生率下降 1.09%
9	杨颖（2010）	2002～2007 年	洛伦兹曲线的参数估计和 FGT 贫困指数分解	全国范围，中国统计年鉴	经济增长使贫困发生率下降 6.69%

注：a 此处"经济增长"用全国居民人均收入增长率表示（工具变量）。

b 六大区域为：沿海、东北、华北、华中、西北和西南，北京、天津和上海 3 个直辖市不包括在内。

然而，诚如事物都存在正反两面性一样，经济增长与贫困间的关系亦是如此。早在 20 世纪 50～70 年代，国外就有不少学者对经济增长的减贫作用产生了怀疑甚至否定。他们或认为在经济发展初期因收入差距会扩大而致使经济增长对减贫的作用很小；或强调经济发展要么使穷人的福利状况变得更差，要么使他们保持原来的贫困状态（Kuznets，1955；Fishlow，1972；Chenery et al.，1974）。在国内，自 20 世纪 80 年代中期以后，才有部分学者开始对经济增长的减贫作用产生了质疑或动摇，原因有二：第一，很多国家或地区经济增长强劲，但减贫成就并不平衡。例如，一些东亚国家扶贫绩效举世瞩目，而一些南亚国家却仍无显现转变迹象，减贫进展不容乐观。第二，有些国家或地区经济增长的减贫效应不断下降，并且很多时候呈现出"弱绝对或相对亲贫增长"甚至"亲富增长"，而非"强亲贫增长"，具体表现为经济增长不仅对绝对贫困的影响逐渐减弱甚或变得不明显，而且致使贫富差距拉大现象日益凸显。以中国为例，在 20 世纪 80 年代后期，我国经济增长虽处于高位运行，但农村年均减贫人数已出现明显下降，降幅达一半左右，其结果是平均每年只减少 800 万贫困人口。对此，胡鞍钢等（2006）的解释是：增长质量下降、收入分配不公以及穷人获取收入机会减少是重要原因。及至 21 世纪，尽管经济增长对减贫仍然发挥着显著作用，但减贫速度又有所放缓且低于经济增速，贫困发生率对人均 GDP 的弹性绝对值也明显低于 20 世纪 80 年代水平（李小云等，2010）。据此可见，经济增长不一定是减贫的充分必要条件或唯一因素，换言之，经济增长并不必然且自发地使贫困人口平等受益，其减贫作用不仅依赖于经济自身的增速，还受制于经济增长的性质和结构，如遏制或扭转不平等的收入分配机制等（王冰冰，2010）。所以，仅靠经济持续高速增长减贫是难以成行的，政府必须提高增长的质量并深化收入分配制度改革，以形成合理有序的分配格局，同时还要制定和严格落实中长期农业市场化扶贫规划，以及着重增加或提高弱势群体社会参与机会和综合能力等。

2.3.2　社会保障制度和减贫

社会保障译自英文"social security"，又称为"社会安全"，最早萌芽于 1601 年英国颁行的《济贫法》。虽然在不同时期和不同国家的立法中，该词的含义不尽相同，但是其核心内容、基本性质、主要目的和根本宗旨却大体一致。一般是指国家为公民提供一系列基本生活保障，使其在由于年老、疾病、失业、灾害、伤残、战争等原因而发生生活困难的情况下，能从国家、社会获取物质帮助和服务以维持一定生活质量或水平的制度安排（刘家强等，2005），主要由社会保险（核心内容）、社会救济、社会福利及优抚安置等组成。作为近现代工业文明的产物和人类社会进步的重要标志，社会保障通常被政界和学术界的人们称为社会稳定的"安全网"、经济发展的"减震器"、分配公平的"调节器"以及保护人民切身利益的"兜底"机制。历史与现实的无数事实也证明，建立形式多样、项目不同、标准有别的社会保障制度对于缓解城乡贫困、保障公民权利、维护公平正义和促进社会稳定等具有极为重要的作用。然而，在实际工作中（21 世纪初），国内社会保障体系的建构与完善主要在仅占全国人口 30% 的城镇展开，而余下占人口绝大多数（70%）的农民却近乎游离于或被排斥在"社会安全网"之外（向东，2002），换言之，当时我国农村社会保障的覆盖面存在严重缺损。

我国农村社会保障制度起步于中华人民共和国成立之初，大体经历了

1949～1978 年的初步探索与曲折发展，1978 年至 20 世纪末的积极推进和调整整顿，以及 2000 年至今不断完善的三个历史阶段（高进水，2010），并于各期发挥着调节收入分配、实现社会公平、消除绝对贫困和减少农户脆弱性等功能，其建设与落实情况不只关系到贫困人口能否得到最基本的生活保证，甚至会影响全国是否可持续稳定地解决贫困问题。就其基本框架和内容而言，主要包括社会保险、最低生活保障、社会救助和社会福利四个部分，并具体体现为以下六种形式：五保供养制度、优抚安置制度、养老保险制度、合作医疗制度以及生育保险和奖励制度。自改革开放以来，我国农村社会保障事业虽然在财政投入、覆盖范围、项目数量、保障标准、管理监督和制度健全等方面取得了巨大进展，但与城市保障层次和农村居民实际需求相比，仍存在明显差距，而且保障水平不高、覆盖面偏窄、管理体制分散、资金来源不稳、社会化程度低、保障功能差且缺乏持（连）续性等问题尤为突出（王丽，2009；刘玉玺，2010；熊曼曼，2011）。有鉴于此，我国农村社会保障制度的残缺不全及其发展的滞后性已成为现阶段经济社会发展中亟须解决的一个现实问题。然而，究其根本原因，刘书鹤（2001）将之归咎于政府财政支出方面的决策失误所致，并视之为社会主义中国的最大缺憾。柴瑞娟（2011）则认为这种现状与政府责任缺失渊源甚深，而导致国家责任不到位的原因除了主观上的认识偏差外，再就是客观上农民群体因"理性无知"或"路径闭锁"而致利益表达欠缺。

长久以来，无论在理论研究抑或工作实践中，我国一直都倾向于把社会保障与扶贫看作两种互不相干的制度安排而分割开来（李庆梅、聂佃忠，2010）。事实上，社会保障和扶贫相辅相成、缺一不可。一方面，农村社会保障制度是对开发式扶贫的有效补充；另一方面，开发式扶贫巩固了农村社会保障制度的成果。对此，其原因或可能的解释是，开发式扶贫重在激发有劳动能力的低收入和贫困群体积极、主动地摆脱贫困，帮助他们克服"人穷志短"的悲观情绪与"等、靠、要"的依赖思想，由"要我脱贫"向"我要脱贫、我能脱贫"转变，但是，开发式扶贫既有别于社会救助，又与社会福利、社会保险等明显不同，对于缺少甚或丧失劳动能力的贫困人口而言，若没有社会保障这张"安全网"的庇护，是难以走出贫困泥潭的。张浩淼（2007）认为社会保障从产生伊始就是为了对抗贫困问题，即使发展至今，减缓与预防贫困仍然是其主要功能之一。其中，社会救助、社会保险分别对贫困主要起减缓和预防作用，而社会福利对贫困则兼具减缓、预防作用。由此可见，开发式扶贫并不排斥社会保障制度，只要促使两者双管齐下并使其有效衔接，必能基本实现消除贫困的终极目标。

　　尽管社会保障制度有利于消除绝对贫困和防止因病、因灾、因残、因学等返贫现象的发生，但同时它也是一柄"双刃剑"，稍有不慎就会制造出"依赖性贫困"，不仅使贫困问题更加棘手或复杂化，甚至致使社会保障减缓和预防贫困的作用难以达到预期效果。以农村最低生活保障制度为例，作为社会最后一道以公平为主体功能的"安全网"，其设计和运行的主旋律毋庸置疑应是"公平优先、兼顾效率"，因而其实施结果自然会增加低保对象的可支配性收入，并相应降低农村家庭内部的基尼系数（张平，2008）。但是，农村低保制度也可能产生负向激励效应，从经济意义角度讲，如果低保补助金能补齐保障标准与农户实际收入之间的缺口，那么该农户去寻找低收入工作的积极性将减弱或大打折扣。此外，若低保户资格一旦被确定，就可名正言顺地享受教育、房屋、医疗甚至法律等多种救助或福利项目，形成"胜者通吃"局面，而作为潜在贫困者的"边缘户"由于无法从社会救助中获益，最终也将因心理失衡而"骗保"或者渐生趋向贫困的动力并"自愿贫困"（雷晓康、王茜，2009）。

　　从最近数年发表的文献资料来看，越来越多的专家学者开始转向关注社会保障与减贫问题。他们对社会保障与减贫间关系的分析、探讨，不仅拓宽并明确了今后的研究领域和方向，而且夯实了分配、平等、贫困理论等多样化研究的坚实基础。此外，他们独特的研究方法和理论成果也为我们后续的学习、探索提供了丰富且极具参考价值的视角或洞见。然而，笔者在对既有研究作梳理、归纳并总结后发现，社会保障与减贫研究领域尚存在以下五个方面的"盲区"：第一，我国农村社会保障的减贫效应多大，目前还未有学者对此作精确的实证计量分析；第二，社会保障中具备减贫功效的项目类型有哪些，其减贫性质和机制又是怎样的；第三，农村贫困群体在社会保障制度中能获取多少利益；第四，贫困群体在什么条件下才能从社会保障中受益最大；第五，在兼顾国家财力、地方实力和脱贫激励情况下，如何科学、合理地设定社会保障贫困线以准确识别出真正需要帮扶之人。

2.3.3　开发式扶贫或扶贫开发

迄今为止，学术界对"扶贫开发"一词尚未有明确定义，但绝大部分学者在他们的研究中常将这一概念等同于内涵早已界定清晰的"开发式扶贫"。相对于救济式扶贫的直接"输血"功能而言，开发式扶贫的本质在于"造血"或"授人以渔"，即鼓励、引导、扶助那些依靠自身力量难以脱贫的积贫积弱地区和有劳动能力但缺乏就业技能或门路的贫困群体，在国家和社会提供必要且有效的扶持下，发扬自力更生、艰苦奋斗的精神，通过调动各方力量、整合各种资源，并采取区域开发、以工代赈以及信贷、科技和智力扶贫等综合性措施，消除致贫因素，改善当地生产条件，发展商品生产，逐步增强扶贫对象的自我积累与发展能力，从而最终实现脱贫致富的目的（中央财经领导小组办公室，2001；陈卫平、申学锋，2006；韩广富、王丽君，2006），其具体内容主要包括：帮助贫困乡村开展通路、通电、通邮以及通广播电视等基础设施建设；支持贫困农户拓宽或开辟种植（养殖）业和小型加工业等增收渠道；大力推广新技术、新方法以提高农业生产中的科技水平（范小建，2009）。

自 20 世纪 80 年代中期以来，历经 30 多年，我国实行的扶贫开发成果丰硕、举世瞩目。然而，扶贫开发本身也存在一定的局限性，比如扶贫项目效益低下、贫困瞄准偏差难以消除等。不仅如此，进入 21 世纪后，由于受到生产生活资源环境与经济社会发展不平衡等诸多因素的制约，我国农村扶贫开发工作还遭遇了多重困境。就全国整体情况而言，目前扶贫开发面临的严峻挑战有：失地农民成新贫困群体、贫困女性化日益显现、返贫频繁且常态化、多元化"双穷并存"① 局面逐渐成形、贫富差距继续扩大、

---

①　"双穷并存"是指绝对贫困与相对贫困并存、区域贫困与群体贫困并存等多元贫困并存局面。

经济全球化冲击以及扶贫"输血"强劲、但"造血"不足等问题（陈俊，2012）。但若从区域性视角来看，不同地区扶贫开发存在的现实困境各异，例如，影响青海藏区扶贫开发进程的困境包括：资源配置水平低与生存发展需求高矛盾，地区投资规模小与基础设施滞后并存，生态保护责任与相关利益权利不平衡，以及国家战略与自身发展目标冲突（王淑婕、顾锡军，2012）；再以福建省为例，在海峡西岸经济区背景下，该省农村扶贫开发工作主要面临低收入人口数量较多、相对贫困问题凸显、非收入贫困严重、脱贫边际成本上升、致贫返贫依然突出、扶贫力量聚合困难以及贫困人口边缘化加剧等多种挑战（刘荣章等，2012）。

就近三十年历史文献资料来看，关于扶贫开发（开发式扶贫）的研究主题可大致划分为以下四个方面：

第一，扶贫开发资金的使用绩效或投资效果评估及其分配制度、供给需求、审计监管的剖析。例如，蔡昉等（2001）指出，中国政府若要实现基本消除绝对贫困的战略目标，现存扶贫资金政策中许多的尖锐矛盾和问题必须得到尽快解决，目前除进一步加大扶贫资金投入规模外，更为重要的是设法提高反贫困资金的运行效率。为此，国家的扶贫资金政策可在培育贫困地区农村金融市场、改革现行资金管理体制以及实施公共工程投资项目等方面作相应调整。刘冬梅（2001）在建立衡量中央开发式扶贫投资效果指标体系的基础上，采取分段生产函数的模型形式，分析了扶贫投资对贫困地区农民纯收入、农业经济和国民经济增长的作用。姜爱华（2008）用资金贡献绩效与资金投向绩效两个指标评价了开发式扶贫资金的投放效果，并提出了一些改进、完善的政策建议，比如引入市场机制、改善资金类型结构、开展参与式扶贫以及加强扶贫政务监督等。邹水清和周学武（1997）认为扶贫开发资金的分配体制和机制是决定扶贫开发资金分配的性质、结构、流向及效能的内在力量，因此，建立效益性扶贫开发分配制度须以效益和发展为选择标准，并满足"适应贫区资源配置规律、统一增量投入与存量调整、提高资源流动速度、促进资金交汇/融合/分流、明晰资源占有使用关系"等总要求。

第二，扶贫开发战略与其他相关政策措施（包括社会保障制度、"支农惠农"条例、生态保护及其他反贫方式等）衔接、互动或协调的探讨。

随着扶贫开发工作的不断深入，扶贫开发作用的发挥越发离不开相关政策的支持与配合。越来越多的专家学者也渐次将目光转向这一研究领域。例如，王三秀（2010）从农民可持续生计内在的基本要求和目标出发，对现行农村低保与扶贫开发的衔接模式进行了反思与重构，她建议实行三种衔接路径有机结合的复合型衔接模式，并进行配套性制度构建以充分发挥以上两种反贫困行动的协同作用。张畅（2007）在分析、探讨贫困地区发展现代农业的必要性、可能性及其与扶贫开发的具体结合形式后，认为发展现代农业与扶贫开发可相辅相成、互为促进。路高信（2008）通过对陕西省实施整合资源、板块推进、连片开发式扶贫战略的调查，着重总结提炼了西部欠发达地区扶贫开发与新农村建设有机结合、协调推进的措施和办法，即科学规划、突出重点，抓点示范、探索经验，强化责任、稳步推进，创新机制、提高成效，加强领导、狠抓落实。马克林、冯乐安（2010）基于对甘肃民族地区生态环境状况的严峻形势及其主要成因的分析，建设性地提出了若干促进甘肃民族地区生态环境保护与扶贫开发的良性互动，实现经济、社会和生态协调发展的策略。

第三，扶贫开发模式或干预方式的经验总结、实践探索、理论思考、运行机制、减贫绩效、评价指标体系以及创新研究。例如，李甫春（2000）基于对广西扶贫开发的广泛深入调查，提炼概括出了少数民族地区发展蔗糖产业、林业经济、生态农业、电力工业、异地安置、劳务输出、旅游业、边境贸易、经济作物以及开发矿产等10种比较成功的扶贫模式。任燕顺（2007）通过回顾、总结甘肃省整村推进的思路、方法及实践成效，探讨并提出了这种扶贫模式可持续发展的影响因素和相关改进措施或途径。楚永生（2008）以甘肃省麻安村为例，系统分析了参与式扶贫干预的决策机制、实施机制和监督机制，以及农村经济发展、社会发展和农民自身发展三方面的绩效。覃建雄等（2013）通过综合分析秦巴山区的自然资源环境特色和人文历史、经济社会情况，提出了构建该地区乡村旅游、景区旅游、生态旅游、红色旅游、"三国"旅游、城镇旅游、文化旅游、商品旅游等八大旅游产业扶贫开发模式及其相关保障机制的设想。祝汉顺（2013）针对马边彝族自治县实施的整村推进、农业产业化、劳动力转移培训、社会帮扶和文化教育等扶贫开发模式，运用层次分析法构建了相应扶贫绩效评价指标体系。

第四，进入 21 世纪以来，全国或地方扶贫开发面临的问题、挑战、矛盾和困境。例如，焦国栋（2004）认为随着社会主义市场经济体制的发展以及外部条件的变化，我国农村扶贫开发效率逐渐受到经济增长方式转变困难、扶贫资金短缺、减贫难度加大、返贫现象突出、贫困人口增长过快以及政府主导存在缺陷等诸多问题的严重制约。赵玺玉（2008）指出，新时期我国农村扶贫开发面临的五大挑战：一是少数剩余绝对贫困人口的脱贫艰巨性大幅度提高；二是尚未稳定解决温饱的低收入人口的返贫问题反复出现；三是扶贫边际成本上升，且扶贫资源投入效益递减；四是贫困人口与其他人群收入差距拉大，非收入贫困现象比重趋高；五是市场风险致贫返贫成为扶贫攻坚新障碍。陈俊（2012）认为 21 世纪以来中国农村扶贫开发面临的困境是：新增贫困问题日益凸显（如失地农民成新贫困群体、贫困女性化显现和返贫问题严峻），扶贫进程中农村贫富差距逐步扩大，以及扶贫"输血"强劲但"造血"不足。杨颖和胡娟（2013）认为，在新扶贫战略下，贵州扶贫开发面临的挑战有三：一是扶贫难度因贫困人口众多和多元化的扶贫目标而加剧；二是扶贫开发与区域发展难以真正有效衔接；三是集中连片特困地区的跨省协调联动机制不易建立。

从前人研究和扶贫实践来看，我国在扶贫理念上大体经历了针对扶贫人口、扶贫群体参与和社区主导三个递进阶段。但是，国内有关社区发展减贫研究的焦点大多停留在赋权理念和居民参与式问题的简单描述、应用或政策分析层次上，很少能提供精确、充分的计量实证检验和深度的理论阐释。以现有扶贫开发文献为例，其十之有八都在反复讨论"参与式发展或扶贫"问题，但内容却大同小异，多为赘述，少有新意。至于国内学者引进介绍的国外社区发展建设和反贫经验，为数也不多，且主要聚焦在城市社区的教育、卫生政策上，很少涉及农村社区发展减贫模式。有鉴于此，笔者将在占有更多外文资料的基础上，详尽且有所选择地集中研究国外发达国家（地区）和发展中国家的社区发展反贫经验，同时结合我国当前扶贫体制、转型期社会问题以及具体操作层面问题等实际情况，着力分析我国贫困地区扶贫开发的新模式：参与式社区综合发展减贫方式。

第 3 章

中国农村社区扶贫实践及主要方式辨析

"要把扶贫攻坚抓紧抓准抓到位，坚持精准扶贫，倒排工期，算好明细账，决不让一个少数民族、一个地区掉队。要帮助贫困地区群众提高身体素质、文化素质、就业能力，努力阻止因病致贫、因病返贫，打开孩子们通过学习成长、青壮年通过多渠道就业改变命运的扎实通道，坚决阻止贫困现象代际传递。"

——2015 年 3 月习近平总书记在十二届全国人大三次会议广西代表团审议时的讲话

3.1 现阶段中国农村社区的贫困表征

揆诸我国现阶段农村社区贫困的总体状况，不难发现贫困社区一般具有以下表现特征（这些表征既是贫困的结果又是贫困的原因，即互为因果）。

3.1.1 社区发展的生计资本缺乏

根据贫困农户可持续生计框架，生计资本可细分为物质资本、自然资本、人力资本、金融资本以及社会资本。其中，物质资本、人力资本和社会资本是影响当前农村社区贫困与否的最为关键的三种因素。

1. 物质资本不足增加了社区成员的生产生活成本

农村社区的物质资本包括社区内的道路、电网、自来水网、农田水利等基础设施和各种生产所需设备或工具。当前，不论是中西部无法自行建设、维护基础设施的贫困村庄，还是东部那些相对富足的村庄，均不同程度面临或遭遇物质资本被损坏、被剥夺抑或不足以满足社区成员实际需要等情况。贫困社区物质资本短缺主要表现在：（1）房屋无产权，承包地、宅基地不能抵押。（2）通村公路缺失，未完全实现"进村入户"。（3）人畜饮水困难，部分饮用水存在安全问题（如未经净化处理或不达标）。（4）住房或残破简陋或人均面积过小或历史久远，且房屋结构类型多为砖木或土木结构，其他结构（尤其是砖混、钢筋混凝土）较少。（5）生产生活资料欠缺，特别是农机机械和新式家电等大件产品稀少。（6）村卫生室建设滞后，农村学校设施、器材不足。

2. 自然资本贫瘠通常是导致社区贫困的重要原因

自然资本由自然资源、生命系统和生态构成，意指自然资源及其所处的环境在一定时空条件下于可预见的未来所能够产生的自然资源流及相关服务流等存量（曹宝等，2009）。大多数情况下，自然资本的贫瘠会限制地方经济社会发展，但在某种特定条件下，自然资本的缺失反过来会成为促进社区寻求发展、摆脱贫困的内源性动力。贫瘠的自然资本表现在：降水漏失严重，易受干旱威胁；土壤侵蚀和流失多发，耕地数量锐减；大面积石漠化、土地退化现象突出；交通通信建设成本畸高；地处深山或高寒地带，距城镇、县市中心偏远。

3. 人力资本匮乏对农业生产和社区贫困的影响不容忽视

人力资本是物化或凝结于生产者自身的各种生产知识、劳动与管理技能以及健康素质的存量总和。换言之，第一，人力资本（亦可称人力资源）包括劳动力"量与质"两个方面，劳动力质量又由劳动力的健康与智力组成，其中劳动力智力是人力资本的核心（李文、李芸，2009）。

第二，评价人力资本好坏的指标为：（1）教育水平和劳动技能；（2）身体素质（是否具有强健的体魄和充沛的精力）。长期以来，农村经济社会发展相对缓慢，农业比较效益过低，造成青壮年劳动力大量外流，留守村庄的基本上"非老即幼"，其结果致使农村本来偏低的人力资本存量进一步下降。当前农村社区人力资本不足总体来看主要体现在四个方面：一是村干部文化素质偏低，统驭全局能力有限；二是普通村民受教育程度不高，思想观念保守，缺少开拓创新精神；三是村民健康水平堪忧，劳动力体质较弱；四是各类农业技术人员稀缺，"科技兴农"难见成效（张大维，2011）。毋庸讳言，农村人力资本存量的降低必定会对农村经济发展产生重大影响，近年社区贫困最明显的表现则是乡村社会凋敝、土地抛荒闲置、农业生产女性化、老年化以及社区虚空（或空心）化。

4. 金融资本短缺将使农户无法扩大再生产

金融资本是农村社区居民用来实现其生计目标的资金资源，是提高生活满意度的重要指标，一般包括现有资金存量（如现金、银行存款）和定期或不定期资金流入（如所能获得的借贷资源、抚恤金）两类。在农户生计资本当中，金融资本较为特殊，一定程度上它可转化为其他资本类型，比如用现金（或贷款）购买或新建房屋、家庭耐用消费品及相关扶贫等。匮乏的金融资本表现在：（1）农民收入不高，尤其是贫困农户。（2）正规借贷异常困难，民间借款成本高昂。据中国银行业监督管理委员会（简称银监会）统计，截至2010年，全国仍有2312个乡镇未设任何金融机构，其中绝大部分乡镇都集中在中西部欠发达地区。（3）实际享受的惠农收益偏少，且覆盖率偏低。（4）支大于收，入不敷出。

5. 社会资本薄弱及维系的弱稳定性是农村社区贫困最为关键的影响因素之一

社会资本是能够通过协调的行动来提高经济效率的网络、信任和规范（Putnam，1993）。在五大可持续生计资本中，村级（中观层面）和家庭（微观层面）社会资本是最为核心的资本，因为它不仅决定了社区其他四种资本能否得到有效利用，而且决定了其他资本也难以发挥替代作用或转化成社会资本。有研究指出，与农村社区贫困有密切关系的社会资本主要包括五个维度（即地方性社会网络、社区归属感、社区凝聚力、社区信任和社区村民互助），并且这几个方面互为基础、相互作用。

（1）地方性社会网络是社区内部成员在互动、互助、互信基础上形成的社会网络。中国传统农村社区曾是一个"差序格局"下以小农经济为基础的熟人社会，社区内部社会网络极为发达，社区成员之间或有亲缘关系（如父系血缘关系与姻亲）和地缘关系，或存在业缘关系。然而近年来，在外出务工、市场经济、现代文化乃至贫富分化的冲击下，农村社区内部的这种社会网络已遭到相当程度的破坏。现如今，除了村委会、村支部等行政性组织作为社会网络的链接点外，大部分贫困农村社区中均无农民合作组织或行业组织等其他性质的社区组织。此外，社区内成员各自为政、发展经济或已成常态，其中的先富农户尤其偏好于与外部利益相关者构筑各种紧密的社会关系。

（2）社区归属感是指社区成员对所处地域及其社会人群的认同、喜爱甚至依恋的一种主观心理状态。社区成员与社区在情感上的联系和归依，是他们愿意或乐于关注并参加公共事务的基础，而这对社区的可持续发展至关重要。随着农民择业的多元化，以土地为中心的生计方式发生了改变，越来越多的农村优质劳动力流出或脱离社区，并把自己的全部精力和能力倾注于社区之外的工作或事业上，而对社区公共事务则漠不关心，更遑论承担社区发展的责任，其结果使得建立在社区归属感基础上的情感纽带逐渐弱化，社区成员对社区的情感和记忆也日趋淡漠或稀释了。

（3）社区凝聚力的缺乏是社区贫困的主要表现和诱因之一。在社区层面通过共享价值观、规范、利益及目标以聚合社区内部成员的能力，即为社区凝聚力（与社区归属感相伴相生），它不仅是社区群体意识形成的先决条件，同时也是社区群体动力产生的重要驱动力量。对于贫困村而言，外来社会资源的分配不均往往会激起不同群体间的矛盾而削弱社区的整体凝聚力，更为严重的是，社区凝聚力下降和各方利益群体互不妥协将会以社区发展停滞不前或牺牲农户生产生活条件的改善为代价。除此之外，农村社区是否存在社会排斥，是否关注边缘群体利益以确保他们都能享有社区公共服务、福利和社区发展参与权等，也都是衡量社区凝聚力强弱或贫困与否的重要参考。

（4）社区信任具有较强的外部性（公共品性质），它不但能促成合作和减少交易成本，而且可以弥补正式制度的缺陷。然而，当前我国社会正处于快速转型期，贫困农村社区中的人际信任和组织信任也出现了不同程度的缺失。首先，在人际信任层面，收入差距、人口流动和"杀熟"现象已使以"熟人"为基础的特殊信任受到强烈冲击，而且社区成员对超越亲人、熟人的普遍信任还远未建立；其次，在组织信任层面，村民对村委会、村支部等社区正式组织及其成员存在明显的疑虑和高度的不信任感，但能够增强社区信任的农村非正式组织建设却严重滞后、尚未兴起。作为最重要的社会资本，社区信任是社区发展的基础，不可或缺，否则，即便拥有其他资本，社区也会因集体行动力孱弱而无法突破困境、改善处境。

（5）社区村民互助是一种蕴含平等观念、以互惠为规范的社会交换行为，常发生于由亲缘、地缘关系结成的互识社会之中。互助内容或形式多表现在婚丧嫁娶、修建房屋、农忙时节换工、恤贫救灾以及扶危济困等方面。在我国传统社会，村民邻里之间互助是农村很多弱势群体规避风险、共渡难关最重要的社会资本，古语"远亲不如近邻"就是对这种互帮互助关系的真实写照。然而现如今，此种关系在农村社区"非物质文化"的快速变迁中日渐淡化。

3.1.2　社区发展的可行能力贫困

对于农村社区发展而言，社区所拥有的全部资本都是基础，唯独社区的可行能力最具决定性作用。因为社区内资本的不足及其引致的不良影响，可通过扩增社区可行能力来弥补和消除。据中国农村贫困定性调查课题组（2009）调查发现，社区脱贫发展的可行能力主要包括村干部的领导能力、获取和保护资源能力以及正面的自组织集体行动能力。这三种能力一并构筑了农村社区解决困难、永续发展、维护共同利益的可行能力。当某个农村社区即将或已处于贫困状态时，其一个重要表现就是社区性"能力贫困"。

（1）村干部或社区领袖领导能力低下意味着社区尚无擎起发展旗帜的"领头雁"或主心骨。村委会和村支部是目前政府认可的农村社会最基层的正式组织或管理者。通常所说的"村干部"一般包括村支两委成员和村民小组长，而社区领袖是指那些在民间非正式组织中工作能力强、群众声望高的能人。"农村富不富，关键在干部"，在很多贫困农村社区，村干部或社区领袖的领导能力不足（主要表现在老龄化、素质偏低）是常见问题。据实地调研发现，如果村干部的能力强弱相差较大，即使两个社区所处地理位置、自然资源禀赋和发展环境都类似，它们的面貌也将表现迥异。就当前形势而言，村干部政治素质弱、发展能力弱、"双带"能力弱（带头致富能力弱，带领群众致富能力弱）以及为民意识弱已成为制约我国农村经济社会长远快速发展的重要瓶颈。

（2）获取或保护资源能力不足意味着社区丧失外源式发展的机会或内源式发展的先天基础。近年来，虽然中央财政加大对革命老区、民族地区、边疆地区、贫困地区扶贫开发投入力度，但是由于扶贫对象规模大、扶贫系统人手少、执行不到位以及服务效率低等原因，当前部分地区的扶贫项目资金使用程序还不够透明，这就导致一些农村社区为获取更多资源而"争戴穷帽"，其结果是经济条件相对较好的社区获取项目的可能性更大，而真正贫困的社区被排除在外。这种现象不仅说明了扶贫项目瞄准出现偏差，更反映了某些贫困社区向外部争取正当所得的"再分配资源"能力不强。更有甚者，有些社区（包括富裕村和贫困村）不但不具备争取外部各种资源的能力，也无力阻止本村集体资源（如土地、矿藏等）被外部利益集团剥夺。

（3）集体行动能力微弱表明社区自组织程度不高，因而无法依靠内生力量解决问题和改善处境。集体行动能力，指农民基于共同利益的组织能力。在我国乡村治理结构转型和模式重塑背景下，农村贫困社区发展的难题都需依靠社区自身的力量来解决。若集体行动能力微弱，则意味着社区发展的内生力量不足，易引发以下不良后果：一是当面对外来压力或共同利益面临侵蚀时，整个社区缺乏主张、抗争和捍卫自身利益或权益的能力；二是即使获取了外部资金支持，一些社区也很难通过集体行动整合各村已有资源，来建设村务活动、社区卫生、社区教育、治安保洁、文体娱乐等公共服务设施。然而，导致农村社区集体行动能力微弱的原因有三：一是农民主体作用缺失，农村社会内在动力缺乏；二是农村集体经济缺失促使乡村集体行动能力减弱；三是外部干预力量对集体行动能力的削弱。

3.1.3　社区性文化贫困和贫困文化

"文化贫困"不同于美国社会学家、人类学家奥斯卡·刘易斯（Oscar Lewis）等提出的"贫困文化"，这两个概念既有联系又有区别，不能混为一谈，前者是知识层面的贫困研究，后者是文化形态研究，并且前者是后者的基本特征之一。文化贫困（也可称为精神贫困）标示的是个人、群体对文化占有的"量""质"水平低，不能满足自身日益增长的精神文化需求，或者指一个国家或地区的文化因协调、支撑等功能弱化甚至丧失而表现出与经济社会发展不相适应的状态或特征。贫困文化则是现代社会中的一种亚文化现象，是指贫困阶层由于长期生活困窘而形成的一套使贫困自我维系和代际传递的特定的文化体系，包括生活方式、行为规范以及价值观念体系等（宋镇修、王雅林，1993；李瑾瑜，1997）。

现阶段，在我国农村贫困社区中，文化贫困的基本内容或主要表征为：多数人口文化程度低，人们求知欲低且获取、吸收和交流知识能力的匮乏或途径的缺乏；思想保守，价值观念陈旧、低层次或缺失，而且更新、重构极慢；行为松散，生产劳动积极性不高，自卑感强，"等、靠、要"心态明显；精神空虚，缺乏信仰、理想和追求；文化娱乐设施供给严重匮乏，社会生活方式过于单调（熊丽英，2004）。然而，在这种贫困现象的背后，其产生的现实原因（除冲突论认为的社会结构与制度因素外）可归结为五点：其一，教育资源分配极度不均衡是农村社区文化贫困的起点与决定力量；其二，传统小农经济孕育的传统文化是社会转型期农村社区文化贫困的内在诱因；其三，基层文化建设、发展和管理滞后是农村社区文化贫困的外部推力；其四，市场经济世俗化导致的低俗、迷信文化风行是农村社区文化贫困的选择困惑；其五，科技知识缺失与城乡信息鸿沟是农村贫困社区实现文化民生的滞障。

综上可见，"文化贫困" 和 "贫困文化" 是农村贫困社区的双重特征。"文化贫困" 若不消除，则必然导致一种依赖国家、唱贫吃贫的 "贫困文化"。同样，唯有彻底、合理改造 "贫困文化"，才能从根本上根除 "文化贫困"，尤其是消除社区农民的 "绝对文化贫困"。

 ## 3.2　中国农村社区扶贫方式的辨析与比较

中国农村社区扶贫主要有保障型（或救济式）扶贫、开发式扶贫和市场化扶贫三种主要形式。三者之间既有紧密联系又存在本质区别。三者之间的联系：当市场化扶贫方式发生 "市场失灵" 时，就需政府通过保障型扶贫和开发式扶贫来救急；相反，当保障型与开发式两种扶贫方式出现 "政府失灵" 时，则需借助市场的力量来 "补白"。

3.2.1　保障型扶贫方式

尽管近年全国贫困地区农民的生产生活条件、绝对贫困状况均有了整体性改观，但在目前的物价水平面前，依然存在一部分人口无法逾越 "温饱线" 而不可避免地沦落为 "不救不得活" 的救济对象。

保障型扶贫方式是以政府和社会为主体，根据相关法律法规，通过国民收入再分配，对永久性或暂时贫困人口的基本生活权利予以物质保障的兜底性制度安排。这种扶贫方式并非泛指当前农村社会保障模式的所有内容，而是有条件的转移支付，专指有助于预防、减缓农民贫困的社会救助（主要起贫困缓解作用）、社会保险（主要起贫困预防作用）、社会福利（兼具预防、缓解双重作用）和基础教育（是消除贫困的基础、工具及载体）政策，具体主要包括最低生活保障、五保供养、特困救济（分为定期救济与临时救济）、养老保险（"新农保"）、基本医疗（"新农合"）、残疾人福利以及农村义务教育等七种制度，其本质是保障农村贫困人口的生存权（受教育权属于该范畴），发挥贫困预防与"托底"作用。其中，低保和五保制度的扶助对象是发展潜力"先天不足"、经常规开发式扶贫措施仍不能摆脱贫困的贫困群体，缺乏劳动能力（或基本生存条件）且无力使用基础设施是这部分人口的典型特征；特困救济是前两种制度的重要补充，以对农村低保边缘户进行灾害应对、子女就学、疾病医疗、住房、就业等方面的临时救济为主；残疾人福利则旨在通过为残疾人提供物质帮助和工作岗位等措施，缓解贫困残疾群体的贫困程度，并保证其他残疾人的生活权益，以防止这类高风险群体坠入贫困深渊。

1. 保障型扶贫方式的特点

（1）保障受体得到的仅是维持最低基本生活需要的物质消费支持（而非发展支持）和最基本的受教育权利。

（2）保障方式是"一竿子插到底"、理论上瞄准度最高的减贫方式，它直接针对的是贫困个体。

（3）被纳入保障群体的大部分老幼病残、鳏寡孤独者一般会长期甚至终身享受五保、低保或特困救济待遇而不能中断。

（4）政府主导，即在扶贫政策的制定、扶贫重点的确立、扶贫资金的筹集、扶贫方向的把握以及扶贫过程及效果的督察与评价等方面，均是政府利用行政手段在上下级政府框架结构内组织进行。

2. 保障型扶贫方式的进展和成就

（1）农村社会救助。作为保障型扶贫方式的重要内容之一，农村社会救助（包括最低生活保障、五保供养、传统救济和临时救助）以贫困为核心范畴并以克服贫困为价值目标，反贫性是其最本质特征。改革开放以来，我国农村社会救助制度的改革和建设取得了很大成就。2007年，农村居民最低生活保障制度在全国范围内迅速铺开，标志着社会底线公平的实现，这在我国社会救助体系建设中具有里程碑式的意义。截至目前，农村低保与五保供养基本实现"应保尽保"，传统救济和临时救助（附属性特征）的整体效能也不断提升，有效保障了农村贫困人口的最低生活需求。2005~2012年农村社会救助制度的运行情况见表3-1。

表 3 - 1　　　　　　　　　　2005～2012 年农村社会救助情况

类别	2005 年	2006 年	2007 年	2008 年	2009 年	2010 年	2011 年	2012 年
农村最低生活保障人数（万人）	825 (69.0)	1593.1 (93.1)	3566.3 (123.9)	4305.5 (20.7)	4759.3 (10.6)	5214 (9.5)	5305.7 (1.8)	5344.5 (0.7)
农村最低生活保障户数（万户）	406.1 (72.1)	777.2 (91.4)	1608.5 (107.0)	1982.2 (23.2)	2290.6 (15.6)	2528.7 (10.4)	2672.8 (5.7)	2814.9 (5.3)
平均低保标准（元/人、月）	—	—	70	82.3 (17.6)	100.8 (22.5)	117.0 (16.1)	143.2 (22.4)	172.3 (20.3)
全年发放低保资金总额（亿元）	—	—	109.1 (150.8)	228.7 (109.6)	345.1 (55.2)	445.0 (22.6)	667.7 (50.0)	718.0 (7.5)
农村五保供养人数（万人）	300	503.3 (67.8)	531.3 (5.6)	548.6 (3.3)	553.4 (0.9)	556.3 (0.5)	551 (-1.0)	545.6 (-1.0)
分散供养（万人）	—	—	393.3	393.0	381.6	378.9	366.5	360.3
分散供养平均标准（元/人、年）	—	—	1432	1624.4 (13.4)	1842.7 (13.4)	2102.1 (14.1)	2470.5 (17.5)	3008.0 (21.8)
集中供养（万人）	—	—	138.0	155.6	171.8	177.4	184.5	185.3
集中供养平均标准（元/人、年）	—	—	1953	2176.1 (11.4)	2587.5 (18.9)	2951.5 (14.1)	3399.7 (15.2)	4060.9 (19.4)
农村传统救济人数（万人）	—	—	—	—	61.3	59.5 (-2.94)	68.7 (15.6)	79.6 (15.9)
农村临时救助（万人次）	—	—	646	831 (28.6)	503.1 (-39.5)	613.7 (22.0)	596.8 (-2.8)	—

注：括号内数值是年增长率。

资料来源：中国民政事业发展情况统计公报（2005～2012 年）。

（2）农村医疗保险。2002 年，我国开始建立以大病统筹为主，由农民自愿缴纳、集体扶持、政府资助的新型农村合作医疗制度。经过数年的试点和运行，"新农合"在筹资、运行、补偿等方面积累了丰富经验，制度运行良好，成效显著，为缓解农民看病难、看病贵问题，降低农民因病致贫、因病返贫几率以及提高贫困农民医疗保障、健康水平做出了较大贡献。据卫生部公布的数据显示，"新农合"在覆盖面、参合率、基金支出、补偿受益人次等方面总体逐年稳步增长（见表 3 - 2）。

表 3 - 2　　　　　　　2005 ~ 2012 年新型农村合作医疗发展情况

项目	2005 年	2006 年	2007 年	2008 年	2009 年	2010 年	2011 年	2012 年
试点县（市、区）个数	678	1451	2451	2729	2716	2678	2637	2566
参合人口数（亿人）	1.79	4.10	7.3	8.15	8.33	8.36	8.32	8.05
参合率（%）	75.7	80.7	86.2	91.5	94.0	96.0	97.5	98.3
当年筹资总额（亿元）	—	—	—	785.0	944.4	1308.3	2047.6	2484.7
人均筹资（元）	—	—	—	96.3	113.4	156.6	246.2	308.5
当年基金支出（亿元）	61.75	155.81	346.6	662.0	922.9	1187.8	1710.2	2408.0
当年补偿支出受益人次（亿人次）	1.22	2.72	4.5	5.85	7.59	10.87	13.15	17.45
住院补偿（亿人次）	—	—	—	0.51	0.6	0.66	0.70	0.85
普通门诊补偿（亿人次）	—	—	—	4.86	6.7	9.89	11.67	15.41

资料来源：中国卫生事业发展情况统计公报（2005 ~ 2012 年）。

（3）农村养老保险。农村社会养老保险制度始建于 1986 年制定的"七五"计划中的相关要求，用以应对日趋严重的农村人口老龄化与老龄人口贫困化趋势。历经 20 多年的实践、探索，农村养老保险得到了长足发展。1997 年，我国全年投保农民达 7452 万人，保险收入总额 42.2 亿元，其中保费收入 30.7 亿元，养老金支出约 3.34 亿元，积累保险基金 139.2 亿元；同年底，全国农村养老保险机构达 2005 个（陈少晖、李丽琴，2010）。至 2005 年底，全国有 31 个省（自治区、直辖市）的 1870 个县开展了农村社会养老保险工作，参保农民 5500 多万名，占应参保人数的 11%，基金累计达 300 多亿元，有 250 多万农民领取了养老金（高美红，2009）。2009 年，国家开始试行新型农村社会养老保险政策。2010 年，中央财政补贴"新农保"基础养老金 111 亿元，地方财政补助资金 116 亿元。至 2011 年 7 月，"新农保"覆盖了全国 60% 的农村地区，共有 493 个国家贫困重点县纳入试点，覆盖率达 83%（国务院新闻办公室，2011）。

（4）农村义务教育。"治贫先重教，扶贫先启智。"发展贫困地区义务教育，既是保基本（民生底线）、补短板（教育事业）、促公平（教育公平与社会公正）的重要举措，也是帮助贫困农民减贫脱贫、增强贫困地区发展后劲、缩小城乡教育差距的根本之策。近年来，贫困地区义务教育事业发生了历史性变化（刘延东，2014）：①普及水平得到进一步巩固和提升。2011 年，九年义务教育在全国范围内真正实现全面普及且巩固率达到92%，这从根本上解决了贫困地区适龄儿童少年"有学上"的问题。②学校教学条件与基础设施极大改善。国家先后实施了"农村寄宿制学校建设""中西部农村初中校舍改造""两免一补""学生营养改善计划"（惠及 3000 多万学生）以及"对口支援"等一系列重大工程或政策，大幅改善了贫困地区中小学校的办学条件，并减轻了贫困农民家庭教育负担。③教师队伍整体素质明显增强。当前，到中西部中小学任教的免费师范毕业生达 2.86 万；农村学校教师"特岗计划"累计招聘 36.1 万人；"国培计划"四年共培训了 473 万农村教师；此外，从连片特困地区乡村教师生活补助项目中受益的有 38.5 万教师（覆盖 14 个省份 205 个县）。④经费保障水平不断提高。2012 年，国家财政性教育投入 2.22 万亿元，占 GDP 比例为 4.28%，其中 52% 用于义务教育（在这一份额中 60% 以上倾斜在农村教育）。农村中（小）学生人均公用经费标准从十年前的 15 元（10 元）提高到现在的 750 元（550 元），并且今后此项经费标准还将继续适当调高。

3. 保障型扶贫方式的不足之处

（1）总体来看，国家财政、民政、扶贫、民政宗教等都安排有一定的资金用于救助农村弱势群体，但是，由于相关部门互不衔接、管理分散，难以形成合力，致使综合救助能力薄弱，实际救助的效果也并不如预期理想。

（2）发展型救助功能缺失，基本停留在"生存型贫困救济"阶段。

（3）农村最低生活保障制度只局限于补足农户人均收入与贫困线之间的差额，而不考虑根据家庭人口结构和成员年龄作具体调整；救助标准在很多地方设定过低，以致对不少贫困家庭而言，这无异于杯水车薪、无济于事；相比应承担的责任，农村低保资金严重不足。

（4）五保供养制应保未保问题突出（如漏出或流于形式）、资金缺口严重、资金自然增长机制尚未真正建立、标准偏低以及管理水平落后等。

（5）特困救助手续烦琐、申请困难、救困不救急，且资金来源有限，在部分贫困县乡，特困救济基本处于停滞状态。

（6）农村社会养老保险覆盖人口极少，受益面过窄。

4. 保障型扶贫方式的未来路径

在今后新的形势下，保障型扶贫工作应努力做到以下四点。

（1）全覆盖。即做到应保尽保，实现符合保障型扶贫条件的贫困户全覆盖。

（2）保基本。即支付水平不应过低，而是能真正有效解决基本生活问题。

（3）可持续。即保障型扶贫是长期制度，而非单纯为解决短期贫困，因此，在财务上要确保补贴标准随本地经济社会发展水平逐步提高。

（4）相配套。即推进保障型扶贫方式内部制度之间或与其他社会保障制度的整合衔接，以加快农村社会保障的制度全覆盖。

3.2.2　开发式扶贫方式

自 1982 年启动"三西"扶贫开发计划开始，我国扶贫方式便以有计划、有组织的大规模"开发式扶贫"为主导，强调瞄准区域性发展援助目标和"政府为主，社会、市场为辅"的多元参与合作模式，其初衷是借助外部力量（国家、地方及社会各界）为贫困地区脱贫致富夯实基础、创造条件、提供支持，以启动贫困人口的能动性和创造力，使这一脱贫主体利用自身人力资源去开发当地自然社会资源，从而形成自我生存与永续发展的生产能力或坚固基石（赵昌文、郭晓鸣，2000）。相比传统救济式扶贫，开发式扶贫有三个转变：一是资金分配从"按贫困人口平均分配"→"按项目效益分配"；二是输入内容从"单一资金"→"聚合资金、技术、物资、培训以及配套服务"；三是工作方式从"单纯依靠行政机构"→"更多借力非政府组织"。

开发式扶贫，可理解为"重在开发、旨在减贫"。其中，"开发"包括两方面内容：一是以贫困地区的荒地、矿山、森林、水力等自然资源为对象进行劳动，以达到充分、持续利用的目的；二是借助教育培训、激发鼓励、科学管理等手段来提高贫困群体的智力和才能（即认识、改造世界的能力），并增强他们在各项工作中的活力。此外，开发式扶贫除了要开发贫困地区自然、人力资源，还应着力开拓农产品市场和农村劳务市场，因为任何资源的价值和优势只有在商品流通过程中才能实现。

1. 开发式扶贫的分类

（1）按是否赋权，可分为参与式开发扶贫和包办式开发扶贫。参与式扶贫不仅能充分尊重农民需求，调动群众参与项目实施的积极性，激发扶贫开发的内生动力，还有助于推动农村民主建设；而政府包办的扶贫，沿袭已久，既不能有效调动社会力量，也无法有效地瞄准真正的贫困户，甚至容易引发贪腐等问题。

（2）按行动主体，可分为政府主导型、社区自主发展型以及私人或社会志愿组织主导型。其中，政府主导型开发式扶贫既符合经济学中"守夜人"的公权救济理念，也与我国经济社会发展中某特定历史时期的反贫特点相适应（陕立勤、Lu，2009）。社区自主发展（community driven development，CDD），是以世界银行为先导的国际机构于 20 世纪 90 年代在发展中国家倡导并积极探索出来的一种通过社区构建自己的制度或规则来决定自身发展相关事宜的新扶贫方式，主张"以法律为保障，以项目为载体，以创新为动力，以群众为主体"，其本质是参与式社区发展。具体来说，就是在扶贫和开发工作中，将资源的控制权与项目的决策权完全交给社区或贫困群体，由他们决定项目的实施内容、主体和类型，同时掌控项目资金的使用，以增强社区对项目的拥有感。然而，就当前广大农村而言，我国尚未构建相对稳定的社区主导扶贫体系，也缺乏宏观上的社区主导扶贫政策体系。私人或社会志愿组织主导型开发式扶贫是指私人或社会志愿组织基于慈悲、同情、怜悯等情感和"感恩奉献、回报社会"的精神，在贫穷落后地区无偿开展由自己确定扶助对象、范围、标准和项目的具有开发性质的减贫活动。

（3）按工作重点，可分为整村推进、产业化扶贫、智力扶贫和异地扶贫搬迁等。整村推进是指以政府为主导，在村党组织与村委会领导下，组织和依靠村落社区力量，整合、利用较大规模的资金和资源，在较短时间内使被扶持村在基础设施建设、公共服务供给、生产生活条件以及产业发展等方面有较大的改善，并使各类项目间加强配合以发挥更大综合效益，从而不断提高农村社区贫困群体物质文化生活水平的过程。产业化扶贫是新阶段扶贫开发"一体两翼"① 的重要内容，其实质是以市场为导向，以龙头企业为依托，在政府必要的帮扶下，合理开发利用当地资源，积极培育区域特色主导产业。通过龙头企业的带动，推进贫困地区农业产业化进程，加快产业结构调整升级，提高农民的组织化程度并引导他们有序进入市场，从而实现持续增加贫困农户收入、稳定解决贫困人口温饱以及有效提升贫困地区农业生产力水平的目标。智力扶贫是适应扶贫开发新形势的一种重要模式，主要指从精神层面对扶贫对象（着力于贫困家庭子女和青年劳动力）进行教育和知识、技能培训，从而转变他们的思维模式，并提升他们的智力素质，以获取更多、更持久的利益，达到永久脱贫的目的。智力扶贫整合了文化扶贫、科技扶贫、教育扶贫以及劳动力转移培训等旨在提高贫困人口认识能力和精神素养的各种具体方式，体现了"扶贫先扶智，治穷先治愚"的理念。异地扶贫搬迁，即针对少数地质灾害严重、地方病易发、生存环境极其恶劣、生产生活条件十分艰苦的边远、高寒、大石山区及沙化地区，基于农民自愿原则，根据本地情况实行有计划、有步骤的松动式异地移民，迁一部分，留一部分。主要采用"拉吊庄"方式，即贫困村每户劳动力先迁出，初期两头有家，待移民点得到开发，生产生活基本稳定之后，再举家搬迁。

2. 开发式扶贫的政策措施

改革开放近 40 年以来，我国在不间断的农村扶贫实践中逐步形成了一系列扶贫开发政策措施，可主要概括为组织保障政策、目标瞄准政策、增加投入政策、减轻负担政策、异地开发政策、人力资源开发政策、社会扶贫政策以及国际合作政策（王朝明，2008）。由于这九大政策的相关文献较多且有的在本研究其他章节有所涉及，在此就不一一赘述，仅以其中增加投入与社会扶贫两项政策为例。

----

① 此处"一体"是指以重点贫困村的整村推进为主体，"两翼"分别是劳动力转移培训和产业化扶贫。

（1）增加投入政策。扶贫开发战略中增加投入政策，是指通过设立专项基金用于贫困地区的经济社会发展。我国扶贫资金可分为四大项：中央扶贫资金（包括中央扶贫专项贷款、中央财政扶贫资金和国家以工代赈资金等），地方扶贫资金（含省地财政扶贫资金、地方财政为中央配套资金和地方为国家以工代赈资金等），社会各界的各种捐款（如希望工程捐款），以及利用外资（实际投资额）。例如，2001~2009年，国家贫困重点县扶贫投资总额为2733.7亿元。其中，贴息贷款752.3亿元，财政扶贫资金493.9亿元，退耕还林还草补助421.2亿元，以工代赈资金375.3亿元，利用外资216.3亿元（见表3-3）。

表3-3　　　　　　2001~2009年贫困重点县扶贫资金来源结构　　　　单位：亿元

项目	2001年	2002年	2003年	2004年	2005年	2006年	2007年	2008年	2009年
扶贫投资总额	230.5	250.2	277.6	292.0	264.0	278.3	316.7	367.7	456.7
中央扶贫贴息贷款累计发放额	105.9 (45.9)	102.5 (41.0)	87.5 (31.5)	79.2 (27.1)	58.4 (22.1)	55.6 (20.0)	70.5 (22.3)	84.0 (22.8)	108.7 (23.8)
中央财政扶贫资金	32.4 (14.1)	35.8 (14.3)	39.6 (14.3)	45.9 (15.7)	47.9 (18.1)	54.0 (19.4)	60.3 (19.0)	78.5 (21.3)	99.5 (21.8)
以工代赈	50.6 (22.0)	39.9 (15.9)	41.8 (15.1)	47.5 (16.3)	43.3 (16.4)	38.5 (13.8)	35.4 (11.2)	39.3 (10.7)	39.4 (8.6)
中央专项退耕还林还草工程补助	—	22.6 (9.0)	37.4 (13.5)	45.2 (15.5)	44.0 (16.7)	46.1 (16.6)	63.2 (20.0)	51.5 (14.0)	64.2 (14.1)
省级财政安排的扶贫资金	11.7 (5.1)	9.9 (4.0)	10.4 (3.7)	11.6 (4.0)	9.6 (3.6)	10.8 (3.9)	14.2 (4.5)	18.9 (5.1)	23.4 (5.1)
利用外资（实际投资额）	18.3 (7.9)	17.6 (7.0)	31.5 (11.3)	34.5 (11.8)	29.0 (11.0)	30.9 (11.1)	19.1 (6.0)	14.1 (3.8)	21.3 (4.7)
其他资金	11.6 (5.0)	22.0 (8.8)	29.4 (10.6)	28.0 (9.6)	31.8 (12.0)	42.5 (15.3)	54.0 (17.1)	81.4 (22.1)	100.2 (21.9)

注：括号内数值是各扶贫资金项占扶贫投资总额的比重（%）。
资料来源：国家统计局，《2010中国农村贫困监测报告》，中国统计出版社2011年版。

（2）社会扶贫政策。社会扶贫是开发式扶贫的重要组成部分和有益补充（见表3-4）。其主要措施有三：一是对口扶贫或定点帮扶。通过组织和动员政府机关、民主党派、事业单位、国有企业、科研院所、人民团体等参加扶贫开发，间接动员这些部门、机构的资金和其他资源以共同推进减贫事业的发展。二是东西协作扶贫。组织东部发达省市结对帮扶西部贫困地区，是党中央、国务院为促进东西部优势互补、共同发展而做出的一项制度性安排。三是动员社会组织、民营企业、广大公众以及军队、武警部队等其他社会力量参与扶贫，其中较具代表性的有"希望工程""母亲水窖""西部计划""幸福工程""光彩事业"等。

表 3 - 4　　　　　　　　　　社会扶贫概况

民主党派中央、全国工商联定点扶贫地区	民革中央→贵州纳雍 民盟中央→河北广宗 民建中央→河北丰宁 民进中央→贵州安龙 农工党中央→贵州大方 致公党中央→重庆酉阳 九三学社中央→四川旺苍 台盟中央→贵州赫章 全国工商联→贵州织金
2001～2010 年东西扶贫协作关系	北京←→内蒙古 上海←→云南 天津←→甘肃 江苏←→陕西，浙江←→四川 福建←→宁夏，山东←→新疆 广东←→广西，辽宁←→青海 珠海、厦门←→重庆 大连、宁波、青岛、深圳←→贵州
部分人民团体、社会组织实施的扶贫工程	全国妇联——母亲水窖、春蕾计划 中国青少年基金会——希望工程 中国人口福利基金会——幸福工程 中国扶贫开发协会——山西长治治水项目 中国残联——农村贫困残疾人危房改造项目 中国光彩事业促进会——光彩扶贫工程 共青团中央——大学生志愿服务西部计划暨中国青年志愿者研究生支教团 中国扶贫基金会——小额信贷、新长城自强项目、爱心包裹
2001～2010 年军队和武警部队参与扶贫开发基本情况	①在全国 47 个贫困重点县、225 个贫困乡镇、1470 个贫困村开展定点扶贫 ②建立 2.6 万个扶贫联系点、支援 2500 多个新农村建设联系点 ③帮助 210 多万名贫困群众摆脱贫困 ④支援建设 10 多万个农田水利、乡村道路、小流域治理等小型工程 ⑤为群众找水打井 1119 眼，植树造林 3561 万多亩 ⑥建立 240 多个科技示范点，扶持发展当地优势特色产业 7.3 万多项，开展劳动技能和劳动力转移培训 600 多万人次 ⑦援建 1600 多所中小学校，资助 21 万多名贫困学生 ⑧对口帮扶 130 所西部地区贫困重点县县级医院，帮助 1283 所乡镇（村）卫生院（室） ⑨培训、带带 8.5 万多名医护人员，捐赠 5900 多台（件）医疗设备 ⑩为贫困群众义务巡诊治病 6100 多万人次

注：2010 年 6 月，微调了东西扶贫协作的结对关系，"山东←→重庆，福建厦门←→甘肃临夏，广东珠海←→四川凉山"。

资料来源：中华人民共和国国务院新闻办公室，《中国农村扶贫开发的新进展》（白皮书），2011 年 11 月发布。

3. 开发式扶贫的实践成果

（1）贫困地区农民收入水平大幅提高，农村贫困人口稳步减少。1978～1985 年（体制改革推动扶贫阶段），农民人均纯收入增长 2.6 倍；未解决温饱的贫困人口从 2.5 亿人减至 1.25 亿人，占农村人口的比例降至 14.8%；贫困人口平均每年减少 1786 万人。1986～1993 年（大规模开发式扶贫阶段），国家贫困重点县农民人均纯收入从 206 元增至 483.7 元；农村贫困人口由 1.25 亿人减至 8000 万人，平均每年减少 640 万人，年均递减 6.2%；贫困人口占农村总人口的比重从 14.8% 降至 8.7%。1994～2000 年（扶贫攻坚阶段），国家贫困重点县的贫困人口从 5858 万人减至 1710 万人。[1] 2001～2010 年，国家贫困重点县农民人均纯收入从 1277 元增至 3273 元，年均增长 11%（未扣除物价因素）。[2]

（2）贫困地区的生产生活基础设施得到显著改善。1986～2000 年，农村贫困地区修建基本农田 9915 万亩，解决了 7725 万多人和 8398 万多头大牲畜的饮水困难。2000 年底，贫困地区通邮、电、路、电话的行政村分别达到 69%、95.5%、89% 及 67.7%。[3] 2002～2010 年，592 个国家贫困重点县新增基本农田 5245.6 万亩，新建及改扩建公路里程 95.2 万公里，新增教育卫生用房 3506.1 万平方米，解决了 5675.7 万人、4999.3 万头大牲畜的饮水困难。2010 年底，国家贫困重点县农村饮用自来水、深水井农户达到 60.9%，自然村通公路比例为 88.1%、通电比例达 98%、通电话比例为 92.9%，农户人均住房面积 24.9 平方米，农户使用旱厕和水冲式厕所比重达 88.4%。[4]

（3）贫困地区的教育、医疗卫生等社会事业水平不断提升。2002～2010 年，国家贫困重点县 7～15 岁儿童在校率由 91.0% 提高到 97.7%；文盲、半文盲率由 15.3% 降至 10.3%，大专及以上文化程度的劳动力的比例由 0.2% 增至 1.3%；2010 年底，青壮年文盲率为 7%，比 2002 年下降 5.4 个百

---

①③　中华人民共和国国务院新闻办公室：《中国的农村扶贫开发》（白皮书），2001 年 10 月发布。

②④　中华人民共和国国务院新闻办公室：《中国农村扶贫开发的新进展》（白皮书），2011 年 11 月发布。

分点，青壮年劳动力平均受教育年限达到 8 年；参加新农合的农户比例为 93.3%，有病能及时就医的比重达 91.4%，有医疗室的行政村比重由 69% 提高到 81.5%，有合格乡村医生或卫生员的行政村比重由 71% 增至 80.4%，有合格接生员的行政村比重由 67% 增至 77%（李秉龙、李金亚，2011）。①

（4）贫困地区生态恶化趋势得到初步遏制。2002~2010 年，国家贫困重点县饮用水水源受污染的农户比例从 2002 年的 15.5% 降至 2010 年的 5.1%，获取燃料困难的农户比例从 45% 降至 31.4%；退耕还林还草 14923.5 万亩，新增经济林 22643.4 万亩。②

（5）贫困地区县域经济综合实力不断增强。1994~2000 年（"八七扶贫攻坚计划"期间），国家贫困重点县农业增加值增长 54%，年均增长 7.5%；工业增加值增长 99.3%，年均增长 12.2%；地方财政收入增加近 1 倍，年均增长 12.9%；粮食产量增长 12.3%，年均增长 1.9%。③ 2001~2010 年（以下数据的增幅均高于全国平均水平），国家贫困重点县人均地区生产总值从 2658 元增至 11170 元，年均增长 17%；人均地方财政一般预算收入从 123 元增至 559 元，年均增长 18.3%。④

4. 开发式扶贫的不足之处

（1）开发式扶贫的预期目标能否实现取决于贫困人口的自我发展能力和地域分布特点（是否相对集中）。然而现实是，我国农村大部分剩余贫困人口都未能满足这两个条件。首先，对于一些因病残伤或年老而失去劳动能力的农民，立足于地域发展的开发式扶贫的边际效益几乎为零。换句话说，扶贫项目的真正受益者主要是非贫困人口和有劳动能力的贫困人口（姚云云、郑克岭，2012）。其次，当前贫困人口"宏观集中、微观分散"的分布格局使开发式扶贫无法有效覆盖如此分散的贫困群体。

（2）部分地方政府出于脱贫成本与收益的对比考虑，或为追求扶贫政绩和经济效率，扶贫开发项目不可避免地偏向于有一定开发基础、农业生产潜

---

① ② ④ 中华人民共和国国务院新闻办公室：《中国农村扶贫开发的新进展》（白皮书），2011 年 11 月发布。

③ 中华人民共和国国务院新闻办公室：《中国的农村扶贫开发》（白皮书），2001 年 10 月发布。

力较高的贫困地区，使当地富人从中获益的人数和额度均远大于穷人。

（3）开发不当或过度反而可能导致相对封闭、远离市场，以及三个再生产过程（人口、生态和经济）不能良性循环的贫困地区更加脆弱和贫困。李昌平（2006）认为，开发式扶贫的提出暗含了两个前提假设：一是生性懒惰是农民贫困的主观原因；二是经济发展（开发）不够是地区贫困的客观原因。但事实是，多数贫困人口付出的辛劳远超过发达地区的群众，但是得到的回报却非常少，有时甚至会失去仅有的资本，而且部分地区的贫困多是因为过度发展（开发）或掠夺式开发（发展）所致。

5. 开发式扶贫的未来路径

虽然我国开发式扶贫的卓著成效令世界称道，但新形势下也出现了诸多问题，并饱受舆论的诟病。因此，在今后新的形势下，开发式扶贫工作需要从以下方面着手拓展和完善。

（1）主动、全面融入区域经济发展。即按照以区域经济发展带动扶贫开发、以扶贫开发促进区域经济发展的原则，因地制宜地将扶贫开发的每一个项目、每一项工作都与当地"十二五"规划、行业发展规划相衔接，从而形成具有地方资源特色、地域特色和人文特色的区域发展与扶贫开发互动互促模式。

（2）同城镇化与解决"三农"问题紧密融合。作为经济社会发展的必然趋势，城镇化对减贫有正、反效应。一方面，它能带动贫困地区经济社会发展，促进贫困人口就业和增收；另一方面，它也会因扶贫对象与贫困地区的特殊性而给扶贫开发工作造成一定负面影响，主要表现在贫困农村社区"空心化"现象随着青壮年劳动力持续向外转移逐步凸显。对此，可实行"就地城镇化"以加快城乡统筹发展，同时把开发式扶贫作为解决好"三农"问题的突破口，即在"三农"工作中抓好扶贫开发，在扶贫开发中推进"三农"工作。

（3）创造有利环境，吸引、统筹、协调社会扶贫力量。目前我国社会扶贫形式多样，具体包括党政机关与企事业单位定点扶贫、东西扶贫协作、军队和武警部队支援以及社会各界参与等，而如何高效利用社会各方面力量以弥补政府局限性（投入不足或失灵），便成为摆在各地方政府案前的重要议题。

（4）坚持政府和市场"两手"抓，"两手"都要硬，同时寻求市场机制与政府目标的结合点。即将政府行为（看得见的手）与市场行为（看不见的手）统一起来，形成对立的统一体。在具体实践中，政府行为体现在政府按市场经济原理制定反贫困规则，设计有利于工商企业进行市场化减解贫困的政策环境。简而言之，注重挖掘、导入市场元素，广借市场之力减贫。市场行为体现在：大市场背景下工商企业基于成本（主要指投资成本和机会成本）收益考虑，愿意通过互利合作关系去贫困地区投资或扩大对贫困地区农产品的需求，从而推动贫困农民融入市场运作，学会根据市场需求发展商品生产，并重视提高农业生产的专业化程度和进入市场的组织化程度，最终达到扶贫开发各方互惠共赢且效益最大化。

（5）与实施乡村振兴战略紧密衔接。摆脱贫困是乡村振兴的前提。未来是我国精准脱贫攻坚和乡村振兴战略实施并存和交汇的特殊时期，可从以下方面着手完善开发式扶贫模式建设。一是推进扶贫开发与乡村振兴战略形成相互支撑、相互配合、有机衔接的良性互动格局；二是将乡村振兴战略的思想和原则融入具体的开发式扶贫计划和行动；三是依托乡村振兴战略，补牢产业发展基础、改善基本公共服务、提高治理能力，巩固和扩大开发式扶贫的成果（吴国宝，2018）。

3.2.3 市场化扶贫方式

市场经济制度之于农村反贫困制度无疑是一把"双刃剑"，具有两面性，既有不利的一面，又有有利的一面。不利的方面主要有两点：一是社会资金、技术、人才资源在市场法则或利益驱动的作用下不仅不流向贫困地区，反而会被一些效益高的发达地区"倒吸"（虹吸效应）；二是经济增长不能保证全民均等受益、共享发展成果，因为增长会同时伴随收入不平等扩大、相对贫困凸显、弱势群体边缘化以及社会失衡加剧等问题。有利的方面是指市场经济制度相对政府主导型扶贫而言，不仅在微观上提供了效率更高的反贫运行方式，而且有利于突破国家扶贫资源约束的"瓶颈"。为此，近些年不断有学者建言中国农村扶贫引入市场机制以进一步提高效率。

市场化扶贫是指在政府定位于"非扶贫主体"的背景或前提下，利用市场规律或市场机制帮助贫困人口实现持久脱贫、遏制间歇性返贫以及保持长期富裕等目标的减贫方式。基于宏、微观视角可将其划分为以下两类：

1. 市场经济条件下的经济增长减贫

在市场经济体制下，经济增长的减贫途径或机制是：第一，提升国家综合经济实力，增强政府向贫困地区的财政转移支付与专项扶贫资金投入能力；第二，创造大量非农就业机会，扩大贫困人口的收入来源——务工收入；第三，推动农业发展，拓宽农业生产前景，增加贫困农民的农业收入；第四，承接产业转移，带动资金、技术、人才、信息等生产力要素向贫困地区辐射或溢出；第五，提高贫困地区学校教育与医疗服务水平，促进农村或农户人力资本积累。

然而，从近年经济增长与减贫间复杂且不稳定的关系来看，并非所有经济增长模式均具有同等的减贫效力。更进一步而言，既有的经济增长模式并不必然都能达到"雨露均沾"于穷人的增长目标，事实上，有些增长模式甚至以牺牲穷人的利益为代价。因此，政府在继续实行经济增长这种宏观市场化扶贫方式时，应坚决杜绝落入"有增长无发展"的窠臼，更不能致使贫困弱势群体的福利状况一再恶化。根据贫困人口受益的方式、程度和范围，这种宏观市场化扶贫模式又可区分为现代包容性益贫增长和传统涓滴型增长。

包容性益贫增长（inclusive pro - poor growth，IPPG）是指在继续深化市场经济体制改革、激发市场活力的基础上，更加注重经济增长质量，并倡导机会平等，让普通民众尤其是社会贫困弱势群体能够最大限度公平合理地分享经济发展成果。涓滴型增长（trickle - down growth，TDG）即是古典经济学家提出的人所共知的观点：经济增长通过涓流效应（trickle down）可使贫困人口最终受益。换言之，涓滴型经济增长带来的福利会自动扩散至社会各阶层，从而逐步实现消除贫困和改善不平等状况的目标。

2. 农村减贫行动主体市场化

减贫行动主体市场化是一种合约式扶贫方式。具体来讲，在一些政府越位、错位和缺位（或者资源配置低效率和组织低效率）的扶贫领域，尝试运用市场规律重组减贫行动主体，即减贫行动主体由政府部门转向通过市场竞争从国际国内经济组织、个人和非政府组织（即社会中介组织，包括社会团体、行业组织及民办非企业单位等）中选择。之后，在扶贫项目实施过程中，政府将变身为"委托人"和"第一监督人"，入围的组织、机构或个人则为"代理人"，而当地农民（尤其是贫困农民）为"主要参与人"和"第二监督人"，这样便形成了扶贫领域的委托—代理关系。

按照公共财政理论，不少学者认为"扶贫"也是一种"公共产品"，而且可细分为资金供给与资金运作两个环节。从政府政治、经济、文化和社会四项职能来看，中央与地方政府均应该提供"扶贫"这项公共产品，但若要提高资源配置效率，扶贫资金的运作管理可交由市场代为进行。这是因为微观市场化扶贫方式具有减少扶贫成本、提高项目质量、节约财政资金、整合多元资源以及实现共赢或多赢（即政府、减贫行动主体、农民各得其所）等优势，而政府主导扶贫至少存在以下四个弊端：（1）在有限的扶贫资金约束下，政府帮扶往往顾"点"（重点区域）失"面"（零星地区），而且在解决单一农户、社区的贫困问题时，资金难以最有效地使用；（2）多数情况下，政府管得了一时，管不了长远，贫困农民增收脱贫缺乏长效机制；（3）"自上而下"的扶贫没有充分尊重贫困主体的意愿，穷人和社区的实质性参与度不高，部分项目偏离农民需求；（4）缺乏活力和多元化监督，工作手段单一，社会参与不足，不易形成良性循环。

放眼长远，我国最理想的扶贫模式是政府提供扶贫资金，而资金的传递和管理则主要由扶贫开发项目的招投标市场选定企业或第三部门来负责。当然，这也是世界其他国家和地区的成功扶贫范式。当前，我国从事扶贫活动的第三部门和以扶贫项目为主要业务的企业虽不断孕育发展，但总体力量仍很微弱，尤其是在自身素质、能力、规模等方面均非常有限，为其持久健康发展计，政府还需提供良好的政策法律环境。

> 　　2005 年 12 月 19 日，国务院扶贫办、亚洲开发银行、江西省扶
> 贫办和中国扶贫基金会在人民大会堂启动了"政府与非政府组织
> （NGO）合作实施村级扶贫规划项目"。随着该项目的正式启动，中
> 国政府扶贫资源将首次公开向 NGO 开放，所有国内 NGO 都将有机
> 会通过竞标获得政府扶贫资金，去贫困地区实施扶贫项目。按照项
> 目设计，国务院扶贫办和江西省扶贫办将提供 1100 万元人民币的财
> 政扶贫资金，全权委托中国扶贫基金会向 NGO 公开招标，在江西省
> 的 22 个重点贫困村实施村级扶贫计划项目。这是减贫行动主体市场
> 化竞争模式的开端。
> 　　资料来源：《人民日报》，2005 年 12 月 20 日，第二版。

　　今后，可从两方面着手推行减贫行动主体市场化：第一，明确界定政
府与其他市场扶贫主体在减贫中的权限范围；第二，积极探索政府购买扶
贫服务的有效做法或制度。至此，一言以蔽之：在市场化扶贫方式中，
"政府包办"的扶贫模式将彻底改变，政府部门不再作为减贫行动主体，
其扮演的角色亦应由"运动员"逐步转变成"裁判员"，指导方针也将从
"政府主导"调整为"市场运作 + 政府引导和监督"。

3.2.4　三类扶贫方式的比较

　　现行主要农村扶贫方式的比较可基于以下维度：扶贫主体划定、扶贫
对象范围、贫困瞄准精度、扶贫资金使用绩效、能否满足农村穷人多方面
需求以及是否具有可持续性（见表 3 - 5）。

表 3 - 5　　　　　　　保障型、开发式和市场化扶贫方式的比较

维度	保障型扶贫方式	开发式扶贫方式	市场化扶贫方式
扶贫主体	仅中央和地方政府	以中央和地方政府为主，以社会扶贫参与主体（即政府非专职扶贫机构）为辅	大量经济组织和一小部分非政府组织
扶贫对象范围	以缺乏劳动能力的贫困人口为主	有资源且适合开发的贫困地区和有劳动能力的贫困人口	所有贫困地区和有劳动能力的贫困人口

续表

维度	保障型扶贫方式	开发式扶贫方式	市场化扶贫方式
贫困瞄准精度	保障型扶贫属纯人口瞄准方式（以老弱病残为主要扶贫对象），其贫困瞄准精度最高	①县域瞄准的开发式扶贫，贫困瞄准精度欠缺，且极贫人口易被边缘化；②村级与人口瞄准的开发式扶贫，贫困瞄准精度较高	①市场经济条件下的经济增长减贫，贫困瞄准精度最低，且易拉大贫富差距；②减贫行动主体市场化属村级与人口瞄准的扶贫方式，因而贫困瞄准精度较高
扶贫资金使用绩效	①扶贫资金采取直接补助方式，行政花费极少，因而经济绩效（贫困者收入能稳定在低保线上）和行政绩效均很高；②能减少极端贫困，因而社会绩效较高	①开发式扶贫行政化烙印较深，资金内耗严重，故其行政绩效不高；②政府主导下，开发式扶贫的最大优势是集中分散资源办大事，且能缩小城乡差距，因而其经济绩效和社会绩效都不低	①经济增长减贫不涉及扶贫资金，故不存在资金使用绩效问题；②减贫行动主体市场化减少了资金贪污、挤占、挪用、滞留、漏损等低效利用问题，并削减了行政经费支出以及让更多贫困人口受益，因而其经济、行政和社会等绩效均相对较高
能否满足农村穷人多方面需求	不能满足穷人多方面需求，而且补助水平普遍过低，仅能维持穷人生存的最低需要	①县域瞄准的开发式扶贫对穷人多方面需求的满足度一般；②村级与人口瞄准的开发式扶贫能基本满足穷人多方面需求	①经济增长减贫在满足穷人多方面需求上表现一般；②减贫行动主体市场化在很大程度上能较好地满足穷人多方面需求
是否具有可持续性	多数扶助对象需长期或终身享受政府补贴，因而此扶贫方式（兜底作用）的减贫效果不可持续，须借经常性支出维持	无论是县域瞄准还是村级瞄准，开发式扶贫只有以保护自然、改良生态、合理利用资源等作为刚性目标，才能可持续减贫	①经济增长减贫效果逐渐减弱，正呈现出不稳定、不可持续的趋势；②减贫行动主体市场化的可持续性将随扶贫体制机制的改革而不断增强

（1）贫困瞄准精度。扶贫瞄准方式决定贫困瞄准精度。从我国扶贫瞄准方式看，可划分为四种：普遍化瞄准（以全体城乡居民或全国农村地区为对象的整体式间接瞄准方式）、县域瞄准（以贫困人口相对集中的区域县为扶贫对象）、村级与人口瞄准（统筹扶持贫困村和贫困户）以及纯人口瞄准。贫困瞄准精度计算公式：①贫困人口的瞄准精度＝实际受益的贫困人口/目标人群总人口；②贫困村的瞄准精度＝实际受益的贫困村数/目标贫困村总数。下文主要以公式①来衡量、评价各扶贫方式的贫困瞄准精度。

（2）扶贫资金使用绩效。分为行政绩效、经济绩效和社会绩效三种。行政绩效主要考察扶贫资金用于扶贫与行政的比例关系（比值越大，行政绩效越高）；经济绩效着重考察扶贫资金所带来的"经济利得"（以项目资金利润率和贫困者收入水平提高为核心内容）；社会绩效指扶贫资金产生的"社会利得"（以缩小各种社会差异、维护民族团结和增进政治稳定等为核心内容）。

（3）农村穷人多方面需求。主要包括基本食物需求、安全饮水需求、道路交通需求、卫生服务需求、金融服务需求、教育培训需求以及就业需求等。

（4）扶贫方式的可持续性。指一种可以长久发挥减贫效果的过程或状态。

第 4 章

参与式社区综合发展减贫理论分析

"现在，距实现全面建成小康社会的第一个百年奋斗目标只有五六年了，但困难地区、困难群众还为数不少，必须时不我待地抓好扶贫开发工作，决不能让困难地区和困难群众掉队。党和国家要把抓好扶贫开发工作作为重大任务，贫困地区各级领导干部更要心无旁骛、聚精会神抓好这项工作，团结带领广大群众通过顽强奋斗早日改变面貌。"

——2015 年 1 月 12 日习近平总书记在中央党校县委书记研修班学员座谈会上的讲话

4.1 参与式社区综合发展减贫的内涵与外延

4.1.1 概念界定与厘清

参与式社区综合发展（comprehensive community development）属于综合而非单一干预的区域发展减贫模式范畴，是指以具备一定规模和长期发展条件（或资源禀赋）的农村贫困社区（由一个或多个村组成）及其中弱势群体为基本瞄准单元，通过实施"一揽子"扶贫项目、援助活动或干预措施（不少于三项内容），包括提高农业生产能力、改善基础设施、扩充人力资本积累和公共卫生服务、社区可行能力建设等，达到多维有效减贫并促进农村可持续发展目标的减贫方式。其内涵可简单概括为 16 个字：立足社区、综合开发、整体推进、全面发展。社区单一发展减贫是其相反概念，表示社区仅受到 1～2 项扶贫措施、活动或项目的干预。

适用参与式社区综合发展减贫方式的贫困村范围：一是纳入国家和地方政府"整村推进"计划的贫困村；二是列入有关部门外资项目引进计划的贫困村；三是属于国家和有关部门安排的对口帮扶计划的贫困村。当然，作为扶贫对象的"社区"既可以是上述 3 类贫困村中的一个贫困村，也可以是其中数个自然条件相近、贫困因素相互联系的毗邻村庄组合而成。

就目前而言，以贫困村庄为瞄准目标载体的扶贫方式仅有三种：参与式社区综合发展（群众熟识度与推广普及度最低）、整村推进（以政府主导为主）和社区自主发展（社区获得发展自主权，农民主体地位得到尊重）。其中，参与式社区综合发展与整村推进是包含与被包含的关系，即前者涵义较后者更加宽泛；而参与式社区综合发展与社区自主发展则属交叉关系。

4.1.2　目标和内容

参与式社区综合发展减贫的目标定位：以有效供给农村纯公共产品、混合公共产品（分为俱乐部产品和准公共产品）以及接近私人产品的混合公共产品为目标载体，增强贫困村民的生存、生产和发展等全方位可行能力；创造更多的经济机会（就业或创业），多渠道提高贫困农户收入；为贫困农户提供基本社会服务，推进城乡公共服务均等化；消除农户的"隐形贫困"，譬如"没有权力、脆弱性、无发言权和恐惧感"等。

参与式社区综合发展减贫的实施内容：根据项目所在地具体资源状况、贫困成因、农民需求等多种因素综合确定且"因地而异"，但其所涉及的范围主要包括以下六个方面。

（1）可持续生计农业。以"一村一品""一乡一业"为模式，发展特色产业，推广先进适宜实用技术（如良种良法等），依托并发挥地方农村社区资源禀赋，差异化发展基地农业、订单农业、休闲观光农业、特色农业、优质高效专用农业以及绿色无公害农业。

（2）社区基础设施与生态建设。包括：改善农村社区的交通（公路、乡村道路以及小道桥梁）、能源和卫生条件；修建人畜饮水和灌溉、排水等小型水利工程；改良土地；修复水毁工程；建设乡村电力与通信网络；农村环境综合整治等。若条件许可，可重点扶持贫困社区开展乡村旅游。

（3）社区文化、心理健康和基础教育（扶精神、扶文化）。建设农村公共文化设施，推行文化扶贫工程，引导农民转变思想观念，打破当地贫困文化的桎梏。包括筹办村级阅览室、建立社区活动中心等。同时，加大社区基础教育投入，改善校舍破败简陋、教学设施匮乏、师资力量薄弱以及教学方式滞后等困境，保障农村子弟就近上学。

（4）基础医疗卫生（扶体质）。成立村卫生室，开展农村社区卫生服务，从方式、内容和途径上保证包括最贫困群体在内的农民得到就近、方便、优质、价廉的综合性与连续性的基本医疗健康服务，并有效控制地方病和重大传染病。

（5）社区可行能力建设（扶智力）。增强贫困社区管理社区事务和参与项目计划、实施及决策的能力。此外，提供农村科技、技能培训，主要包括农业实用科技培训和农民职业技能培训，旨在提高贫困人口科学种植养殖水平和劳动生产率的同时，扩大农村贫困户剩余劳动力进入外地或本地市场的机会。

（6）社区金融支持。设立村级互助资金或社区发展基金，在满足贫困户生活性资金需求和扩大再生产融资需求的同时，提高贫困地区贫困农民自组织能力。越贫穷落后的地区，越存在金融盲区。要拔掉这些地区"穷根"，除必要的财政支持外，金融支持更不可"缺席"。只有吸引更多的信贷资金和社会资金参与"造血"，才能打通农村金融服务的"最后一公里"，帮助贫困农民解决扩大再生产的"贷款难、贷款贵"问题。

实际上，在扶贫资源约束条件下，参与式社区综合发展的实施内容存在最优规模问题，即项目的供给量应确定在何种水平上，才能保证农村贫困社区既达到"经济起飞"的临界值，又不落入"都发展等于都不发展"

的窘境。当扶贫资源要素有限时，参与式社区综合发展项目（$N \geqslant 3$）的最优供给理论是以"重点突破"带动整体推进，以"优势发展"促全面发展。

4.1.3 类型划分

1. 按扶贫资源管理主体不同，参与式社区综合发展可分为政府主导型、社区自主型、NGO 主导型和企业竞标承办型四种减贫模式

政府主导型综合发展减贫模式，即政府职能部门占主导地位，负责提供物质、资金等扶贫要素，并承担扶贫项目的实施与管理之责，社区居民则不完全或部分参与（多处于被动地位）。社区自主型综合发展减贫模式，指政府将参与式社区综合发展减贫资源的决策权、使用权、控制权完全下放给社区及其成员，由社区成员集思广益、自主决定项目类型、实施主体和资金使用流向，其实质是走"群众路线"，依靠社区内部力量推动自身发展，增强农村社区的自主管理、组织、监督及服务功能。NGO 主导型综合发展减贫模式，顾名思义，即由个人、社会团体和企事业单位提供或捐赠参与式社区综合发展所需减贫要素，非政府组织负责实施、管理扶贫项目。企业竞标承办型综合发展减贫模式，指在政府监督指导下，按市场化运作通过招投标方式由工商企业（允许获取一定利润）承办农村贫困参与式社区综合发展。

2. 按扶贫资源作用对象不同，参与式社区综合发展可分为直接综合扶贫与间接综合扶贫两种模式

直接综合扶贫模式是指贫困农户和低收入户能直接从多种扶贫资源中受益的发展模式，比如，劳动力转移培训、小额信贷、社区发展基金、村级互助资金、人畜饮水池（或水窖）以及清洁能源设施（如太阳能、沼气池），等等。间接综合扶贫模式，即多种扶贫资源间接作用于贫困农户，如用财政扶贫资金兴建社区道路桥梁、农田水利设施和扶持龙头企业、发展农业产业化等。在这种模式下，扶贫资源的"嫌贫爱富"无法避免，因为农村贫困社区也有富裕居民，他们分享扶贫资源的能力更强。

3. 按扶贫要素类别组合不同，参与式社区综合发展可分为生产资料扶贫、智力扶贫及信贷资金扶贫两两组合或三者统一的模式

即"生产资料＋智力""生产资料＋资金借贷""资金借贷＋智力""生产资料＋智力＋资金借贷"四种综合扶贫模式。生产资料扶贫模式是指扶贫主体为帮助社区贫困农户发展生产而在短时期内或同时提供多种生产资料（如种子、化肥、种禽/畜等）的扶贫模式，比如目前比较流行的"周转畜"扶贫模式（以"周转羊"和"周转牛"为主要形式）；企业无偿提供部分生产资料的农业产业化项目等。智力扶贫模式是指为开发贫困社区人力资源、增强贫困人口自我发展能力，而由扶贫主体在一定时期集中开展内容丰富、形式多样的各类培训和科技推广活动，例如，科技下乡、农业生产加工技术与管理培训、文化扫盲培训、劳务输出培训、卫生健康知识培训、消防安全知识培训等。信贷资金扶贫模式是指扶贫主体直接向社区贫困农户提供资金借贷以发展生产、提高收入的扶贫模式，如社区发展基金、村级互助资金以及小额信贷等。

4. 按扶贫项目资金来源不同，参与式社区综合发展可分为国内多部门筹集和外资援助两种减贫模式

国内多部门筹集模式即指向国内政府有关部门（包括扶贫办、发改委、财政部、农业部、民政部以及农业银行等）和其他利益相关者（如村集体组织与农户）筹措项目启动资金的扶贫模式。外资援助模式是指争取利用国际组织、外国政府、国际民间组织等优惠贷款和无偿援助的扶贫模式。由于资金运行机制不同，这两种模式在扶贫资金管理上的表现千差万别，前一种模式资金来源分散、部门间缺少互动关系，以致落实非常不易，项目单位负责人必须把主要精力和工作重心放在"跑"各种资金上，而非用于项目的可行性研究和评估上；后一种模式的优势特征则突出表现于资金来源集中、稳定可靠且有良好的制约机制。

5. 按扶贫对象脱贫地域不同，参与式社区综合发展可分为就地综合发展和异地搬迁综合发展两种减贫模式

就地综合发展模式是指扶贫对象坚守具备基本生产生活条件的原居住

地而不举家迁出另谋"生路"的一种减贫方式。异地搬迁综合发展模式指在"一方水土难养一方人"的情况下，将农村贫困社区居民整体从原有地域迁移至地理环境较好、资源相对丰富、适宜人类生存的其他地区，然后进行综合开发的一种减贫方式。此扶贫模式的实行主要基于"三笔账"的考量：一是民生账，当地绝对贫困人数偏高，脱贫致富之路有限；二是经济账，就地综合发展所需项目资金远大于"整村搬迁"成本；三是生态账，为保护或修复某地区的特殊生态环境而搬迁。

4.2 参与式社区综合发展减贫的作用机理

作为我国扶贫开发"区域"瞄准的重要手段之一，参与式社区综合发展减贫方式主要通过农村基础设施（包括居民生活类、农业生产类、社会发展类及生态环境类）建设和赋权参与式扶贫等机制的单独或交互作用，共同致力于农村社区扶贫开发目标的实现。

4.2.1 完善农村生活类基础设施，增进贫困农民福祉

农村生活类基础设施主要指村舍道路、饮水（人畜饮水）、能源（如电力与燃料）等基础设施建设。在广大贫困地区农村，公共服务或产品供给不足是常态。

（1）建设农村交通基础设施是参与式社区综合发展的最主要内容。国内外绝大多数且最新的权威实证研究表明，农村交通基础设施建设的减贫效应十分明显，其主要通过四条可能的渠道削减农村贫困和隐性失业：第一，增加贫困劳动力短期非农就业机会，直接提高部分贫困家庭的经济收入，并丰富当地参与人的技术技能。第二，降低农业生产、运输成本和农村剩余劳动力转移就业成本。农村通往外界的交通通畅不但可节约农产品生产与货物流通成本，提高运输质量，还能便利很多农村贫困人口有机会转移到本地城镇或沿海大中城市从事预期收入更高的工作。第三，改善农村地区的交通可达性，转变社会服务的弱可获得性。即农村公路对加强农

业推广服务、共享教育卫生优质资源以及深化城乡交流互动等很有现实意义。吉布森和罗泽尔（Gibson and Rozelle，2003）的研究也表明，人们到最近的硬化道路（或者到城市中心）所花费的时间越短，其陷入贫困境地的可能性越低。第四，促进农业产业结构调整和乡村旅游资源开发。就当下国情而言，我国农村正在进行的农业产业结构调整不仅使交通基础设施建设需求不断增大，而且对运输服务质量提出了更高要求。反之，交通运输业也影响着农村经济战略性结构调整中的第二、第三产业，甚至是农业结构调整中的种养业规模和布局。

（2）除交通基础设施外，能源、饮水安全等基础设施建设同样在参与式社区综合发展中占据了重要位置。第一，农村能源基础设施建设是兼顾经济效益、生态效益的需要，是发展循环经济和低碳经济的重要举措。能源问题与农村的经济社会发展息息相关，而农村能源发展早已成为解决农村贫困问题不可或缺的有机组成部分。加强农村能源基础设施（尤指太阳能、沼气池、生物燃料、小型风力水力发电站等）建设有利于优化农村能源消费结构、保护生态环境（减少乱砍滥伐森林资源）、提高农业综合效益、改善农村生产生活方式（实现村容整洁）以及提高农民收入和生活质量。第二，优先安排贫困地区农村饮水安全基础设施建设，增进贫困群众福祉。获得安全的饮用水是人类生存、发展的基本需求和基础。解决安全饮水问题，事关农民身体健康的维护、农村劳动力的解放（进一步发展农业生产）、农民生活水平的提高（为农村发展创造条件）以及农村整体面貌的改善（形成良好的人居环境）。据王姮和汪三贵（2010）研究证实，整村推进项目（包括改水或人畜饮水工程投入）能显著改善农户与最贫困人口饮水困难、污染状况以及居住环境、卫生条件。由于经济、地理环境和历史等因素影响，我国农村地区人口居住分散，多数村庄（特别是中西部地区）的安全饮水覆盖率远低于全国平均水平，局部贫困地区甚至存在严重的人畜饮水困难问题。按照"水量、水质、方便程度、保证率"四项指标衡量，全国尚有上亿农村人口饮水未达到安全标准。通过打地下井、修筑塘坝、安装简易自来水以及建集雨水窖和蓄水池等工程，推动农村安全饮水保障既是参与式社区综合发展减贫的重点内容之一，也是党和政府一直所致力的民生工程。

4.2.2　建设农业生产类基础设施，促进农业提质增效

农业生产类基础设施主要指农田水利建设和现代化农业基地。其中，农田水利建设是指通过兴修为农田服务的水利设施以调节和改良农田水分状况和地区水利条件，使之保障基本农田旱涝保收、促进农业高产稳产。相关基础设施包括灌溉（渠道及其田间建筑物）、抗旱（水源设施）、排涝（如排水沟道、农田桥、涵、排水闸和排水站）以及防治盐、渍灾害等。集体经济时期（农村改革之前），我国依靠大规模的政治动员与协作，农田水利建设取得了令人称道的成就，并为改革早期的粮食产量高速增长奠定了坚实基础。然而，目前我国农村水利工程建设面临的尴尬境地是"有人建、无人管，历史欠账太多"，有些贫困地区之所以"常扶不脱、长脱不富"，农田水利基础设施严重滞后即是一个重要原因。而且，即便2011年中央一号文件突出强调要加强农田水利建设，但是人才匮乏、经费不足等问题也成了最现实的制约。

作为参与式社区综合发展项目中的一个组成部分，小型农田水利修复、配套和改造的主要内容是整修田间灌排渠系、平整土地、扩大田块、改良低产土壤、修筑道路以及植树造林等，其目的不仅在于增强农业抗御自然灾害的能力，同时也是为扭转过去相关管理维护工作数度陷入"政府管不到、集体管不好、群众管不了"的"公地悲剧"状况。从近二十年来看，尽管农户家庭收入中工资性收入占比越来越大，但是农业仍然是贫困农民重要的收入来源，而且农田水利的建设、维护和管理对提高贫困地区农业生产率、发展特色农业与现代农业、增加或稳定贫困农户农业收入均具有重大作用。因此，为补齐短板、突破发展瓶颈，以农村参与式社区综合发展为契机，加快基层农田水利设施及其服务体系建设刻不容缓。

4.2.3　健全社会发展类基础设施，提升农村"造血"能力

贫困农村可持续发展与脱贫的根本在于通过社区能力建设，培育内源动力。在农村贫困社区的发展中，不管是内源发展要求抑或是农民创造力

的培养，能力建设都是核心问题。那么社区能力源自何方？有何表征？如何提升？广义而言，社区能力存在于农民的物质财富、知识、技术、价值观、生活理念以及目标追求之中，表现为农民争取整合利用各方资源以实现自身目的的能力，通常可划分为经济能力（创造性活动的物质基础）和文化能力（嵌于意识和目的性活动当中）两种，而建设社会发展类基础设施不仅能直接正向作用于社区文化能力，还能间接增强社区的经济能力。

农村社会发展类基础设施主要指有益于农村社会事业发展的基础建设，包括基础教育、农业科技、医疗卫生、集体活动、文化娱乐等方面。良好的农村社会性基础设施是农民赖以生存与发展的重要物质条件，如果农户和社区缺乏基本社会公共服务将导致可行能力欠缺，将会更难摆脱贫困或者更易陷入贫困。让贫困地区农民普遍享有社会性公共服务，不仅可以提高贫困农村人力资本存量水平，还能增强部分贫困农民改变弱势地位、抵御各种风险冲击、降低贫困脆弱性以及阻断贫困自我延续（poverty self-perpetuating）或"世袭贫困"的自我积累与自我发展能力。

4.2.4 强化生态环境建设，发展与保护并重

参照新农村建设的相关法规文件，生态环境建设亦是我国农村基础设施四个大类之一。参与式社区综合发展中生态环境建设的实质就是生态型反贫困，旨在高度重视社区环境、经济和社会因素的协调与平衡，将可持续发展目标与生态环境保护或修复一并置于农村社区建设中更加突出的位置，切实减轻或遏制农牧业生产和自然资源开发对生态环境的影响。

就某种意义而言，贫困问题即是一个生态问题，贫困产生、贫困程度和贫困类型均与生态环境状况有密切的关联，世界上最贫穷的群体往往居住在生态破坏最严重、环境质量最差、恢复能力最弱的地区（刘艳梅，2006）。地区贫困与生态脆弱两者间的相关关系，在我国西部山区、高原以及荒漠地区表现得异常直接和具体，即西部地区的脆弱生态和恶劣环境是地区贫困的区域自然因素，而地区贫困又反过来因不适当的人为因素加剧了自然因素对生态环境的破坏程度，如此往复，生态恶化与地区贫困便陷入了一个恶性循环的怪圈。

4.2.5 坚持项目统筹规划，发挥协同减贫效应

协同概念源自系统论中的协同论，是由联邦德国著名物理学家哈肯 (Haken) 创始于1971年。协同论的核心理念认为，大系统中千差万别的子系统尽管属性不同，但在整个环境中，各子系统存在着既相互制约、又相互合作的关系，并且它们达到平衡结构或从旧结构转变为新结构时，均遵循一定的规律。系统协同程度越高，输出的功能与效应就可能越大，系统的负效应则会越小，结果就越有价值（张红芳、吴威，2009）。在参与式社区综合发展中，生活、生产、生态及社会发展类基础设施建设均具有直接或间接的减贫功能且功能大小各异，但除此之外，这四类基础设施建设项目中的两两之间、三者之间乃至所有基础设施项目之间都还存在着协同减贫效应（主要源于范围经济、规模经济以及业务/流程/结构的优化或重组）。此处所谓的"协同减贫效应"，是指农村社区的各类基础设施都完备或同期配套建设时，它们共同的减贫作用大于各自单独减贫作用之和。换言之，不同基础设施建设项目之间并非孤立存在的，而是有密切关联（即较高互补性），彼此会相互影响、相互促进以及相互平衡，从而能对农村社区贫困发挥显著的减缓作用。

4.2.6 倡导参与和赋权，减少社会排斥

"参与"是贫困群体的发展权和自身利益得以维护、保障乃至实现的过程，其反映的是一种"贫困群体被赋权"的过程；而赋权的核心是增强贫困群体及其边缘群体在发展活动中的发言权和决策权。经过多年的倡导，时至今日，参与和赋权已成为我国衡量农村贫困治理方式是否科学有效的两大指标。其中，赋权包括政府和援助机构赋予权力于社区和社区内部赋予权力于弱势群体。

贫困不只表达社会排斥，还会创造社会排斥。在广大农村地区，贫农、妇女多数情况下会遭受社会排斥而不能进入公共利益的决策与分配活动中。参与式社区综合发展项目则不同，它除了为贫困农户提供基本公共

服务以改善生产生活条件外，还通过赋权让贫困主体主动决策、共同参与（成为发展过程的参与者和创造者，而非只是发展成果的享受者），以增强项目拥有感、提高自主脱贫意识和促进社区内部资源整合，从而实现资源利用效率最大化、手段运用最优化以及决策人与受益人一体化的目的。这种减贫方式不仅保障了贫农、妇女全程高密度参与项目设计、调整、实施、管理、监测及评估的权力或机会，而且有利于引导他们根据自身能力开展有组织的反贫困活动，并探索农村经济型社会组织①和自治型社会组织②的发展道路。

4.3　参与式社区综合发展减贫的优势和局限性

4.3.1　参与式社区综合发展减贫的优势特征

1. 相比以片区、县或乡镇为单元的区域瞄准，参与式社区综合发展的贫困瞄准精度相对更高

第一，从扶贫瞄准的地域范围看，参与式社区综合发展是以社区（一般指重点贫困行政村）为减贫基本单位。与县级瞄准相比较，这种村级瞄准可大幅降低贫困人口瞄准偏差。以参与式社区综合发展的子类减贫方式——整村推进为例，2002 年我国确定的贫困村约 14.8 万个，分布在全国 1861 个县中，占全国县单位总数的 68.8%，贫困人口覆盖率为 83%（国家统计局，2003），比 592 个国定贫困县（占全国县总数的 21.9%）的贫困人口覆盖率高出 30% 左右。

第二，在扶贫措施的具体应用上，参与式社区综合发展减贫方式针对不同地区不同阶段的实际情况，相机着重解决当时当地贫困人口最关心、

---

① 经济型社会组织是指与农村经济活动有关或直接为农村经济提供服务和支持的团体，比如各种合作组织，尤其是农业专业合作社。

② 自治型社会组织是我国农村实行"自我管理、自我教育、自我服务"的基层群众性自治组织，既履行许多行政职能，又承担发展农村经济的经济功能。此外，还有各种群众组织（如老人协会）。

最直接、最现实的基本需求和利益问题，实行以 1~3 项措施为主、其他措施为辅的综合发展方式，既集中力量打歼灭战，又多管齐下兼顾减贫规模效应。不仅如此，综合发展减贫的具体项目安排还将随扶贫进程而不断调整。例如，某些地区以修建水、电、路等基础设施为主，辅之以技术技能培训、小额信贷措施等；有些受助贫困地区原来以移民搬迁为主，现在因时因事而转为以工代赈为主。

第三，在平衡反贫困成本与瞄准精度约束下的扶贫对象选择上，扶持的区域范围大大缩小，即从集中连片特困地区和国家（省级）重点扶贫县，到农村社区及村内农户，中央与地方政府以及社会各界的扶贫资源不断向深度贫困的地区和人口集中（刘坚、李小云等，2009）。

2. 有利于化解多样化贫困和单一化扶贫项目的矛盾，且能产生减贫规模效应

贫困致因复杂多变，贫困形态多种多样，这就与现阶段扶贫工程项目的单一性构成了极大矛盾。无数反贫困事实表明：很多贫困问题绝非仅靠一种或几种扶贫项目就能彻底解决，而是需要整合各方社会资源进行综合治理。在十进制数学运算中，$1+1=2$，而在参与式社区综合发展减贫实践中，却能创造出"$1+1>2$"。国内各地农村贫困社区综合扶贫试点项目的经验一再证明，综合扶贫开发方式成效显著，产生了巨大的规模效应、集聚效应、辐射效应、带动效应和倍增效应，成为促进贫困地区经济社会发展的扶贫新理念、新模式、新机制。

3. 相对容易跨越临界最小努力阈值，从而利于贫困社区打破贫困恶性循环，冲出低水平均衡"陷阱"

参与式社区综合发展减贫方式是对贫困县瞄准制度的重要补充，它可以将各类不同渠道的资金"捆绑打包"，从而解决项目投资资金分散、贫民不能直接受益以及形不成整体扶贫效力等问题。换言之，这一减贫方式的最大优点是将有限且平均分散的资金整合成可以使贫困社区致富或具备脱贫基础条件的大财力，而非无益于解决实质问题的"普降甘霖"。

从扶贫投资来看，我国政府扶贫投资力度不足。虽然名义上历年扶贫

资金均有所增加，但是扣除物价和人工成本等上涨因素的影响后，实际扶贫投资额反而有递减之势。因此，黄季焜（1998）认为扶贫政策低效的一个主因是资金投入量与临界最小规模相比远远不够。另据宋子良（2001）研究发现，1986～1997年期间，被物价上涨抵销的扶贫资金就达50%，剩下不足50%的资金才真正对贫困地区的生产生活起了作用，此外，人均扶贫资金占有量须达到一定规模（即必须等于或大于使贫困户脱贫的资金需求量）才能实现脱贫目的。可见，落后社区或村庄若要摆脱穷困凋敝的现状，必须多管齐下，依靠资本投入的大幅增加来打破既有的低水平均衡状态，使原有的简单甚或萎缩再生产转变成扩大再生产。

4. 最大限度满足扶贫对象的多方面需求，同时通过参与式方法提高他们的脱贫信心和组织能力

强调以人为本、以权利为本（赋权于民）以及贫困人口主体性（agency）的参与式扶贫策略，是参与式社区综合发展减贫方式的重要特征，其扶贫对象包括贫困社区及其内部的贫困群体。有研究表明，贫困农户参与的价值在于提高扶贫项目的科学性与可行性，从参与式社区综合发展的扶贫实践可知：（1）贫困群体知悉项目规划的具体内容，因而能够预期今后周围即将发生的变化，并对自身行为做出相应调整以获益，这有助于提高贫困群体的脱贫信心。（2）通过组织群众参与扶贫项目的前期规划、实施执行以及后续管理，可筑起社区内部的交流平台，提高组织效率，并最终锻炼了贫困社区的组织能力。（3）"学习→培训→协商"这一过程有助于贫困农户掌握实际操作技术和工具，以及形成"促进平等、增进自信、互相理解、利益共享"等理念。

4.3.2 参与式社区综合发展减贫的局限性

1. 脱贫指标数量多，资金需求大，供需矛盾突出

近年来，为推进扶贫工作，各级政府探索在部分贫困地区全力推进"整村脱贫"工作，现实表明，农村综合扶贫开发确实使不少贫困村的面貌得以焕然一新。以重庆市"整村推进"为例，该市在试验区每个村安排

600 万元扶贫资金（其中 100 万元属专项扶贫资金，另 500 万元是整合于各类资金），单从绝对数来看，资金量着实不小，但是若将这笔资金分配至村道公路、人畜饮水、村公共卫生服务中心、基础产业、广播电视电话、农房建设、基本农田建设、劳务技能培训、扶贫生态移民以及提高人均纯收入等 10 大类 20 多项指标时，就显得"捉襟见肘"了。所以，即便有些贫困村实施了"综合脱贫计划"，但由于扶贫成本的逐年增加，也只能为农民脱贫致富奠定基础性条件，扶贫成果并不稳固，农民因灾、因病返贫的可能性仍然较高。

2. 社区内农户受益不均，存在"溢出效应"和"漏出效应"

一方面，国内普遍缺乏"贫困群体参与"的制度和社会环境；另一方面，扶贫项目（资金）成为人人争抢的"唐僧肉"已是公开的秘密。由此，这两方面因素交织的结果是，在参与式社区综合发展减贫过程中难免出现农户受益不均现象，以致发展成果共享不充分甚至沦为空谈。这种"受益不均"情况可分为贫困人口内部受益不均和贫困人口与非贫困人口之间受益不均两种，其中后者（即"扶富不扶贫"）可概括为两种效应：溢出效应和漏出效应。溢出效应是指参与式社区综合发展减贫项目的受益者中有非贫困人口存在，甚至那些"富裕户"和"亚贫困户"才是真正意义上的项目受益人；漏出效应则是指综合发展受益社区中部分实际贫困群体被误定为非贫困对象，或者因减贫项目参与门槛（如有些项目须农户配套或自筹部分资金）设限过高而被挤出在外，抑或扶贫主体为实现其他目标而在不经意间损害、放弃甚至剥夺当地贫困人口的部分受益机会。

3. 内外资源整合成本高，统筹协调工作难度大

整合，即把各种分散的要素有机地结合起来。统筹，就是通盘考虑、全面分析多方因素，使参与式社区综合发展在益贫、减贫和脱贫上实现整体最优。理论上，参与式社区综合发展可通过"部门联动"集聚一切可以整合的力量，实现"捆绑式"发展。但就实际而言，社区内外扶贫资源整合的成本和相关统筹协调工作的难度将随组织参与数量的增多、项目涉及面的增广而加大，其结果是成本"失控"、协调失灵现象时有发生。比如，

当前对于一些需统筹协调、整合资源的扶贫攻坚重大事项，通常要求必须同时满足诸多限制性条件。以贵州省为例，在政府主导扶贫方式下，若要进行资源整合，下列条件缺一不可①：第一，符合县级以上人民政府扶贫攻坚规划；第二，项目、资金性质相近、用途相同；第三，符合项目产业化、规模化、效益最大化原则；第四，有利于区域推进、连片开发；第五，应由县级人民政府集体研究决定。

4. 扶助社区须具备一定的长期发展条件和基础

为实现减贫长效化、扶贫成本最小化以及扶贫经济社会效益最大化等目标，在扶贫资源约束下，目标贫困村往往要求具备一定的长期发展条件和基础，包括人力资本、人口结构、自然资源、地理位置、地势地貌甚或社会关系和风俗民情等。如果一些社区存在资源负载过重、发展空间狭小、丧失生存必要条件、劳动力严重外流（迁居或长期不归）等情况，则不予优先考虑实施"就地综合发展"减贫，而是采取社区"整体易地搬迁＋综合发展"的扶贫模式。例如，在城市化和农村劳务经济不断发展的背景下，大批中青年劳动力弃农务工经商，常年留守家园的则以"三八、六一、九九"部队（即妇女、儿童和老人）为主，致使当前不少村庄"空心化"（人去屋空）、农业生产劳动力不足（表现为农业女性化、人才流失和青黄不接）、社会事务无人操办等现象非常严峻且普遍。对于这类村庄，通常也很难开展参与式社区综合发展扶贫项目。

4.4 参与式社区综合发展减贫实施的必要性和前提条件

4.4.1 推行参与式社区综合发展减贫的必要性

1. 农村贫困社区对综合发展的特殊需求

农村社区减贫实践必定导向"综合发展"，其原因在于：第一，农村

---

① 贵州省扶贫开发条例，http://v.china.com.cn/zhuanti/2013－02/23/content_28041459.htm。

社区的贫困成因错综复杂，并且较之于单因致贫的农户，多因致贫的农户摆脱贫困难度更大。所以，治理或消除贫困的措施也必须是全方位、综合的。第二，在实际减贫实践中，没有单一的充分条件，即不存在一种能够完全消除所有贫困的有效捷径。第三，贫困群体的减贫效果取决于机会（而非他们的意愿），然而，机会来自所处的社会环境或所能享有的发展条件。这是因为贫困群体拥有的机会来源决定了他们的收入水平、消费支出以及各种服务（或支持、信贷）的可获得性，而这种机会来源的开拓和创造就是"综合发展"。

2. 平衡扶贫瞄准精度与瞄准成本的结果

扶贫方式的选择取决于瞄准精度和瞄准成本（包括管理成本、信息成本、调查成本以及设计成本）之间的平衡。在中国扶贫开发史上，确定集中连片特困区、国定贫困县和贫困重点村并给予大力扶持，是区域发展战略的现实选择，也是瞄准区域贫困人口的重要手段和方法。鉴于我国的真实现状，扶贫开发的"区域瞄准"机制依然是当下的必然选择，不过问题的关键是如何确定大小适宜的区域"筛孔"以达到精准扶贫与成本最小化的均衡。所谓精准扶贫，即"三精准"（精准识别、精准扶持及精准管理），其实质是通过制定国家统一的扶贫对象识别方法，然后设置扶贫开发项目和政策措施的排他性限制，以扩大贫困群体与非贫困群体的受益差距，让更多贫困群体受益或让贫困群体受益更多。相比贫困重点县、重点村减贫战略，参与式社区综合发展瞄准的"区域大小"介于县域瞄准和村级瞄准之间，其具体覆盖面一般根据当地贫困集中度、扶贫成本以及村组之间协同联动发展的便宜性而定。

4.4.2 参与式社区综合发展高效减贫的前提条件

1. 降低村级或社区级贫困瞄准偏误

在中央政府确定贫困村的原则和推荐方案中，一般都会考虑待定村的收入水平、贫困发生率、基础设施以及社会服务的可获得性和可及性（指偏远程度或方便程度）等主要决定因素。然而实际操作时，"张冠李戴"

或"拒真纳伪"的现象（即非贫困村被判为贫困村或贫困村被定为非贫困村）依然比较严峻。汪三贵等（2007）曾测算出约有48%的贫困村在以收入为标准和精确瞄准状态下被误判为非贫困村。相比西部地区和贫困县确定的贫困村，这种村级或社区级贫困瞄准偏误在东中部地区和非贫困县发生的概率更高。因此，在对某一个村庄或跨"村组"实施参与式社区综合发展之前，须准确确定该社区的贫困人口覆盖率，并在有一定开发基础且条件相近的贫困村中优先发展贫困人口占比更高的社区，以提高这种减贫方式的贫困瞄准精度，真正做到"扶真贫、真扶贫"。

2. 社会各界与政府部门密切配合、协调联动

近年来，随着扶贫开发机制不断创新，参与扶贫、承担扶贫项目的机构数量日益增多（参与力度也不断加大），扶贫开发主体不再囿于政府特定职能机构，而是覆盖了社会各个层次、不同领域。根据单位性质划分，多元扶贫主体包括党政机关、非政府组织、工商企业、高等院校以及科研院所等，然而，在实际扶贫活动中，由于诸部门之间尚未建立或完善统筹联动机制，社会资源整合难度大，扶贫资金来源分散且多头管理，致使各部门潜在优势和整体协作优势无法发挥。虑及于此，若要最大程度挖掘参与式社区综合发展的减贫潜能，就须因地制宜，根据当地农村的基础条件、常住人口、贫困状况、致贫成因、开发成本等因素进行综合考量，从全局视角将"国际多边组织的经济技术优势、政府部门的行政管理优势、科研院所与高等院校的科技信息优势、工商企业的市场经济优势以及贫困地区的自然资源优势等"进行整合对接，实现功能互补，扬长避短，在多维减贫战场中形成综合优势，以改变过去扶贫工作"条块分割""各摆各点，各铺各摊"的局面。

3. 高效整合各方资源，保障扶贫、涉农资金及时足额到位

整合各方资源即优化扶贫资源配置，以最大程度发挥综合优势和潜能，推动参与式社区综合发展减贫更成规模、更出效益。换言之，以参与式社区综合发展减贫为平台，动员、整合足够的"功能互补性"扶贫项目资金和其他各类相关涉农资金，有利于高效地集中解决贫困村、贫困户突

出问题。当前，顺畅整合各方资源是适应扶贫任务新变化、扶贫主体多元化、扶贫对象复杂化的必然要求和迫切需要。第一，很多地方仅靠政府单方力量来完成扶贫任务已是心有余而力不逮；第二，积极主动参与甚至发动扶贫济困活动的组织越来越多；第三，贫困群体构成因贫困程度、贫困原因和贫困持续时间不同而复杂多样，扶贫方式不能凭借单一手段（如单一、独立项目），而应多方位、多层次帮助贫困群体，以增强扶贫针对导向。除强化各方资源整合外，资金能否及时足额到位也是关乎参与式社区综合发展减贫成效的关键环节。倘若用于参与式社区综合发展的扶贫资金和相关涉农资金出现滞留沉淀或被挤占挪用，将可能会直接导致整合的资源得不到合理统筹利用；重大项目因金额不足而无法启动；资金合力难以成形或大为减弱，扶贫效果不彰。

4. 坚持贫困户优先和分级分类扶持原则

参与式社区综合发展的宗旨和目标是减少农村贫困人口、稳固脱贫成果以及持续富裕。因此，在贫困村实施综合项目时，须妥善处理"综合发展"与"扶贫到户"间的关系，明确受益群体并突出重点，即各个环节均要将贫困人口纳入"优先考虑"范畴。否则，这种减贫方式就会不可避免地削弱扶贫效果，并表现出"贫困中性"或"援富"而非"亲贫"的特征。具体而言，（1）培训就业方面，优先给有劳动能力的贫困户提供劳动技能培训和短期务工或长期稳定就业的机会。（2）出资配套方面，对于需要农户自身配套部分资金的项目，应坚持灵活性与原则性相结合，侧重照顾贫困户并分级分类扶持。譬如，对普通农户只需按常规办理；对一般贫困户可设定适度的出资比例；而对特困户或极贫户应行"例外"之事，减少甚或免除他们的资金配套要求。（3）危房改造方面，可优先补贴居住在危房中的农村贫困户，其中包括分散供养的五保户、低保户和贫困残疾人家庭等，补贴额度视农户贫困程度差别对待。（4）金融支持方面（村级互助资金或社区发展基金），贫困户优先主要体现在少交或免交互助金、优先发放贷款和借款人数占比大（不低于50%），其目的是防止或减少扶贫资金被非贫困户过多"挤占"，提高户级贫困瞄准准确度。

第 5 章

参与式社区综合发展的潜在减贫效应
——基于比较静态分析法

"全面建成小康社会，最艰巨最繁重的任务在贫困地区。全党全社会要继续共同努力，形成扶贫开发工作强大合力。各级党委、政府和领导干部对贫困地区和贫困群众要格外关注、格外关爱，履行领导职责，创新思路方法，加大扶持力度，善于因地制宜，注重精准发力，充分发挥贫困地区广大干部群众能动作用，扎扎实实做好新形势下扶贫开发工作，推动贫困地区和贫困群众加快脱贫致富奔小康的步伐。"

——2014 年 10 月习近平总书记在首个"扶贫日"之际做出的重要批示

5.1 农户收入、消费及生产性贫困特征

5.1.1 贫困线的选择

收入水平和消费状况是衡量贫困的重要依据。在经济学关于贫困的测度中，经济学家一般依据测量指标是收入还是消费，而将贫困划分为收入贫困和消费贫困，与之对应，收入、消费低于预设贫困线的家庭则分别称

为收入贫困户和消费贫困户。单就收入而言，本研究分别采用国定贫困线和世界银行确定的国际通行贫困标准（包括人均日收入或日消费 1 美元、1.25 美元及 2 美元）中的 1 ~ 2 种作为分析用贫困线。鉴于本章使用的是 1999 年、2003 年及 2011 年的调查数据，各年国定贫困线标准不一，而且若按世界银行测算的当年住户最终消费支出（即私人消费）的购买力平价（purchasing power parity，PPP）转换系数计算，上述三种国际贫困线在各年同期相当的人民币数额也不尽相同（见表 5 - 1）。

表 5 - 1　　　　　　　　国内与国际三个年度的不同贫困标准线　　　　　单位：元

年份 （1999 年价格）	国定绝对 贫困线	国定低收 入贫困线	国际贫困线（折合人民币数额）		
			1 美元/日	1.25 美元/日	2 美元/日
1999	625	700	1643	2053	3285
2003	637 （617.79）	882 （855.40）	1497	1871	2993
2008	895 （827.78）	1196 （1106.18）	1533 （1643）	1916.25 （2053）	3066 （3285）
2011	2300 （2140.93）	无	1569.5	1962	3139

注：1998 ~ 2008 年间我国有两条贫困线，即绝对贫困线和低收入线（2000 年开始公布），但从 2008 年之后就"两线合一"了，且都以低收入线来计，并统称为"贫困线"；2008 年之前，国际贫困线是每天生活费 1 美元，但之后世界银行将该标准提升至 1.25 美元（仅是绝对贫困线或极端困线），而另一条日收入 2 美元的贫困线则用于小康社会；私人消费的人民币对美元购买力平价转换系数：1999 年是 4.5，2003 年为 4.1，2008 年是 4.2，2011 年为 4.3；括号内是 2008 年国内与国际贫困线以 1999 年物价为基准调整后的值。

资料来源：国家统计局、世界银行数据库和作者整理。

5.1.2　收入贫困的变化特征

1. 总体视角分析

在参与式社区综合发展实施前（1999 年），处理组全体农户的人均纯收入为 788.01 元，是贫困农户的 1.66 倍；对照组全体农户的人均纯收入为 905.51 元，是贫困农户的 2.08 倍（见表 5 - 2）。这表明参与式社区综合发展实施之前，处理组比对照组穷困，然而就贫富差距来说，处理组小于对照组。

表5－2　　　　　　　贫困农户与全样本农户人均纯收入对比　　　　　　单位：元

样本	贫困农户			全体农户		
	1999 年	2003 年	2011 年	1999 年	2003 年	2011 年
处理组	474.71	308.50	1579.26	788.01	2045.21	5017.79
对照组	435.72	508.07	1604.99	905.51	1176.15	2306.04

注：1999 年和 2003 年分别以当年绝对贫困线为标准来划定贫困户，2011 年则以最新贫困线为准。

到参与式社区综合发展结束时（2003 年），处理组全体农户的人均纯收入为 2045.21 元，是贫困农户的 6.63 倍；对照组全体农户的人均纯收入为 1176.15 元，是贫困农户的 2.31 倍。这说明参与式社区综合发展基本结束后，处理组全体农户人均纯收入得到极大提高，但同时贫困户与其他农户的收入差距也成倍拉大，成为富裕且贫富差距较大的农村社区。

及至参与式社区综合发展结束后 8 年（2011 年），处理组全体农户的人均纯收入为 5017.79 元，是贫困农户的 3.18 倍；对照组全体农户的人均纯收入为 2306.04 元，是贫困农户的 1.44 倍。这表明参与式社区综合发展结束后 8 年，处理组贫富差距较 2003 年大为缩小，但在两类不同社区中，其仍然是贫富差距最大且相对最富有的村庄。

综合比较分析可得：第一，1999～2003 年，处理组贫富差距扩大的幅度最大，远高于对照组。第二，2003～2011 年，处理组和对照组的贫富差距较 1999～2003 年均有所减小，但处理组贫富差距缩小的幅度比对照组大。

2. 收入构成视角

以时间为轴，先逐年分析，后贯穿统一分析（见表5－3）。

表5－3　　　　　　贫困农户与全样本农户人均纯收入构成对比　　　　　单位：元

项目	样本	贫困农户			全体农户		
		1999 年	2003 年	2011 年	1999 年	2003 年	2011 年
人均种植业纯收入	处理组	352.07 (74.17)	175.3 (56.82)	284.14 (17.99)	393.45 (49.93)	592.60 (28.98)	428.64 (8.54)
	对照组	217.87 (50.00)	306.53 (60.33)	381.16 (23.75)	304.04 (33.58)	394.92 (33.58)	388.76 (16.86)

续表

项目	样本	贫困农户			全体农户		
		1999 年	2003 年	2011 年	1999 年	2003 年	2011 年
人均养殖业纯收入	处理组	29.88 (6.29)	-29.9 (9.69)	256.31 (16.23)	31.87 (4.04)	58.32 (2.85)	455.86 (9.08)
	对照组	94.05 (21.58)	137.48 (27.06)	356.88 (22.24)	116.92 (12.91)	152.02 (12.93)	394.16 (17.09)
人均本地劳动者报酬	处理组	25.77 (5.43)	163.4 (52.97)	236.92 (15.00)	137.13 (17.40)	832.74 (40.72)	1903.22 (37.93)
	对照组	40.69 (9.34)	45.8 (9.01)	370.65 (23.09)	123.77 (13.67)	224.29 (19.07)	581.06 (25.20)
人均外出务工收入	处理组	19.52 (4.11)	0 (0.00)	0 (0.00)	129.05 (16.38)	461.09 (22.54)	950.66 (18.95)
	对照组	15.63 (3.59)	12.25 (2.41)	62.04 (3.87)	235.86 (26.05)	377.55 (32.10)	500.85 (21.72)
人均私营活动纯收入	处理组	50.68 (10.68)	0 (0.00)	0 (0.00)	101.17 (12.84)	112.87 (5.52)	213.98 (4.26)
	对照组	41.89 (9.61)	17.46 (3.44)	0 (0.00)	87.28 (9.64)	24.19 (2.06)	8.79 (0.38)
人均其他纯收入	处理组	-3.21 (0.68)	-0.3 (0.10)	803.74 (50.89)	-4.66 (0.59)	-12.43 (0.61)	1068.80 (21.30)
	对照组	25.60 (5.88)	-11.48 (2.26)	436.92 (27.22)	37.65 (4.16)	3.17 (0.27)	435.32 (18.88)

注：括号内为当年对应村庄农户人均各分项纯收入占人均纯收入的比重（%）；1999 年和 2003 年分别以当年国定绝对贫困线为标准来划定贫困户，2011 年则以最新贫困线为准。

（1）参与式社区综合发展实施前（1999 年）。

第一，无论是处理组，还是对照组，种植业纯收入均是贫困农户纯收入的最主要组成部分，然而，对于贫困农户纯收入的第二大收入来源，各村有所不同。据统计数据显示，处理组贫困农户人均种植业纯收入占74.17%，人均私营活动纯收入居次，占 10.68%；同期，对照组贫困农户人均种植业纯收入和人均养殖业纯收入分别占 50% 和 21.58%。

第二，贫困农户与全体农户的收入构成存在较大差异，虽然全体农户人均种植业纯收入比重仍居首位，但远低于贫困农户，不仅如此，贫困农户其他重要收入来源所占比重也与全体农户相差甚远。其中，处理组贫困农户与全体农户的人均种植业纯收入比重之比为 1.49∶1，人均本地劳动者报酬比重之比为 1∶3.2；对照组贫困农户与全体农户人均种植业纯收入比重之比也为 1.49∶1，人均外出务工收入比重之比为 1∶7.26。

以上分析数据说明，在 1999 年：①种植业收入是贫困农户与非贫困农户的最主要收入来源，但所占比重不同，其中贫困农户的种植业纯收入所占比重高于非贫困农户。②工资性收入是贫困农户与非贫困农户的最主要收入差距。这是因为，处理组贫困农户与非贫困农户的第二大收入来源分别是私营活动收入和本地劳动者报酬；对照组贫困农户与非贫困农户的第二大收入来源分别为养殖业收入和外出务工收入。

（2）参与式社区综合发展结束时（2003 年）。

第一，在不同发展干预组，贫困农户收入的首要来源仍然是种植业纯收入，不过处理组贫困农户的种植业纯收入比重有所下降，而对照组贫困农户种植业纯收入比重不降反升。对于贫困农户的其他主要收入来源，各村同样千差万别。例如，处理组贫困农户的人均种植业纯收入和人均本地劳动者报酬（第二大收入来源）比重分别为 56.82%、52.97%（这两者之和大于 1 的原因是其他收入来源出现收不抵支或负数）；对照组贫困农户的人均种植业纯收入和人均养殖业纯收入（第二大收入来源）比重分别为 60.33%、27.06%。

第二，相比贫困农户，不同发展干预组的全体农户在收入构成方面又有另一番景象。譬如，处理组全体农户第一、第二收入来源分别为本地劳动者报酬（占比 40.72%）和种植业纯收入（占比 28.98%）；对照组全体农户第一、第二收入来源分别为种植业纯收入（占比 33.58%）和外出务工收入（占比 32.1%）。

根据以上分析可推知，及至 2003 年：①种植业收入仍是贫困农户的最主要收入来源，但已不是非贫困农户的最主要收入来源。此外，不同村贫困农户的第二大收入来源不同，其中处理组为工资性收入，对照组为养殖业收入。②工资性收入是非贫困农户的第一大收入来源。具体而言，处理组非贫困农户的主要收入来源为本地劳动者报酬和种植业收入；对照组的非贫困农户主要收入来源均为外出务工收入和种植业收入。

（3）参与式社区综合发展结束后 8 年（2011 年）。

第一，不同发展干预组贫困农户的第一大收入来源是"其他纯收入"

（主要包括转移性收入），这说明国家加大了对贫困农户的补贴或转移支付力度。据统计，在处理组和对照组，贫困农户的人均其他纯收入及其比重分别为 803.74 元（50.89%）和 436.92 元（27.22%）。更进一步，若从贫困农户的第二、第三大收入来源看，处理组分别为种植业收入（17.99%）和养殖业收入（16.23%），对照组分别为种植业收入（23.75%）和本地劳动者报酬（23.09%）。

第二，相较之下，不同发展干预组全体农户的主要收入构成又有所不同。数据显示，处理组全体农户的前三大收入来源分别为本地劳动者报酬（37.93%）、其他转移性收入（21.3%）和外出务工收入（18.95%）；对照组全体农户的第一、第二大收入来源也分别为本地劳动者报酬（25.2%）和外出务工收入（21.72%）。

同理，通过贫困农户与全体农户的对比分析可知，在 2011 年：①转移性收入已成为贫困农户的最主要收入来源，而贫困农户的其他重要收入来源因所在村不同而有所差异。②无论在项目村抑或对照组，工资性收入（包括本地劳动者报酬和外出务工收入）均是非贫困农户收入的最重要组成部分，其中，本地劳动报酬比重居首位，而外出务工收入比重紧随其后。

（4）收入构成变化（1999～2011 年）。

第一，贫困农户的收入构成变化特点。其一，不同发展干预组贫困农户人均种植业纯收入占人均纯收入比重均逐年下降，其下降幅度从大到小依序为处理组和对照组。另外，对照组贫困农户的人均种植业纯收入逐年递增，而处理组总体上呈递减趋势。其二，处理组贫困农户的养殖业都出现亏损，而对照组贫困农户的人均养殖业纯收入逐年大幅增加，尽管其所占比重变化甚微。其三，不同发展干预组贫困农户的人均本地劳动者报酬均逐年趋增，但所占比重的变化各不相同。其四，对照组贫困农户人均外出务工收入增幅较大，而处理组在多个年度此收入为零。其五，不同发展干预组贫困农户的私营活动收入均呈消失态势，其中处理组的这种变化速度更快。其六，不同发展干预组贫困农户的人均其他收入在 1999～2003 年期间变化都不大且偶尔为负值，然而，在 2003～2011 年却都大幅增至数百元，并进而成为贫困农户收入的首要来源。

第二，全体农户与贫困农户收入构成变化比较。首先，不同发展干预组全体农户的人均种植业纯收入在各个年度均远高于贫困农户，但所占比重及其降幅却都小于贫困农户。其次，不同发展干预组全体农户的人均养殖业纯收入及其增幅均远高于贫困农户，但其所占比重总体上都比贫困农户小。然后，不同发展干预组全体农户的人均本地劳动者报酬及其增幅和所占比重增幅均大于贫困农户。再次，在不同年度，不同发展干预组全体农户的人均外出务工收入、人均私营活动纯收入在数量和比重上均大于贫困农户。最后，从长期来看，只有处理组全体农户的人均其他纯收入增幅超过贫困农户，而对照组全体农户的人均其他纯收入增幅与贫困农户相差无几或基本持平。

5.1.3 消费贫困的变化状况

消费是人类在社会经济生活中通过消费品满足自身欲望的一种重要的生理与经济行为。作为社会最基本的组成单元，农户兼具生产单位和消费单位的二重属性，因此，通过对比分析贫困农户与全体农户的家庭消费水平、结构及行为特征等状况，不仅可以反映不同类型农户的生活质量或富裕程度，也能"管中窥豹"从一个侧面"略见"社区不同发展干预方式的减贫效果，更为重要的是还有助于政府或其他部门在扶贫开发过程中让更多的优惠政策或扶贫资源能够科学、合理地流向最需要扶持的贫困群体。

生活消费水平是指农户家庭消费的物质产品和劳务在"质"与"量"上满足其全部成员自身生存、发展及享受需要等方面的程度。它主要通过平均实物消费量、现代化生活设施普及程度、人均消费额以及消费结构指标来衡量，而其变化则可用恩格尔系数的升降、人均消费额与实物消费量的增减来表现。消费结构是指在一定社会经济条件下农户于一定时间内消费不同类型资料的数量结构与货币支出结构的总和，它不仅能反映农户家庭消费的具体内容和形式，更能体现农户消费水平、消费质量以及消费需求的满足状况，而且，其变动态势可通过各项消费支出占消费总支出比重的此消彼长的动态关系来考察。

1. 总体视角分析

生活消费支出指农村住户用于物质生活和精神生活方面的消费支出。

参与式社区综合发展实施前（1999 年），处理组全体农户的人均生活消费支出为 739.43 元，贫困农户的人均生活消费支出为 529.75 元；对照组全体农户的人均生活消费支出为 766.69 元，贫困农户的人均生活消费支出为 474.17 元。比较表 5－3 和表 5－4 可以看出，不管是项目村，还是对照组，其贫困农户的人均生活消费支出均高于人均纯收入，说明项目实施前贫困人口普遍存在入不敷出的情况。

表 5－4　　　　　　貧困农户与全体农户人均生活消费支出对比　　　　　单位：元

样本	贫困农户			全体农户		
	1999 年	2003 年	2011 年	1999 年	2003 年	2011 年
处理组	529.75	587.30	1521.56	739.43	1278.00	3824.35
对照组	474.17	610.40	1415.46	766.69	991.91	1586.32

注：表中各项人均支出指标是按家庭常住人口计算的平均指标；1999 年和 2003 年分别以当年国家绝对贫困线为标准来划定贫困户，2011 年则以最新贫困线为准。

参与式社区综合发展结束时（2003 年），处理组全体农户与贫困农户的人均生活消费支出分别为 1278.00 元、587.30 元，两者相差 690.70 元；对照组全体农户与贫困农户的人均生活消费支出依次为 991.91 元、610.40 元，两者相差 381.51 元。同样，通过比较表 5－3 和表 5－4 可知，上述三类村的贫困农户人均生活消费支出也均高于人均纯收入，即到项目基本完成时贫困人口仍然存在入不敷出的现象。

参与式社区综合发展结束后 8 年（2011 年），处理组全体农户与贫困农户的人均生活消费支出分别增至 3824.35 元、1521.56 元，较 2003 年分别增长了 1.51 倍和 1.59 倍；对照组全体农户与贫困农户的人均生活消费支出分别增至 1586.32 元、1415.46 元，较 2003 年分别增长了 59.93% 和 1.32 倍。然而，再次比较表 5－3 和表 5－4 发现，上述两类村的贫困农户人均纯收入都已超过人均生活消费支出，这说明到项目结束后 8 年，贫困人口的收入已能够满足其自身生存所需并有所结余。

2. 消费构成视角

（1）农户"衣、食、住、行"支出。

生活消费支出包括食品消费支出、衣着消费支出、居住消费支出、家用设备及服务支出、医疗保健支出、交通通信支出、文教娱乐支出、其他消费支出等八大类。

贫困农户与全体农户"衣食住行"消费支出对比如表5-5所示。

表5-5　　　　贫困农户与全体农户"衣食住行"消费支出对比　　　　单位：元

项目	样本	贫困农户			全体农户		
		1999 年	2003 年	2011 年	1999 年	2003 年	2011 年
人均衣着消费支出	处理组	23.90 (4.51)	24.50 (4.17)	108.92 (7.16)	37.79 (5.11)	78.99 (6.18)	289.03 (7.56)
	对照组	24.27 (5.12)	30.88 (5.06)	54.89 (3.88)	42.03 (5.48)	53.74 (5.42)	59.88 (3.77)
人均食品消费支出	处理组	427.42 (80.68)	389.50 (66.32)	1049.76 (68.99)	556.92 (75.32)	825.16 (64.57)	1844.62 (48.23)
	对照组	350.84 (73.99)	491.05 (80.45)	1035.87 (73.18)	523.05 (68.22)	666.53 (67.20)	1112.79 (70.15)
人均居住消费支出	处理组	34.70 (6.55)	32.70 (5.57)	229.66 (15.09)	42.66 (5.77)	83.55 (6.54)	432.08 (11.30)
	对照组	36.86 (7.77)	39.81 (6.52)	162.61 (11.49)	71.20 (9.29)	123.57 (12.46)	184.19 (11.61)
人均交通通信支出	处理组	5.48 (1.03)	49.00 (8.34)	33.29 (2.19)	21.02 (2.84)	85.51 (6.69)	311.96 (8.16)
	对照组	4.99 (1.05)	11.31 (1.85)	38.15 (2.70)	28.53 (3.72)	50.23 (5.06)	54.52 (3.44)

注：括号内为当年对应村庄农户的人均衣着、食品、居住或交通通信消费支出占人均生活消费支出的比重（％）；1999 年和 2003 年分别以当年国家绝对贫困线为标准来划定贫困户，2011 年则以最新贫困线为准。

从衣着消费支出[①]来看：1999～2011 年，处理组贫困农户的人均衣着

―――――――――

① 衣着消费支出指农村住户用于各种穿着用品及加工穿着用品的材料支出。包括棉花、丝棉、化纤棉、驼毛、棉布、各种化纤布、绸、缎、呢绒、各类成衣、棉、毛、丝、麻纺织品，背心、汗衫、棉毛衫裤、卫生衫裤、袜子等针织品，毛线、毛线织品、各种鞋、帽等消费品及衣着的加工修理费。

消费支出占人均生活消费总支出的比重先降后升、总体趋升，而全体农户的人均衣着消费支出所占比重逐年上升；对照组中贫困农户与全体农户的人均衣着消费支出所占比重均呈下降趋势。这说明参与式社区综合发展有促进贫困农户和全体农户增加衣着消费支出的作用。

从食品消费支出①来看：①1999～2011 年，在两个不同发展干预组中，无论是贫困农户还是全体农户，其食品支出占生活消费总支出的比例（即恩格尔系数）相比其他消费支出都要大。其中，贫困农户食品支出所占生活消费支出的比重远大于全体农户。②1999～2011 年，不同发展干预组贫困农户与全体农户的恩格尔系数变化情况均不同。在处理组，贫困农户的恩格尔系数先降后升、总体趋降，而全体农户的恩格尔系数逐年下降且降幅较贫困农户大。在对照组，贫困农户的恩格尔系数先升后降、总体趋平，而全体农户的恩格尔系数先降后升、总体趋升。由此可得出两条结论：第一，1999～2011 年，食品消费支出一直都是农户家庭生活消费的最大支出，而且贫困农户的恩格尔系数高于非贫困农户。第二，1999～2003年，参与式社区综合发展对降低全体农户和贫困农户恩格尔系数的作用都均比较明显。2003～2011 年，参与式社区综合发展对全体农户的恩格尔系数均有降低作用，但对贫困农户的恩格尔系数无此作用。

从居住消费支出②来看：①1999～2011 年，在两个不同发展干预组中，贫困农户人均居住消费支出占人均生活消费支出的比重均呈先微降、后剧升态势，其中，2011 年处理组贫困农户的人均居住消费支出绝对量更大。②1999～2011 年，处理组全体农户的人均居住消费支出所占比重逐年上升，对照组则先升后降、总体趋升。通过比较分析，可推出两点结论：第一，1999～2003 年，不同发展干预组贫困农户的居住消费支出所占比重都被其他消费支出挤占了一小部分。第二，2003～2011 年期间，不同发展干预组贫困农户的居住条件均得到极大改善，其中，处理组贫困农户的住房状况变化更显著。

---

① 食品消费支出指农村居民年内消费各类食品支出。包括主食、副食、其他食品、在外饮食和食品加工费支出。

② 居住消费支出指与农村住户居住有关的所有支出。包括新建（购）房屋、房屋维修、居住服务、租赁住房所付的租金、生活用水、生活用电、用于生活的燃料等支出。

从交通通信支出①来看：①1999～2011 年，处理组贫困农户人均交通通信支出占人均生活消费支出的比重均呈先升后降、总体趋升之势；对照组贫困农户的人均交通通信支出所占比重逐年上升。②1999～2011 年，处理组全体农户的人均交通通信支出所占比重逐年上升，而对照组先升后降，但总体趋降。③1999～2011 年，不同发展干预组贫困农户的人均交通通信支出绝对量及年均增量均远小于全体农户。这说明了贫困农户利用交通通信基础设施的次数比非贫困农户少，换言之，非贫困农户从交通通信基础设施中受益最大，并且这种状况一直未得到根本改观。

（2）农户"医保、文娱、家用设备及服务"支出。

贫困农户与全体农户"医保、文娱及家用设备"消费支出对比如表5－6所示。

表5－6　　　　　　　贫困农户与全体农户"医保、文娱及家用设备"消费支出对比　　　　　　单位：元

项目	样本	贫困农户			全体农户		
		1999 年	2003 年	2011 年	1999 年	2003 年	2011 年
人均医疗保健支出	处理组	16.88 (3.19)	18.00 (3.06)	93.29 (6.13)	35.69 (4.83)	80.66 (6.31)	252.41 (6.60)
	对照组	25.91 (5.46)	21.08 (3.45)	71.85 (5.08)	51.02 (6.65)	30.08 (3.03)	91.89 (5.79)
人均文教娱乐支出	处理组	17.21 (3.25)	73.50 (12.51)	6.16 (0.40)	28.53 (3.86)	100.00 (7.82)	516.16 (13.50)
	对照组	13.08 (2.76)	15.44 (2.53)	51.57 (3.64)	12.72 (1.66)	57.28 (5.77)	82.69 (5.21)
人均家用设备及服务支出	处理组	2.67 (0.50)	0 (0)	0.32 (0.02)	8.10 (1.10)	23.17 (1.81)	149.54 (3.91)
	对照组	11.87 (2.50)	0 (0)	0.58 (0.04)	23.84 (3.11)	1.84 (0.19)	0.40 (0.03)

注：括号内为当年对应村庄农户的人均医疗保健、文教娱乐或家用设备及服务消费支出占人均生活消费支出的比重（%）；1999 年和 2003 年分别以当年国家绝对贫困线为标准来划定贫困户，2011 年则以最新贫困线为准。

从医疗保健支出②来看：1999～2011 年，处理组贫困农户人均医疗保

---

① 交通通信支出指农村住户用于交通和通信的工具、各种服务费、维修费用支出。

② 医疗保健支出指农村住户用于医疗和保健的药品、医疗器械和服务费用。包括医药卫生保健用品、医疗保健服务费和医疗卫生设备、用品加工修理费等。

健支出占人均生活消费支出的比重先微降后剧升，而全体农户的人均医疗保健支出所占比重逐年上升；对照组贫困农户和全体农户的人均医疗保健支出所占比重均呈先降后升，但总体呈趋降之势。此外，经比较分析还可发现，除对照组外，处理组贫困农户的人均医疗保健支出额及所占比重小于非贫困农户。

从文教娱乐支出①来看：①1999～2011 年，不同发展干预组贫困农户人均文教娱乐支出占人均生活消费支出的比重变化无明显相同或相似规律。其中，处理组贫困农户的人均文教娱乐支出所占比重先剧升后剧降、总体趋降；对照组贫困农户的人均文教娱乐支出所占比重先降后升、总体趋升。②1999～2011 年，不同发展干预组全体农户的人均文教娱乐支出所占比重均呈上升之势。这说明随着家庭收入的增加、思想观念的转变以及知识经济的到来，农民对文化娱乐用品及服务的消费支出逐年增加。

从家用设备及服务支出②来看：①1999～2011 年，两个不同发展干预组贫困农户的人均家用设备及服务支出额和所占比重都非常小，均远远低于全体农户。②2003～2011 年，处理组全体农户的人均家用设备及服务支出额、所占比重和增幅均大于对照组。可推出两点结论：第一，十几年来，不管是项目村抑或对照组，贫困农户都无力消费各种家庭耐用消费品和支付相关加工修理费用。第二，参与式社区综合发展可能有促进非贫困农户增加人均家用设备及服务支出的作用，但对贫困农户这方面的消费支出几乎没影响。

5.1.4　生产性贫困的变化状况

原华荣（1990）从贫困成因角度将生产性贫困定义为生产力低下导致的物质文化生活资料匮乏状态，然而，有的学者认为生产性贫困是指地区产业结构传统单一所造成的贫困。不过在本章中，生产性贫困这一概念可

---

　　①　文教娱乐支出指农村住户用于文化、教育、娱乐方面的支出。包括文化教育娱乐用品支出和文化教育娱乐服务支出。
　　②　家用设备及服务支出指农村住户消费的各种耐用消费品、其他家庭用品及用品的加工修理费用。

界定为农户生产性投入不足或生产投入的刚性支出占家庭纯收入比重较小，以致生产经营收益难以满足基本生活所需的状况。

1. 总体视角分析

1999～2011 年，处理组贫困农户与全体农户的人均生产经营投入均逐年增加，但贫困农户的人均生产经营投入比全体农户都低；对照组的贫困农户与全体农户人均生产经营投入均呈先增后减、总体趋增之势（见表5－7）。经比较，还发现：（1）1999～2011 年，不同发展干预组贫困农户的人均生产经营投入均比全体农户少。（2）1999～2011 年，处理组贫困农户与全体农户的人均生产经营投入都远超过对照组。

表5－7　　　　　　贫困农户与全体农户人均生产经营投入对比　　　　单位：元

样本	贫困农户			全体农户		
	1999 年	2003 年	2011 年	1999 年	2003 年	2011 年
处理组	175.16	253.92	490.65	221.46	584.62	534.52
对照组	108.97	243.37	211.72	154.95	314.95	220.14

注：1999 年和 2003 年分别以当年绝对贫困线为标准来划定贫困户，2011 年则以最新贫困线为准。

2. 生产性投入构成视角

贫困农户与全体农户人均种养殖业投入对比如表5－8所示。

表5－8　　　　　　贫困农户与全体农户人均种养殖业投入对比　　　　单位：元

项目	样本	贫困农户			全体农户		
		1999 年	2003 年	2011 年	1999 年	2003 年	2011 年
人均种植业投入	处理组	64.09 (36.59)	73.03 (28.76)	97.59 (27.05)	76.80 (34.68)	159.9 (27.35)	133.92 (25.05)
	对照组	50.13 (46.00)	84.98 (34.92)	107.93 (50.98)	69.71 (44.99)	133.09 (42.26)	106.49 (48.37)
人均养殖业投入	处理组	110.29 (62.97)	180.88 (71.24)	393.06 (80.11)	140.56 (63.47)	419.4 (71.74)	364.79 (68.25)
	对照组	58.55 (53.73)	121.63 (49.98)	103.79 (49.02)	80.93 (52.23)	174.96 (55.55)	113.64 (51.62)

注：括号内为当年对应村庄农户的人均种植/养殖业投入占人均生产经营投入的比重（％）；1999 年和 2003 年分别以当年绝对贫困线为标准来划定贫困户，2011 年则以最新贫困线为准。

（1）种植业投入。

1999～2011 年，处理组贫困农户与全体农户人均种植业投入占人均生产经营投入的比重均逐年缩小，对照组贫困农户与全体农户的人均种植业投入所占比重均呈先降后升、总体趋升态势。经比较发现：从绝对量来看，2003～2011 年，贫困户的人均种植业投入额基本低于全体农户；处理组贫困农户的人均种植业投入额比对照组低；而 1999～2011 年，处理组全体农户的人均种植业投入额比对照组高。从占生产经营投入比重来看，1999～2011 年，两村贫困户的人均种植业投入所占比重与全体农户相差不大。

（2）养殖业投入。

1999～2011 年，在处理组，贫困农户人均养殖业投入占人均生产经营投入的比重逐年上升，而全体农户的人均养殖业投入所占比重先升后降、总体趋降。在对照组，贫困农户的人均养殖业投入所占比重呈不断小幅下降趋势，而全体农户的人均养殖业投入所占比重则先升后降、总体趋降。经比较可知：①除 2011 年处理组的贫困农户人均养殖业投入额及其所占比重大于全体农户，以及 1999 年对照组的贫困农户人均养殖业投入所占比重高于全体农户外，其他情况下贫困农户的人均养殖业投入额及其所占比重都小于全体农户。②1999～2011 年，处理组贫困农户与全体农户的人均养殖业投入额及其所占比重远大于对照组。

综上可知：1999～2011 年，处理组贫困农户与全体农户的生产性投入都主要集中于养殖业，而对照组贫困农户的生产性投入在 1999～2003 年主要用于养殖业，在 2003～2011 年则转向种植业。

5.2 参与式社区综合发展对贫困深度、广度和强度的影响

5.2.1 贫困程度的测算方法

本节沿用福斯特、格里尔和托尔贝克（Foster, Greer and Thorbecke, 1984）提出的 FGT 指数来测算农村社区贫困发生率、贫困深度及贫困强

度。假设同一家庭中所有成员享有相同的生活水平，FGT 指数可用如下公式计算：

$$P_a = \sum_{i=1}^{n} f_i r_i \theta^\alpha(z_i, x_i), \quad r_i = \begin{cases} = 1 & \text{若 } z_i < x_i \\ = 0 & \text{若 } z_i > x_i \end{cases}, \quad \theta(z_i, x_i) = \frac{z_i - x_i}{z_i}$$

$$(5.1)$$

式（5.1）中，P_a 为 FGT 指标；n 是总户数；f_i 是第 i 个家庭人口规模占总人口数（N）的比重；z_i、x_i 分别是第 i 个家庭每个人的贫困线和平均收入（或消费支出）。参数 a 用于度量不同贫困阶层对指数值的敏感性。

当 $a = 0$ 时，P_0 为贫困发生率（反映贫困广度），式（5.1）转变成：

$$P_0 = \sum_{i=1}^{n} f_i r_i \qquad (5.2)$$

当 $a = 1$ 时，P_1 为贫困深度指数（反映贫困线以下人口收入或消费的变化），有时被称为贫困缺口率、贫困距指数或等比例贫困距（proportionate poverty gap），式（5.1）变化为：

$$P_1 = \sum_{i=1}^{n} f_i r_i \frac{z_i - x_i}{z_i} \qquad (5.3)$$

当 $a = 2$ 时，P_2 为贫困强度指数或贫困强度率（反映贫困人口收入或消费支出分布不均程度），也称平方贫困距、加权贫困距或加权贫困缺口率（weighted poverty gap），由式（5.1）可得：

$$P_2 = \sum_{i=1}^{n} f_i r_i \left(\frac{z_i - x_i}{z_i} \right)^2 \qquad (5.4)$$

概言之，以上贫困测量指标回答了三个问题，即贫困线下的人口有多少（H）？贫穷的深度有多少（PG）？贫穷的尖锐程度有多大（SPG）？

5.2.2 测算结果的比较分析

为了使不同年度间的农村贫困发生率、贫困深度和贫困强度具有可比性，并最终得出有关参与式社区综合发展减贫成效的稳健性结论，下面将基于 2008 年的国定绝对贫困线、低收入线和国际贫困线（1 美元/日·人或 1.25 美元/日·人）统一计算 1999 年、2003 年及 2011 年调查村的贫困深、广、强度。一直以来，国内大多使用收入数据来度量贫困而忽视消费数据，其实以消费数据去度量贫困也很有用，这是因为消费更能客观反映农户家庭或农民个体的效用水平。因此，为掌握更全面的信息以得到更可靠的结论，我们基于调查的收入和消费数据，按照预设的四条贫困标准线计算出了参与式社区综合发展前后三个年度的贫困发生率、贫困深度、贫困强度及其变化状况。

1. 贫困发生率：收入或消费单维视角

（1）基于收入数据的贫困发生率。

以 1999 年为基期扣除物价因素，按照 2008 年的国定绝对贫困线计算，1999～2003 年，处理组的收入贫困发生率降幅（-83.9%）大于对照组（-50.0%）（见表 5-9）。若按 2008 年低收入线和国际 1 美元/1.25 美元线计算，两类村的收入贫困发生率均大幅上升，但变化幅度都变小，而且处理组的收入贫困发生率降幅总体上仍大于对照组，这说明在项目实施前至其主体项目基本完成时，不论采用高贫困线（国际贫困线）抑或低贫困线（国定贫困线），参与式社区综合发展对农村收入贫困发生率可能具有降低作用，且大约能解释 21.9%～40.4% 的农村收入贫困发生率的变化率。

表 5-9　　　　不同发展干预组贫困发生率变化对比（以收入为尺度）　　　单位：元

贫困线 （1999 年价格）	样本	1999 年	2003 年	2011 年	1999～2003 年		2003～2011 年	
					差值 a	下降率 a（%）	差值 b	下降率 b（%）
绝对贫困线_2008	处理组	73.3	11.8	4.5	-61.5	-83.9	-7.3	-61.9
	对照组	61.0	30.5	15.4	-30.5	-50.0	-15.1	-49.5
低收入线_2008	处理组	84.0	22.9	8.3	-61.1	-72.7	-14.6	-63.8
	对照组	80.5	54.5	17.8	-26.0	-32.3	-36.7	-67.3
国际 1 美元/日贫困线_2008	处理组	92.7	48.6	9.8	-44.1	-47.6	-38.8	-79.8
	对照组	92.2	78.0	40.2	-14.2	-15.4	-37.8	-48.5
国际 1.25 美元/日贫困线_2008	处理组	97.3	72.2	21.2	-25.1	-25.8	-51.0	-70.6
	对照组	93.7	90.5	49.7	-3.7	-3.9	-40.3	-44.8

注：2008 年国际 1.25 美元/日贫困线扣除物价因素后（以 1999 年为基期）的标准变为 2053 元，其他各种贫困线的折合标准见表 5-1。下同。

同理，以 1999 年为基期，采用不同贫困标准线计算 2003～2011 年各村的收入贫困发生率，结果发现：当按照 2008 年国定绝对贫困线和低收入线计算时，处理组在此阶段的收入贫困发生率降幅大于对照组；当按照国际 1 美元/1.25 美元线计算时，处理组的收入贫困发生率降幅仍然大于对照组。可见，在主体项目基本完成之后 8 年，参与式社区综合发展方式可能仍具有减少农村收入贫困发生率的功效。

（2）基于消费数据的贫困发生率。

无论采用何种贫困标准线，不管在哪个村，相比以收入尺度衡量的贫困发生率，基于消费数据计算的贫困发生率更高（见表 5－10）。

表 5－10　　　不同发展干预组贫困发生率变化对比（以消费为尺度）　　单位：元

贫困线 （1999 年价格）	样本	1999 年	2003 年	2011 年	1999～2003 年		2003～2011 年	
					差值 a	变化率 a （%）	差值 b	变化率 b （%）
绝对贫困线_2008	处理组	76.9	30.7	5.3	-46.2	-60.1	-25.4	-82.7
	对照组	82.8	40.0	13.4	-42.8	-51.7	-26.6	-66.5
低收入线_2008	处理组	90.3	44.1	14.2	-46.2	-51.2	-29.9	-67.8
	对照组	87.0	82.3	40.9	-4.7	-5.4	-41.4	-50.3
国际 1 美元/日贫困线_2008	处理组	97.8	90.6	22.1	-7.2	-7.4	-68.5	-75.6
	对照组	92.9	96.0	70.5	3.1	3.3	-25.4	-26.6
国际 1.25 美元/日贫困线_2008	处理组	100.0	90.6	52.2	-9.4	-9.4	-38.4	-42.4
	对照组	98.8	97.1	83.2	-1.7	-1.7	-13.9	-14.3

1999～2003 年，按照预设的四条贫困标准线计算的消费贫困发生率可知，处理组的消费贫困发生率下降百分比高于对照组（以国际 1 美元贫困线计算时除外）。这表明，在项目实施前至主体项目基本结束期间，参与式社区综合发展总体来看可能都具有降低农户消费贫困的功能。

2003～2011 年，基于四条贫困线计算的消费贫困发生率的变化率表明，处理组的消费贫困发生率下降百分比高于对照组。这说明，在主体项目基本结束至 2011 年，综合发展方式可能仍都具有减缓农户消费贫困的功能。

2. 三种贫困类型发生率：收入与消费二维视角

根据居民人均纯收入与人均生活消费支出是否同时低于贫困线，可将贫困区分为双重贫困、次级贫困和选择性贫困。双重贫困（double poverty）是指人们在某一特定时点上的收入与消费都低于预设贫困标准的状况，往往取决于农户家庭的可行能力，如资产与教育等。次级贫困（secondary poverty）是指人们当期收入低于贫困标准但消费却高于贫困标准的情形，其原因主要是遭遇风险冲击使然，当然也可能出于消费惯性、有预期收入和为某特殊支出需要而借贷消费等其他原因，所以，这种贫困的发生更大程度上取决于风险冲击的类型、大小和农户抵御风险的能力及其风险管理策略。选择性贫困（selective poverty）是指有少部分居民尽管有高于贫困标准的收入，但是出于对子女教育、修造新房、治病养老以及预防其他不确定性事件等多方面考虑而不得不选择将现有消费水平控制在贫困线以下。这类贫困人口包括脆弱性农户（家庭收入水平在贫困线之上附近的低收入、易返贫群体）和非贫困户或假贫困户（那些高收入、低消费的农户）。

以上三种贫困类型划分的意义在于辨别农村贫困的差异，以利于反贫政策"对症下药"。这是因为：次级贫困和选择性贫困都有可能是暂时贫困或"伪贫困"，人们可在短期内通过外部扶持和自身努力而快速摘去"贫困帽子"；双重贫困则是"真贫困"，属于这种贫困的居民，若无外力扶助，想走出"贫困陷阱"困难重重。据分析，在风险冲击下，非消费收入贫困户陷入贫困或返贫的一般路径为（见图 5-1）：非收入消费贫困→次级贫困/选择性贫困→双重贫困，或者非收入消费贫困→双重贫困；非收入消费贫困→次级贫困；非收入消费贫困→选择性贫困。

与陷入贫困路径相反，这三类贫困户在外部扶持下的脱贫路径如下（见图 5-2）：双重贫困→次级贫困/选择性贫困→非收入消费贫困，或者双重贫困→非收入消费贫困；次级贫困→非收入消费贫困；选择性贫困→非收入消费贫困。

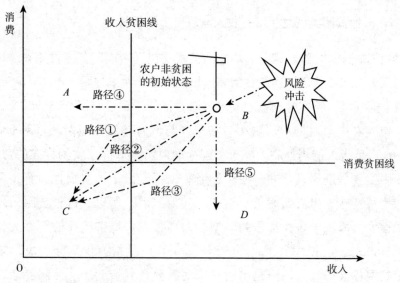

图 5 - 1　风险冲击下农户坠入三种贫困类型的路径

注：收入与消费两条贫困线（贫困标准相同）将示意图分成四个部分。其中，A 部分表示次级贫困状态；B 部分表示非收入消费贫困状态；C 部分表示双重贫困状态；D 部分表示选择性贫困状态。

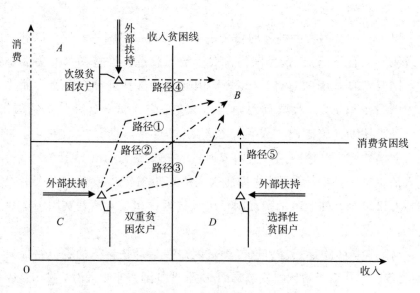

图 5 - 2　外部扶持下三种贫困类型农户的脱贫路径

注：两条贫困线和 A、B、C、D 四部分的含义同图 5 - 1。

基于以上分析，下文同前文一样，分别以 2008 年国定绝对贫困线、低收入线以及国际 1 美元/1. 25 美元对各调查村上述三种贫困类型发生率进行测算，结果见表 5 - 11、表 5 - 12 和表 5 - 13。可以看出，在不同贫困标准线下，不同调查村农户的双重贫困发生率、次级贫困发生率、选择性贫困发生率及其各自变化规律都有所不同。

表 5 - 11　　　　　　不同发展干预组双重贫困发生率的变化对比　　　　单位：元

贫困线 （1999 年价格）	样本	1999 年	2003 年	2011 年	1999 ~ 2003 年		2003 ~ 2011 年	
					差值 a	变化率 a （%）	差值 b	变化率 b （%）
绝对贫困线_2008	处理组	62. 86	8. 57	2. 86	-54. 3	-86. 4	-5. 7	-66. 6
	对照组	56. 52	21. 74	6. 52	-34. 8	-61. 5	-15. 2	-70. 0
低收入线_2008	处理组	80. 00	14. 29	5. 71	-65. 7	-82. 1	-8. 6	-60. 0
	对照组	76. 09	52. 17	10. 87	-23. 9	-31. 4	-41. 3	-79. 2
国际 1 美元/日贫困线_2008	处理组	94. 29	40. 00	8. 57	-54. 3	-57. 6	-31. 4	-78. 6
	对照组	89. 13	78. 26	32. 61	-10. 9	-12. 2	-45. 7	-58. 3
国际 1. 25 美元/日贫困线_2008	处理组	97. 14	65. 71	22. 86	-31. 4	-32. 4	-42. 9	-65. 2
	对照组	93. 48	86. 96	43. 48	-6. 5	-7. 0	-43. 5	-50. 0

表 5 - 12　　　　　　不同发展干预组次级贫困发生率的变化对比　　　　单位：元

贫困标准 （1999 年价格）	样本	1999 年	2003 年	2011 年	1999 ~ 2003 年		2003 ~ 2011 年	
					差值 a	变化率 a （%）	差值 b	变化率 b （%）
绝对贫困线_2008	处理组	11. 43	0	0	-11. 4	-100. 0	0. 0	—
	对照组	2. 17	10. 87	2. 17	8. 7	400. 9	-8. 7	-80. 0
低收入线_2008	处理组	5. 71	2. 86	0	-2. 9	-49. 9	-2. 9	-100. 0
	对照组	2. 17	4. 35	0	2. 2	100. 5	-4. 4	-100. 0
国际 1 美元/日贫困线_2008	处理组	0	0	0	0. 0	—	0. 0	—
	对照组	2. 17	2. 17	4. 35	0. 0	—	2. 2	100. 5
国际 1. 25 美元/日贫困线_2008	处理组	0	0	0	0. 0	—	0. 0	—
	对照组	0	2. 17	6. 52	2. 2	—	4. 4	200. 5

表 5 – 13　　　　　　不同发展干预组选择性贫困发生率的变化对比　　　　单位：元

贫困标准 （1999 年价格）	样本	1999 年	2003 年	2011 年	1999~2003 年		2003~2011 年	
					差值 a	变化率 a（%）	差值 b	变化率 b（%）
绝对贫困线_2008	处理组	8.57	14.29	2.86	5.7	66.7	−11.4	−80.0
	对照组	19.57	10.87	2.17	−8.7	−44.5	−8.7	−80.0
低收入线_2008	处理组	8.57	20.00	8.57	11.4	133.4	−11.4	−57.2
	对照组	6.52	23.91	19.57	17.4	266.7	−4.3	−18.2
国际 1 美元/日贫困线_2008	处理组	2.86	42.86	17.14	40.0	1398.6	−25.7	−60.0
	对照组	2.17	17.36	28.26	15.2	700.0	10.9	62.8
国际 1.25 美元/日贫困线_2008	处理组	2.86	17.14	20.00	14.3	499.3	2.9	16.7
	对照组	4.35	10.87	34.78	6.5	149.9	23.9	220.0

（1）双重贫困发生率及其变化。

1999~2003 年，在所有预设贫困标准线下，处理组农户双重贫困发生率的降幅远远超过对照组。由此说明，参与式社区综合发展方式对农村双重贫困发生率可能具有较大的降低作用。2003~2011 年，情况恰好相反，在 4 条贫困标准线下，对照组农户的双重贫困发生率的降幅高于处理组。可见，在主体项目基本结束后 8 年，参与式社区综合发展方式对减缓农村双重贫困发生率的功能有所减弱，或者此种发展方式可能已无减贫作用。

（2）次级贫困发生率及其变化。

1999~2011 年，处理组次级贫困发生率在国内标准下呈下降趋势，而在国际贫困标准下为零且保持不变。在 2008 年绝对贫困标准下，处理组 1999 年的次级贫困发生率为 11.43%，2003 年时为 0，并且这种"零贫困"状态一直延续至 2011 年；在低收入标准下，处理组次级贫困发生率从 1999 年的 5.71% 下降至 2003 年的 2.86%，2011 年时，这一贫困发生率再次降为 0；在国际 1 美元/1.25 美元贫困标准下，处理组的次级贫困状况有些特殊，其发生率未发生任何变化，大小均为 0。这说明从项目实施前至项目结束后 8 年，处理组在低贫困标准下处于"入不敷出"

状态的贫困户数量有所减少，但在高贫困标准下已没有满足这种条件的贫困户。

1999～2011 年，对照组的次级贫困发生率在不同阶段、不同贫困标准下有不同的变化规律。1999～2003 年，除在国际 1 美元贫困标准下保持不变外，对照组的次级贫困发生率在其他贫困标准下均有所提高，且增幅在 2.2%～8.7%。2003～2011 年，单一发展村的次级贫困发生率在国内贫困标准下减小，而在国际贫困标准下增大。

（3）选择性贫困发生率及其变化。

1999～2003 年，处理组在 4 条贫困标准下的选择性贫困发生率均大幅升高（66.7% 升至 13.99 倍），这说明从项目实施前到项目基本结束时，处理组中选择性贫困农户的数量成倍增加。其原因是：首先，大部分双重贫困户因收入的增加而变成选择性贫困户；其次，从访谈情况来看，该村一部分非贫困户为存钱建房或买"生活大件"而"节衣缩食""自愿贫困"。同期，对照组的选择性贫困发生率除在绝对贫困标准下降低外，在其他贫困标准下均有所提升。这表明从项目实施前至基本结束时，在较高或高贫困标准下，对照组中选择性贫困户大量增加；而在低贫困标准下，该村中选择性贫困户大幅减少。可见，贫困标准的调整会影响选择性贫困发生率的大小、变化方向和变化程度。

2003～2011 年，处理组的选择性贫困发生率除在国际 1.25 美元贫困标准下有所提高外，在其他三条贫困标准下均有所降低。这大体可说明在此期间处理组的选择性贫困户数量大幅减少。对此，可能的解释是：其一，很多选择性贫困户因增加消费支出而转变为非贫困户；其二，不少非贫困户之前已建新房，因此无须再为了"从牙缝里挤出钱"而过"苦日子"。对照组的选择性贫困发生率在国内、国际贫困标准下分别大幅降低和提升，这说明对照组选择性贫困发生率的变化方向和变化幅度取决于贫困标准线的高低。

综合对比上述三类贫困发生率的变化情形可知：调高贫困标准线，不同贫困类型的发生率并不一定都会相应提高。其中，仅双重贫困发生率随贫困标准的上调而提升，而次级贫困发生率和选择性贫困发生率的变化并无规律可循（呈紊乱状态）。

3. 贫困深度：收入或消费单维视角

不管基于收入或消费单维视角，还是基于收入与消费二维视角，所对应的贫困发生率显示的仅是不同贫困类型人口占总人口的比重，而不能反映处于各种贫困类型中人口的内部贫困程度。因此，为了解释收入贫困人口与消费贫困人口内部贫困深化程度的差距，可分别通过收入贫困深度指数和消费贫困深度指数来测量。

从收入视角看（见表5－14）：1999～2011年，在四条贫困标准下，两个不同发展干预组的收入贫困深度指数均呈下降趋势。其中，1999～2003年，处理组的收入贫困深度指数下降率（绝对值，下同）大于对照组；2003～2011年，处理组的收入贫困深度指数下降率在国内贫困标准下都小于对照组，但在国际贫困标准下都大于对照组。这说明：第一，在国民经济平稳快速发展的背景下，不同发展干预组的收入贫困深度得到不同程度的缓解；第二，综合发展方式可能有减缓社区收入贫困深度的即期作用，但是否具有持续效应还难以确定。

表5－14　　　　收入维度下不同发展干预组贫困深度指数变化对比

贫困标准 （1999年价格）	样本	1999年	2003年	2011年	1999～2003年		2003～2011年	
					差值 a	变化率 a （%）	差值 b	变化率 b （%）
绝对贫困线_2008	处理组	0.211	0.038	0.015	-0.17	-82.0	-0.02	-60.5
	对照组	0.202	0.080	0.018	-0.12	-60.4	-0.06	-77.5
低收入线_2008	处理组	0.351	0.069	0.024	-0.28	-80.3	-0.05	-65.2
	对照组	0.343	0.175	0.055	-0.17	-49.0	-0.12	-68.6
国际1美元/日贫困线_2008	处理组	0.529	0.164	0.046	-0.37	-69.0	-0.12	-72.0
	对照组	0.505	0.344	0.130	-0.16	-31.9	-0.21	-62.2
国际1.25美元/日贫困线_2008	处理组	0.612	0.255	0.070	-0.36	-58.3	-0.19	-72.5
	对照组	0.589	0.437	0.192	-0.15	-25.8	-0.25	-56.1

从消费视角看（见表5－15）：1999～2011年，不同发展干预组在所有贫困标准下的消费贫困深度指数同样都呈下降之势。其中，1999～2003

年，处理组的消费贫困深度指数下降率（绝对值，下同）大于对照组；2003~2011 年，处理组的消费贫困深度指数下降率仍然大于对照组。这说明：第一，随着国家宏观经济形势的不断好转，不同发展干预组的消费贫困深度均有较大程度的缓解；第二，在一定程度上，综合发展方式对社区消费贫困深度可能既有即期减缓作用，也有后期持续减缓功能。

表 5 - 15　　　　消费维度下不同发展干预组贫困深度指数变化对比

贫困标准（1999 年价格）	样本	1999 年	2003 年	2011 年	1999~2003 年		2003~2011 年	
					差值 a	变化率 a（%）	差值 b	变化率 b（%）
绝对贫困线_2008	处理组	0.256	0.061	0	-0.20	-76.2	-0.06	-100.0
	对照组	0.306	0.092	0.028	-0.21	-69.9	-0.06	-69.6
低收入线_2008	处理组	0.404	0.150	0.020	-0.25	-62.9	-0.13	-86.7
	对照组	0.441	0.229	0.083	-0.21	-48.1	-0.15	-63.8
国际 1 美元/日贫困线_2008	处理组	0.579	0.351	0.063	-0.23	-39.4	-0.29	-82.1
	对照组	0.594	0.455	0.250	-0.14	-23.4	-0.21	-45.1
国际 1.25 美元/日贫困线_2008	处理组	0.659	0.462	0.132	-0.20	-29.9	-0.33	-71.4
	对照组	0.670	0.557	0.353	-0.11	-16.9	-0.20	-36.6

4. 贫困强度：收入或消费单维视角

贫困强度指数建立在贫困人口收入或消费支出相对于贫困线的距离基础之上，以其计算贫困程度时，越贫穷的人口被赋予的权数越大。

从收入维度看（见表 5 - 16）：1999~2011 年，在预设贫困标准下，两个不同发展干预组的收入贫困强度指数持续下降。其中，1999~2003 年，处理组的收入贫困强度指数下降率远大于对照组。2003~2011 年，处理组的收入贫困强度指数下降率在国内贫困标准下都小于对照组，但在国际贫困标准下都大于对照组。这说明：第一，不同发展干预组的收入贫困强度均有所缓解；第二，综合发展方式对社区收入贫困强度可能有即期的减缓作用，但无明显后期持续减贫效应。

表 5 - 16　　　　收入维度下不同发展干预组贫困强度指数变化对比

贫困标准 (1999 年价格)	样本	1999 年	2003 年	2011 年	1999~2003 年		2003~2011 年	
					差值 a	变化率 a (%)	差值 b	变化率 b (%)
绝对贫困线_2008	处理组	0.084	0.018	0.005	- 0.07	- 78.6	- 0.01	- 72.2
	对照组	0.098	0.032	0.002	- 0.07	- 67.3	- 0.03	- 93.8
低收入线_2008	处理组	0.174	0.033	0.011	- 0.14	- 81.0	- 0.02	- 66.7
	对照组	0.177	0.074	0.018	- 0.10	- 58.2	- 0.06	- 75.7
国际 1 美元/日贫困线_2008	处理组	0.327	0.080	0.025	- 0.25	- 75.5	- 0.06	- 68.8
	对照组	0.318	0.182	0.059	- 0.14	- 42.8	- 0.12	- 67.6
国际 1.25 美元/日贫困线_2008	处理组	0.416	0.126	0.036	- 0.29	- 69.7	- 0.09	- 71.4
	对照组	0.402	0.258	0.096	- 0.14	- 35.8	- 0.16	- 62.8

从消费维度看（见表 5 - 17）：1999~2011 年，两个不同发展干预组在四条贫困标准下的消费贫困强度指数均呈减小趋势。其中，1999~2003年，处理组消费贫困强度指数下降率（绝对值，下同）远大于对照组。2003~2011 年，处理组的消费贫困强度指数下降率同样在所有贫困标准下都大于对照组。这说明：第一，不同发展干预组的消费贫困强度均有较大幅度的减弱；第二，综合发展方式对减轻消费贫困强度可能既有即期作用，又有后期持续效应。

表 5 - 17　　　　消费维度下不同发展干预组贫困强度指数变化对比

贫困标准 (1999 年价格)	样本	1999 年	2003 年	2011 年	1999~2003 年		2003~2011 年	
					差值 a	变化率 a (%)	差值 b	变化率 b (%)
绝对贫困线_2008	处理组	0.100	0.014	0	- 0.09	- 86.0	- 0.01	- 100.0
	对照组	0.132	0.033	0.008	- 0.10	- 75.0	- 0.03	- 75.8
低收入线_2008	处理组	0.204	0.056	0.004	- 0.15	- 72.5	- 0.05	- 92.9
	对照组	0.242	0.089	0.028	- 0.15	- 63.2	- 0.06	- 68.5
国际 1 美元/日贫困线_2008	处理组	0.369	0.166	0.026	- 0.20	- 55.0	- 0.14	- 84.3
	对照组	0.400	0.237	0.109	- 0.16	- 40.8	- 0.13	- 54.0
国际 1.25 美元/日贫困线_2008	处理组	0.461	0.254	0.051	- 0.21	- 44.9	- 0.20	- 79.9
	对照组	0.484	0.336	0.179	- 0.15	- 30.6	- 0.16	- 46.7

5.3 本章小结

为初步判断参与式社区综合发展是否具有减贫功能和减贫效果是否明显，本章采用比较静态分析法，探究了不同发展干预组全体农户与贫困农户的收入、消费支出及生产投入方面的状况和特征，并着重从收入与消费两个维度剖析了不同发展干预组的贫困发生率、贫困深度以及贫困强度在各年度间的变化规律。结果发现：

（1）基本情况。第一，1999～2003 年，处理组贫富差距"扩大"幅度远高于对照组；2003～2011 年，处理组贫富差距"缩小"幅度高于对照组。第二，1999～2011 年，贫困户首要收入来源依次是种植业收入和转移性收入；非贫困户首要收入来源依序是种植业收入和工资性收入。其中，工资性收入是贫困与非贫困户的最主要收入差距。第三，1999 年和 2003 年，处理组和对照组贫困户均存在入不敷出现象；2011 年，两组贫困户收入均已能满足自身生存所需并有所结余。第四，1999～2011 年，两组贫困户人均生产性投入均少于全体农户平均值，其中，处理组贫困户与全体农户的人均生产性投入超过对照组。此外，处理组农户主要集中投向养殖业；而对照组贫困户在 1999～2003 年投向养殖业，2003～2011 年转向种植业。

（2）贫困发生率。第一，参与式社区综合发展可能具有降低农村收入或消费贫困发生率的即期作用和后期持续效应。第二，参与式社区综合发展对降低农村双重贫困发生率可能具有较大的即期作用，但这种减贫作用持续性不强。第三，参与式社区综合发展作用于次级贫困和选择性贫困的路径：一是促使次级贫困户因增收而变为非贫困户（次级贫困发生率降低）；二是即期促使双重贫困户因增收而变成选择性贫困户（选择性贫困发生率上升），后期促使选择性贫困户因增加消费而直接脱贫（选择性贫困发生率下降）。

（3）贫困深度和强度。参与式社区综合发展对减缓收入贫困深度（或强度）可能有即期作用，但无明显后期效应；相较之下，此减贫方式对减轻消费贫困深度（或强度）可能兼具即期作用和后期效应。

第 6 章

参与式社区综合发展的收入分配净效应
——基于收入贫困视角

"只要还有一家一户乃至一个人没有解决基本生活问题，我们就不能安之若素；只要群众对幸福生活的憧憬还没有变成现实，我们就要毫不懈怠团结带领群众一起奋斗。"

——2014 年 1 月习近平总书记在内蒙古调研考察时的讲话

6.1 问题的提出

20 世纪 90 年代中期实施《国家八七扶贫攻坚计划》以后，我国扶贫工作成就举世瞩目，谱写了人类反贫困历史上的辉煌篇章。一是农民收入水平和消费支出大幅提高，农村贫困发生率明显下降，迄今脱贫人口已超 7 亿人，成为率先实现联合国千年发展目标的发展中国家。二是贫困地区基础设施条件显著改善，社会事业迅速发展。经过 37 年的努力，全国大部分贫困村在饮水、住房、供电、交通、电视电话、基础教育、医疗保健、养老保障等方面均有长足进步（宋洪远，2016）。然而，在"精准扶贫、精准脱贫"方略施行前，国内缺乏"贫困群体参与"的制度和社会环境，多数扶贫项目或资金成为公开争抢的"唐僧肉"，致使不少贫困地区的发展成果未能充分共享甚至沦为"少数人的盛宴"。此种"受益不均"现象多发生在贫困人口与非贫困人口之间，且包含"溢出效应"和"漏出效应"两种情况。其中，"溢出效应"意指扶贫受益者中存在非贫困人口，甚或那些"富裕户"和"亚贫困户"受益更大；"漏出效应"是指扶贫受益地区或社区中部分实际贫困群体被误定为非贫困对象，抑或因扶贫项目参与门槛（如有些项目需农户配套部分资金）设限过高而被挤出在外，又或扶贫主体为实现其他目标损害、放弃甚至剥夺贫困人口的部分受益机会。

审视既往，由于贫困村户很少有直接参与项目计划、实施和管理的机会，加之从县到村户之间的管理半径太长、管理力量薄弱，扶贫项目计划者难以通过了解每个贫困户的致贫原因、可用资源和真实需要而因户施策（吴国宝，2016），以致采取"自流灌溉""挖沟引水灌溉"的扶贫政策、项目及方式难免出现不同程度的"溢出效应"和"漏出效应"。展望未来，我国扶贫工作事业未竟，任务艰巨、紧迫，"十三五"期间须完成832个贫困县、12.8万个贫困村、3000万贫困户以及7000多万贫困人口"脱贫摘帽"，目前全国扶贫工作已进入了攻坚拔寨、"啃硬骨头"的冲刺阶段。按照瞄准精度不同，精准扶贫可划分为"到人、到户、到村"三个层级。其中，"扶贫到人"要求瞄准那些60岁以下、有劳动能力和较强脱贫愿望、属于建档立卡户的农民，给予精准帮扶；"扶贫到户"要求对建档立卡的贫困户逐户了解情况，分析致贫原因，仔细甄别，因户制宜，精准施策，做到"一户一本台账、一个脱贫计划、一个帮扶项目、一套帮扶措施、一名帮扶责任人"；"扶贫到村"要求对贫困村因地制宜、分类指导，突出"水、电、路、房、产业、文、教、卫、游、信息"等十项重点工作（国务院扶贫办，2014）。然而，当前精准扶贫面临不少新挑战，经济增速下行压力大，农民增收途径受到影响，且扶贫边际成本上升，边际效应递减，每脱贫一人需投入更大力度（叶兴庆，2016）。为此，要实现党的十八届五中全会既定目标——"到2020年我国现行标准下农村贫困人口稳定脱贫，贫困县全部摘帽，解决区域性整体贫困"，政府及社会各界还需根据宏观经济形势变化和经验积累，注重扶贫机制创新，适时调整、改进减贫方式，突出精准发力，提高扶贫效率。

作为以农村社区为扶贫单元、解决区域性整体贫困的重要减贫方式之一，参与式社区综合发展已在我国实践了十余年，主要瞄准列入有关部门外资项目引进计划、中央或地方政府"整村推进"计划和国家机关单位对口帮扶计划的贫困村，以实现农村纯公共产品或混合公共产品的有效供给为目标载体，通过整体改善贫困社区的生产生活条件、提高贫困村户的发展能力来减缓贫困。与传统救济式扶贫截然不同，此减贫方式在增强贫困村民的生存、生产和可行能力，创造就业创业机会、多渠道促农增收，提供基本社会服务、推进城乡公共服务均等化，以及消除农户"没有权力、脆弱性、无发言权和恐惧感"等"隐形贫困"方面具有积极意义。以亚行贵州纳雍社区综合扶贫示范项目为例，作为我国较早实施的农民参与程度较高、项目内容较广、外部技术支持较强、资金投入强度较大的一个开拓性"参与式社区综合发展"项目，其在完善社区生产生活基础设施、提高农民收入和生活质量等方面取得了较大成功（王永平等，2006；郭君平等，2013，2014；徐晓鹏，2016）。但是，已有相关文献非常有限，且并未分析参与式社区综合发展的收入分配效应。其瞄准精度如何？"益贫"程度怎样？是否存在"溢出效应"和"漏出效应"？对不同农户群体的主要生计活动各有何影响？诸多理论与实践问题均亟待研究。

在梳理、借鉴前人成果的基础上，本章的创新点在于：第一，研究方法新。将双重差分模型与分位数回归法结合使用以估计参与式社区综合发展的"分位数处理效应"，这与国际经济与金融学界的流行方法——获取"平均处理效应"相比有较大进步。第二，分析视角和选题新颖。一般而言，扶贫要求的瞄准精度越高，相应的扶贫成本（包括管理成本、信息成本、调查成本和设计成本）越大。在现行精准扶贫战略和既定瞄准收益（含经济、社会及政治收益）下，因时制宜考虑何种能较好平衡扶贫精度、瞄准收益与扶贫成本的减贫方式甚为重要。参与式社区综合发展以村级区域及其人口为瞄准单元，是我国扶贫瞄准方式从普遍化瞄准、特困连片区瞄准到县级区域瞄准之后的历史变迁结果，相比其他减贫方式，其更能协调好扶贫精度、收益和成本之间的关系。鉴于此，当前基于收入分配效应视角，以参与式社区综合发展的"益贫"或"溢富"状况为研究对象恰逢其时且关切社会现实。

6.2　理论框架、研究方法及数据来源

6.2.1　理论框架与研究方法

长期以来，农民收入增长及其结构变化一直是农户经济行为研究中的重点问题，农民收入方程是实证分析农户收入影响因素及其差异的重要依据。在已有文献中，国外学者主要建构了以二元经济理论（刘易斯、费景汉和拉尼斯）、"倒 U 型"曲线理论（库兹涅茨）、人力资本理论（舒尔茨、罗默和卢卡斯）、制度创新理论（诺斯、戴维斯和汤玛斯）、人口流动理论（托达罗）以及专业分工理论（阿罗和杨小凯）为代表的经典理论模型，试图洞悉农民收入增长的源泉。以上丰富而深刻的研究为学界提供了理论借鉴和逻辑起点，对剖析我国农民收入增长问题极具参考意义或价值，然而，限于中国特殊的历史环境、社会体制及现实国情，还需进行必要的扬弃和创新研究。相较之下，国内学者起步较晚，多通过实证表明，制度化缺陷、城镇化发展、人力资本投资、农村金融发展以及农业科技进步是影响我国农民收入增长的重要因素（宋元梁、肖卫东，2005；郭志仪、常晔，2007；韩菡、钟甫宁，2011；史清华、晋洪涛等，2011；陆文聪、余新平，2013）。整体而言，农民收入增长是由多方面因素综合作用的结果，其内在机理、机制复杂，现有理论虽从不同层面和视角对农民收入展开系统解析，但尚缺乏统一分析框架，且受制于数据的可获得性，相关领域仍属有待探测的"盲区"。故此，在萃取国内外理论模型或结论的基础上，本章集中对参与式社区综合发展这一单个因素如何影响农民收入及其主要来源作深入研究。

至于研究方法，国内外专家、学者常采用平均处理效应来研究某项公共政策或项目对产出变量的平均影响，但有时某项公共政策或项目的平均影响并非人们关心的全部内容，政策制定者往往更关心某项公共政策或项目对群体整个分布在不同分位点上的异质性影响，即分位数处理效应

（QTE）。QTE 属于异质性处理效应，在公共政策或项目评价中，它和平均处理效应一样，日益受到研究者和政策制定者的关注。多克逊（Doksum，1974）和莱曼（Lehmann，1974）将 QTE 定义为：在分位数 τ 上，不同处理状态（$D=1$：接受处理；$D=0$：未接受处理）下两个累积分布函数的逆（分位数函数）的差抑或两个边际分布的分位数之差。为估计参与式社区综合发展对不同收入组农户收入的纯贡献，拟用双重差分－分位数回归法，它是一种对因变量按预设分位数进行双重差分估计的计量分析方法。其中，双重差分法的应用前提是处理组和对照组必须满足共同趋势假设（刘瑞明、赵仁杰，2015），即如果未实施参与式社区综合发展，处理组农户与对照组农户收入增长的变动趋势随时间变化不存在系统性差异。由于处理组与对照组的地理位置相邻，总体情况相似，满足共同趋势假设，因此，本章借鉴程名望等（2014）构建的农户收入函数，将双重差分－分位数回归的基准模型设定如下：

$$Q_{\tau}[Y|X] = \alpha_{0\tau} + \alpha_{1\tau}P + \alpha_{2\tau}T + \gamma_{\tau}P*T + \sum_{k=1}^{K}\delta_{k,\tau}Z + \varepsilon_{\tau}, 0 < \tau < 1$$

其中，$Q_{\tau}[Y|X]$ 为研究关注的结果变量，代指农户在 τ 分位数上的人均纯收入及其种植业收入、养殖业收入、本地务工收入四种；P 是参与式社区综合发展虚拟变量，其取值 1 或 0 时分别代表处理组和对照组；T 为时期虚拟变量，若在参与式社区综合发展某实施节点之前，令 $T=0$，否则等于 1；$P*T$ 为交互项（核心自变量），是本章的主要考察内容；ε 为随机扰动项；$\alpha_{0\tau}$ 系常数项，$\alpha_{1\tau}$、$\alpha_{2\tau}$、γ_{τ}、δ_{τ} 依次是对各个变量进行参数估计的第 τ 个分位数的系数；Z 为包括户主年龄、户主受教育程度、家庭人口规模、家庭抚养比、人均耕地面积、人均生产性固定资产原值以及家庭是否兼业等在内的控制变量。其中，（1）户主年龄对农户家庭收入的影响可能呈现双重效应。一是随着年龄变大，户主在农业生产决策上越保守，抑或因个体人力资本存量下降（技术型贬值）和个体人力资本市场价值降低（经济性贬值）而难以获得非农就业机会；二是年龄的增长或带来工作经验的增加（学习曲线），进而促使农户诸种收入相应提高。（2）除集约化经营外，家庭资源禀赋尤其是耕地面积是制约农民农业收入的最根本性因素，农户人均耕地面积越大，农业生产更容易形成规模效应，利于实现农

业增效、农民增收目的，但与此同时，在某种程度上也固化了农民对土地的依赖性，以致劳动力转移受阻和非农收入下降。（3）农业生产性固定资产主要用于维持简单再生产或进行扩大再生产以创造物质条件，其最积极的部分是代表科技进步的农用机械设备，农户人均生产性固定资产原值越高，农业生产效率越高、增长越快且成本越低。（4）我国农户收入绝大部分源自劳动力生产经营所得，因此，家庭人口数量的多寡与家庭抚养比的高低对主要收入来源影响甚巨，当农户人口过多且老人、少儿抚养比过高时，家庭结构致贫问题或将凸显。（5）随着城镇化进程加快，农民兼业现象更加普遍（它是农户在一个家庭内部根据自身比较优势合理分工的结果），非农收入成为农村家庭总收入的重要来源。

结合国内外学者的相关研究和实地调研情况，变量符号、定义和选取说明如表 6 - 1 所示。

表 6 - 1　　　　　　　　　变量符号、定义和选取说明

类型	符号	定义与度量方法	预期影响方向
因变量	$Pinco$	农户人均纯收入（元）	
	$Pinco\_p$	户人均种植业收入（元）	
	$Pinco\_l$	户人均养殖业收入（元）	
	$Pinco\_w$	户人均本地务工收入（元）	
核心自变量	$P*T$	参与式社区综合发展与时期两虚拟变量的交互项	+
	P	是否实施参与式社区综合发展，是取值1，否则取0	+
	T	分两阶段，1999~2003年，1999年取值0，2003年取1；2003~2011年，2003年取值0，2011年取1	+
控制变量	Age	户主年龄（岁）	+
	Edu	户主受教育程度，定序变量，1 = 文盲或半文盲，2 = 初小，3 = 高小，4 = 初中，5 = 高中/中专，6 = 大专以上	+
	$Tpop$	家庭人口规模，户籍人口总数（个）	−
	$Dratio$	家庭抚养比，（少儿数 + 老年人数）/劳动力人数（%）	−
	$Land$	户人均耕地面积（亩/人）	+
	$Asset$	户人均生产性固定资产原值（元）	+
	$Parttime$	家庭是否兼业，虚拟变量，是 =1，否 =0	+

注：为消除物价影响，表中价值类变量均以 1999 年为基期的农村居民消费价格指数进行缩减。

6.2.2　数据来源

本章所用数据依托亚洲开发银行贵州纳雍社区综合扶贫示范项目，以当地两个极贫村1999年、2003年和2011年的追踪调查户为分析样本。在项目开始前（1999年），两村农户总体情况大致相当。1999～2003年，是项目启动实施期，处理组（千秋村）根据农民需求安排了全面的基础设施（包括饮水、灌溉、社区道路、供电、泥石流治理等基础设施及维护管理）项目、社区发展基金、农户和社区综合能力建设；对照组（碓窝河村）则未开展任何扶贫项目。2003～2011年，为项目后续观测期，期间处理组和对照组获得的其他支持项目基本一样。问卷内容包括家庭人口特征、从业情况、财产、生活设施、土地、农业技术应用、收入（含主要收入来源）、消费支出、储蓄、借贷、技术培训以及社会服务等。在剔除部分无效和略有缺陷的问卷后，最终得到1019份高质量问卷。经检验，问卷量表的信度优良（所有变量的Cronbach's α 系数均超过0.86）且内容效度、建构效度均较高。

样本特征如表6－2所示。处理组农户1999年、2003年和2011年人均纯收入分别为788.01元、2045.21元、4955.08元；对照组农户1999年、2003年和2011年人均纯收入分别为905.51元、1176.15元、2306.04元。从纵横比较看，1999～2011年处理组与对照组农户人均纯收入都有较大提高，但两组差距越来越大。

表6－2　　　　　　　　　　　　样本基本特征

年份	组别	类型	因（自）变量名符号										
			Pinco	Pinco_p	Pinco_l	Pinco_w	Age	Edu	Tpop	Dratio	Land	Asset	Parttime
1999	处理组	均值	788.01	393.45	31.87	137.13	41.91	2.47	4.29	0.97	0.61	122.22	0.41
		最小值	300.00	103.17	−73.50	235.00	26.00	1.00	2.00	0	0.20	0	0
		最大值	2252.75	824.50	0	1599.98	70.00	5.00	7.00	2.00	1.50	400.00	1.00
	对照组	均值	905.51	304.04	116.92	123.77	47.89	1.76	4.46	0.82	0.73	146.17	0.70
		最小值	191.33	50.00	−22.54	0	27.00	1.00	2.00	0	0.10	15.00	0
		最大值	2980.00	954.00	515.00	904.29	64.00	5.00	10.00	3.00	2.50	466.70	1.00

续表

年份	组别	类型	因（自）变量名符号										
			Pinco	*Pinco_p*	*Pinco_l*	*Pinco_w*	*Age*	*Edu*	*Tpop*	*Dratio*	*Land*	*Asset*	*Parttime*
2003	处理组	均值	2045.21	592.60	58.32	832.74	45.91	2.47	4.11	1.02	0.81	291.71	0.89
		最小值	308.50	175.30	−405.90	0	30.00	1.00	1.00	0	0.20	4.90	0
		最大值	5785.00	1217.70	470.60	3921.60	74.00	5.00	7.00	3.00	2.20	911.80	1.00
	对照组	均值	1176.15	394.92	152.02	224.29	51.89	1.76	4.35	0.83	0.77	240.39	0.72
		最小值	327.50	140.00	−126.50	0	31.00	1.00	2.00	0	0.30	14.70	0
		最大值	2872.00	732.00	752.90	653.60	68.00	5.00	9.00	5.00	2.50	1274.5	1.00
2011	处理组	均值	4955.08	428.64	455.86	1903.22	54.71	2.51	3.77	0.75	0.66	511.07	0.60
		最小值	553.00	0	0	0	38.00	1.00	2.00	0	0.20	0	0
		最大值	13595.00	2313.60	4629.60	12352.90	82.00	5.00	8.00	4.00	2.80	2941.20	1.00
	对照组	均值	2306.04	388.76	394.16	581.06	59.62	1.78	3.67	0.88	0.61	155.96	0.76
		最小值	686.90	−35.80	−506.70	0	39.00	1.00	1.00	0	0.1	0	0
		最大值	7615.00	1086.00	1492.60	2451.00	76.00	5.00	10.00	4.00	1.80	1470.60	1.00

6.3 实证结果及分析

为全面刻画、分析不同阶段不同农户收入水平下参与式社区综合发展的净收入效应，下文基于 1999～2003 年和 2003～2011 年两期样本数据，先将农户收入水平分成 9 个分位数（$\tau = 0.1～0.9$），其中分位数 0.1、0.2～0.4、0.5、0.6～0.7、0.8～0.9 分别对应农户最低收入组、中低收入组、中等收入组、中高收入组和最高收入组，然后采用近似于自然实验的双重差分－分位数回归进行估计，并同时运用只依赖给定观测信息而无须其他假设或增加新观测的自助抽样法（400 次重复抽样）求得标准误，以削弱双重差分－分位数回归模型误差项的未知干扰，增强估计、推断效能。在前述模型回归结果中，分位数由小至大表示农户收入水平由低向高演变，通过对比各自变量的系数变化可观察到各因素对农户收入的贡献如何随着农户收入水平的提升而发生改变。

6.3.1 参与式社区综合发展的收入分配"即期效应"

由图 6-1 和表 6-3 可知，在参与式社区综合发展启动实施期：当农户收入处于最低水平时（$\tau = 0.1$），参与式社区综合发展对农户收入的贡献不显著，这表明极贫农户未能从参与式社区综合发展中受益，其原因可能是此类农户多数是"鳏寡孤独残"家庭，缺乏劳动力，须通过其他保障型扶贫方式来"托底"；当农户收入处于中低水平时（$\tau = 0.2 \sim 0.4$），参与式社区综合发展对农户收入的贡献较大且显著；当农户收入处于中等水平时（$\tau = 0.5$），参与式社区综合发展的贡献有所降低且极显著；当农户收入处于中高水平时（$\tau = 0.6$、0.7），参与式社区综合发展的贡献虽有波动，但仍远大于之前且显著；当农户收入处于最高水平时（$\tau = 0.8$、0.9），参与式社区综合发展对农户收入无显著影响。换言之，参与式社区综合发展即期"不益极贫户，益轻度贫困户"①"不溢极富户，溢中、小富户"。可见，此扶贫开发方式包容性较强，可惠及绝大多数农户，同时略有"漏出效应"和"溢出效应"。

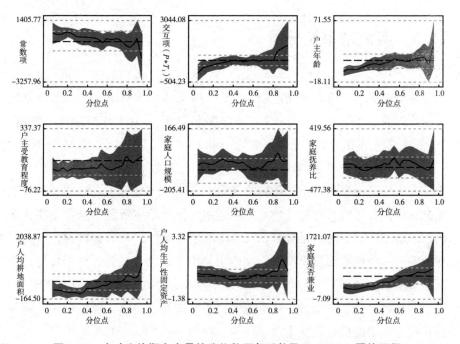

图 6 - 1　启动实施期自变量的分位数回归系数及 Bootstrap 置信区间

---

① "极贫"指深度贫困；"轻贫"指轻度贫困。

表 6 - 3　　　　　　启动实施期农户收入双重差分 - 分位数回归结果

分位数	0.1	0.2	0.3	0.4	0.5	0.6	0.7	0.8	0.9
P	89.39 (87.01)	3.29 (97.04)	69.15 (99.88)	78.27 (102.20)	40.73 (110.70)	-64.48 (125.55)	26.70 (149.31)	11.45 (218.10)	465.67 (320.44)
T_1	90.32 (99.25)	31.16 (97.89)	99.48 (100.30)	149.09 (107.86)	218.83 (138.77)	97.21 (160.91)	51.44 (181.09)	304.38 (214.67)	578.56** (285.00)
$P*T_1$	245.10 (209.83)	455.99** (202.13)	506.55** (218.17)	624.14*** (197.27)	555.03*** (190.82)	749.78*** (223.05)	663.87** (280.92)	500.50 (437.50)	907.77 (631.17)
Age	1.56 (3.74)	2.03 (3.95)	4.43 (4.72)	6.29 (5.22)	7.12 (5.70)	10.54* (5.42)	11.92* (6.09)	14.36* (8.02)	19.98 (12.36)
Edu	75.61** (32.32)	55.63 (34.93)	39.56 (44.55)	48.30 (48.09)	62.13 (54.35)	57.08 (64.41)	86.35 (83.16)	161.46 (100.09)	160.77 (110.76)
$Tpop$	-40.71 (40.12)	-56.81 (43.23)	-23.04 (42.64)	-12.68 (37.54)	-25.74 (38.92)	-55.48 (48.94)	-73.74 (58.98)	-63.59 (70.38)	-87.72 (83.78)
$Dratio$	-79.02 (68.52)	-136.30* (75.42)	-227.84*** (82.22)	-118.28 (93.71)	-127.99 (102.21)	-71.44 (103.93)	-47.02 (112.71)	-140.90 (124.59)	-217.29 (159.03)
$Land$	167.78 (117.85)	67.77 (113.25)	32.32 (124.57)	135.15 (174.32)	204.17 (210.76)	303.32 (232.84)	449.42* (255.06)	559.24* (320.83)	934.94** (392.15)
$Asset$	0.51* (0.31)	0.43 (0.28)	0.24 (0.24)	0.18 (0.25)	0.09 (0.31)	0.29 (0.41)	0.47 (0.54)	0.58 (0.68)	0.63 (0.95)
$Parttime$	302.67*** (83.67)	289.12*** (86.16)	344.34*** (95.21)	372.41*** (100.97)	430.67*** (109.78)	478.72*** (128.02)	606.61*** (130.89)	604.19*** (144.28)	737.23*** (195.43)
常数项	92.68 (333.07)	447.99 (320.87)	377.87 (336.43)	115.98 (363.73)	104.74 (380.51)	96.03 (371.73)	-65.48 (439.92)	-267.63 (583.48)	-609.98 (771.86)

注：*、** 和 *** 分别表示通过 10%、5% 和 1% 的显著性水平检验；括号内为设计矩阵重复抽样估计的标准误，下同。

此外，除家庭人口规模外，控制变量中的户主年龄、户主受教育程度、家庭抚养比、户人均耕地面积、户人均生产性固定资产原值以及家庭是否兼业在不同分位数对农户人均纯收入都有显著影响。其中，户主年龄在 0.6 ~ 0.8 分位的分位数回归中的估计值分别为 10.54、11.92 和

14.36，且均在 10% 统计水平上显著，说明户主年龄每增长一岁，中高收入组农户的人均纯收入约增加 10.54 ~ 14.36 元；户主受教育程度仅在 0.1 分位的分位数回归中显著，且估计值为 75.61，这说明户主文化程度对最低收入组农户的收入贡献明显，但对其他收入组农户的收入增长无显著促进作用；家庭抚养比在 0.2 分位、0.3 分位的分位数回归中通过显著性检验，且回归估计值均为负，这意味着家庭抚养负担在一定程度上抑制了低收入组农户的收入增长，但对最低收入组、中高收入组以及最高收入组等农户的收入均无显著抑制作用；户人均耕地面积在 0.7 ~ 0.9 分位的分位数回归中均通过显著性检验，其回归估计值分别为 449.42、559.24、934.94，其含义是户人均耕地面积每增加一亩，中高收入组农户的人均纯收入增加 449.42 元，最高收入组农户的人均纯收入约增加 559.24 元、934.94 元，据此可见，户人均耕地面积"溢富"性明显，而"益贫"性不足；户人均生产性固定资产原值仅在 0.1 分位的分位数回归中显著且估计值为 0.51，表明生产性固定资产只对最低收入组农户有增收作用；家庭是否兼业在 0.1 ~ 0.9 分位的分位数回归中均通过 1% 显著性水平检验，其估计值为正且随着分位数的提高稳步变大，说明无论农户收入处于何种水平，兼业都具有显著的促农增收作用，且农户收入水平越高，从中受益越大。

横向比较农户不同收入水平下各影响因素的贡献不难发现：当农户收入水平最低时（$\tau = 0.1$），家庭是否兼业对户人均纯收入的贡献最大，户主受教育程度次之，参与式社区综合发展的贡献不显著；当农户收入处于较低和中高水平时（$\tau = 0.2 \sim 0.7$），参与式社区综合发展对农户收入的贡献最大，家庭是否兼业次之，这表明参与式社区综合发展是促进较低和中高农户收入组农户增收的重要力量；当农户收入水平很高时（$\tau = 0.8$），家庭是否兼业对农户收入的贡献最大，户人均耕地面积次之，参与式社区综合发展的贡献不显著；当农户收入水平最高时（$\tau = 0.9$），户人均耕地面积对农户收入的贡献最大，家庭是否兼业次之，参与式社区综合发展的贡献不显著。以上反映出在农户收入的不同水平，不同影响因素对农户收入的作用会发生变化，并且起主导作用的因素也不一样。

6.3.2　参与式社区综合发展的收入分配"时滞效应"

在参与式社区综合发展后续观测期（见图 6-2 和表 6-4），当农户收入处于最低和较低水平时（$\tau=0.1$、0.2），参与式社区综合发展对农户收入的贡献均不存在时滞效应（统计上不显著），说明深度贫困户后期仍难以从此减贫方式中获益；当农户收入处于较低、中等和中高水平时（$\tau=0.3\sim0.7$），参与式社区综合发展对农户收入的贡献在 5% 或 10% 统计水平上显著且随着分位数的提升而增大，说明参与式社区综合发展对此部分农户的收入贡献具有显著时滞效应，在较大程度上兼具贫困瞄准精确性和发展成果共享性；当农户收入处于最高水平时（$\tau=0.8$、0.9），参与式社区综合发展对农户收入的贡献都不显著。同即期类似，参与式社区综合发展在项目后期总体表现出"不益极贫""益轻贫"和"不溢极富""溢中小富"的特征。可见，参与式社区综合发展在此阶段仍具有较强的包容性和一定的"漏出效应"兼"溢出效应"。

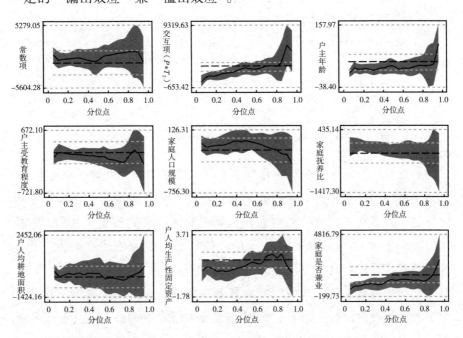

图 6-2　后续观测期自变量的分位数回归系数及 Bootstrap 置信区间

表6-4　　　　　　　后续观测期农户收入双重差分-分位数回归结果

分位数	0.1	0.2	0.3	0.4	0.5	0.6	0.7	0.8	0.9
P	285.14 (214.45)	338.36 (198.66)	460.90** (200.13)	489.27** (182.98)	639.26*** (227.46)	769.73*** (272.69)	765.93** (345.70)	819.76** (386.40)	1337.00** (546.96)
T_2	541.41** (231.92)	406.86* (202.31)	366.61 (227.48)	499.54** (234.82)	645.42** (258.83)	839.17*** (294.63)	880.78** (360.84)	1033.51** (520.60)	1643.45* (896.63)
$P*T_2$	360.33 (519.16)	538.54 (482.48)	953.45* (530.19)	1166.81** (559.38)	1484.58** (589.23)	1586.99** (751.10)	1673.19* (1103.55)	1357.43 (1707.03)	2734.17 (2214.18)
Age	7.82 (9.69)	14.43* (7.59)	18.74** (7.58)	17.07** (8.06)	20.06** (7.83)	18.64** (9.20)	18.36* (11.77)	17.41 (17.76)	50.75** (23.91)
Edu	86.46 (107.40)	129.22 (75.86)	53.45 (80.27)	24.26 (88.42)	-36.43 (105.53)	-20.73 (126.19)	-57.98 (146.74)	102.05 (168.10)	42.41 (183.29)
$Tpop$	-97.05 (59.60)	-60.51 (57.64)	-49.02 (62.88)	-65.63 (67.88)	-76.12 (68.57)	-87.72 (67.21)	-87.11 (72.71)	-163.81 (101.76)	-146.47 (158.05)
$Dratio$	-17.00 (106.30)	-54.56 (93.60)	-146.74 (90.60)	-174.69* (96.16)	-204.41* (98.70)	-157.22 (114.38)	-172.61 (145.99)	-179.41 (198.48)	-134.41 (266.45)
$Land$	150.20 (236.03)	125.54 (231.98)	4.31 (269.35)	-23.60 (329.83)	-351.58 (362.80)	107.51 (398.70)	89.84 (458.74)	356.28 (501.77)	780.63 (751.57)
$Asset$	0.47 (0.36)	0.49 (0.34)	0.39 (0.47)	0.69 (0.57)	1.26* (0.61)	1.14 (0.70)	1.96** (0.77)	1.80* (0.91)	1.37 (1.12)
$Parttime$	328.31 (207.96)	505.58** (226.54)	674.87*** (252.81)	827.00*** (265.11)	1014.41*** (255.79)	1056.93*** (261.24)	1089.58*** (306.27)	1307.67*** (451.72)	2183.94*** (681.41)
常数项	63.63 (722.33)	-470.24 (554.20)	-377.28 (520.84)	-170.30 (578.80)	-108.54 (561.02)	-316.95 (608.19)	-244.64 (800.17)	-111.25 (1252.84)	-2406.32 (1910.23)

　　不仅如此，除户主受教育程度、家庭人口规模和户人均耕地面积外，控制变量中的户主年龄、家庭抚养比、户人均生产性固定资产原值以及家庭是否兼业在不同分位数对农户人均纯收入均影响显著。其中，户主年龄在0.2~0.7分位和0.9分位的分位数回归中的估计值均为正且显著；家庭抚养比在0.4分位、0.5分位的分位数回归中通过显著性检验，且回归估计值均为负，这说明家庭抚养负担在一定程度上抑制了中低和中等收入组农户的收入增长，但对其他收入组农户的收入均无显著抑制作用；户人均生产性固定资产原值在0.5分位、0.7分位和0.8分位的分位数回归中的估计值均为正且显著，这一结果表明生产性固定资产只

对部分中等、中高及最高收入组农户有增收作用；家庭是否兼业在 0.2 ~ 0.9 分位的分位数回归中通过显著性检验，且估计值均为正并随着分位数的提高逐步增大，说明除最低收入组农户（劳动力匮乏）外，兼业对其他收入组农户均有显著的增收效应。

比较农户不同收入水平下各影响因素的贡献发现：当农户收入水平最低时（$\tau = 0.1$），参与式社区综合发展无显著贡献；当农户收入水平较低时（$\tau = 0.2$），家庭是否兼业的贡献最大，户主年龄次之，参与式社区综合发展的贡献不显著；当农户收入处于中低和中高水平时（$\tau = 0.3 ~ 0.7$），参与式社区综合发展对农户收入的贡献最大，家庭是否兼业次之，这说明参与式社区综合发展仅对中低和中高收入组农户有增收作用；当农户收入水平最高时（$\tau = 0.8$、0.9），家庭是否兼业的贡献最大，参与式社区综合发展的贡献不显著。一言以蔽之，在参与式社区综合发展后期，不同影响因素对不同收入水平农户的收入效应会发生变化，其中主导因素也有所改变。

6.4　拓展讨论：参与式社区综合发展与不同农户的生计活动

农户生计活动是各个农民群体为适应不同环境所采取的整套谋生手段和行动。由于参与式社区综合发展属于多维减贫方式，在其所实施项目中，灌渠修复、泥石流治理有利于农民发展种植业，人畜饮水改造和供电有益于农民发展养殖业，而道路桥梁建设则便于农民进城务工。因此，下文分别用农户的种植业收入、养殖业收入、本地务工收入作为结果变量，以深入考察、探讨不同时期下参与式社区综合发展对不同农户群体①主要生计活动（以种植、养殖及务工为例）的净影响（见表 6 - 5）。

---

①　与上文同理，分位数 0.1、0.2 ~ 0.4、0.5、0.6 ~ 0.7、0.8 ~ 0.9 分别对应农户极低种植业（或养殖业、本地务工）收入组、中低种植业（或养殖业、本地务工）收入组、中等种植业（或养殖业、本地务工）收入组、中高种植业（或养殖业、本地务工）收入组和极高种植业（或养殖业、本地务工）收入组。

表6-5　　　　　　　　不同农户主要生计活动的双重差分-分位数回归结果

主要生计活动	自变量	参与式社区综合发展启动实施期								
		0.1	0.2	0.3	0.4	0.5	0.6	0.7	0.8	0.9
人均种植业收入	$P*T_1$	53.51 (54.30)	131.27** (55.15)	80.08 (61.65)	45.23 (69.11)	20.22 (78.85)	47.39 (85.76)	50.01 (86.67)	70.68 (95.36)	171.33** (80.80)
	控制变量	yes	yes	yes	yes	yes	yes	yes	yes	yes
人均养殖业收入	$P*T_1$	-82.46 (61.06)	-112.04* (62.91)	-18.27 (64.21)	14.18 (59.74)	73.76 (57.62)	57.51 (56.26)	90.81* (47.33)	101.28* (51.66)	44.50 (95.02)
	控制变量	yes	yes	yes	yes	yes	yes	yes	yes	yes
人均本地务工收入	$P*T_1$	-47.04 (56.88)	-35.27 (79.70)	81.13 (91.15)	108.87 (98.39)	196.65* (109.03)	286.30** (142.45)	403.14* (238.01)	806.43** (410.45)	1357.33** (594.66)
	控制变量	yes	yes	yes	yes	yes	yes	yes	yes	yes

主要生计活动	自变量	参与式社区综合发展后续观测期								
		0.1	0.2	0.3	0.4	0.5	0.6	0.7	0.8	0.9
人均种植业收入	$P*T_2$	-69.54 (107.67)	-137.27 (83.75)	-164.07** (66.99)	-130.07** (62.07)	-185.24*** (63.03)	-184.35*** (64.09)	-179.40*** (67.52)	-171.75** (86.44)	-129.72 (119.46)
	控制变量	yes	yes	yes	yes	yes	yes	yes	yes	yes
人均养殖业收入	$P*T_2$	287.32** (113.98)	88.57 (106.23)	10.74 (98.40)	-77.39 (93.88)	-113.31 (112.74)	-176.95 (145.68)	-226.29 (186.91)	-269.01 (205.00)	-567.22** (198.75)
	控制变量	yes	yes	yes	yes	yes	yes	yes	yes	yes
人均本地务工收入	$P*T_2$	-38.58 (130.94)	-3.18 (144.91)	57.71 (176.19)	204.5 (249.72)	275.68 (414.25)	784.84 (569.55)	1215.84 (933.90)	1672.58 (1334.11)	3258.96** (1265.22)
	控制变量	yes	yes	yes	yes	yes	yes	yes	yes	yes

注：yes 表示控制变量全部纳入模型中。

　　在启动实施期，参与式社区综合发展在农户人均种植业收入0.2分位和0.9分位的分位数回归中显著，其估计值分别为131.27、171.33，这表明参与式社区综合发展仅能促进较低或极高种植业收入组农户扩大种植规模、增加种植业收入。而且，参与式社区综合发展在人均养殖业收入0.2分位、0.7分位、0.8分位的分位数回归中弱显著，其中，在0.2分位的估计值为负，相反，在0.7分位和0.8分位的估计值均为正，说明参与式社区综合发展在此阶段既会促使处于较低养殖业收入组农户缩小养殖规模、减少养殖业收入，也会使部分中高和最高养殖业收入组农户扩大养殖规模、增加养殖业收入。此外，参与式社区综合发展在人均本地务工收入0.5~0.9分位的分位数回归中显著，其估计值均为正且随着分位数的提高而大幅增大，表明参与式社区综合发展即期可显著促进中等以上本地务工收入组农户（或拥有不同技术技能）就近获得更多务工收入或机会。

在后续观测期，参与式社区综合发展在农户人均种植业收入 0.3～0.8 分位的分位数回归中显著，其估计值均为负，说明参与式社区综合发展后期会促使中间种植业收入组农户缩小种植规模、减少种植业收入。另外，参与式社区综合发展在人均养殖业收入 0.1 分位、0.9 分位的分位数回归中显著，但其估计值为一正一负，这意味着参与式社区综合发展后期虽能促使极低养殖业收入组农户缩小养殖规模、减少养殖业收入，但同时又会使高养殖业收入组农户扩大养殖规模、增加养殖业收入。再者，参与式社区综合发展在人均本地务工收入 0.9 分位的分位数回归中通过显著性检验且估计值的方向为正，表明参与式社区综合发展后期仅对最高本地务工收入组农户的务工收入仍有明显提高作用，这部分农户可能是包工头或具有较高文化程度和技术技能水平。

 ## 6.5　本章小结

本章重点考察了参与式社区综合发展对不同收入分位数下农户的净收入效应。即利用双重差分－分位数回归法，从精准扶贫和收入分配效应视域探析参与式社区综合发展"益贫"或"溢富"的特征化事实及其对不同农户群体生计活动的作用，得到以下研究结论。

（1）参与式社区综合发展减贫方式虽有一定"漏出效应"和"溢出效应"，但其包容性较强，可惠及绝大多数"轻度贫困户"和"中、小富户"。除"极贫户"（最低收入组）和部分"极富户"（最高收入组）外，其间各收入组农户均能从中受益，且收入水平越高，相对受益越大。非但如此，参与式社区综合发展此种减贫效果可持续性较强，无论即期效应抑或时滞效应均显著，且后者远大于前者。

（2）参与式社区综合发展对农户主要生计活动的影响存在明显的"群体"和"时期"双重差异。第一，参与式社区综合发展即期可显著增加少数种植小户和大户的种植业收入，后期却会显著减少多数种植大户、中户和部分小户的种植业收入；第二，参与式社区综合发展即期会显著减少部分养殖小户的养殖业收入，同时可增加部分养殖大户的养殖业收入，后期情况相反；第三，参与式社区综合发展即期可显著增加务工大户和中户的本地务工收入，后期仅对部分务工大户的本地务工收入有正向作用。

在社会经济环境不断变化、贫困监测和扶贫效率要求日益增强的形势下，参与式社区综合发展须因地、因时制宜调整具体实施内容和方式。结合上述主要结论，相关政策启示有：其一，建设多种扶贫载体，实现参与式社区综合发展扶"业"与扶"人"并举；其二，超越以往增收或消费的单一扶贫方式，从收入、交通、就业、健康、社会融合、社会信任以及脆弱性等多个维度对农村社区内贫困人群进行更广范围、更深层次的多维立体扶贫；其三，统筹兼顾参与式社区综合发展的扶贫精度、扶贫效益和扶贫成本，不可偏废其一；其四，创新参与式社区综合发展的农户参与机制，聘请独立第三方监测、评估低收入农户参与的真实性和可靠性，提高贫困农户参与广度和深度，落实贫困农户的扶贫主体地位，避免诸如签字盖章的"形式主义"。

第7章

参与式社区综合发展的
消费分层净效应
——基于消费贫困视角

"发展是甩掉贫困帽子的总办法，贫困地区要从实际出发，因地制宜，把种什么、养什么、从哪里增收想明白，帮助乡亲们寻找脱贫致富的好路子。要切实办好农村义务教育，让农村下一代掌握更多知识和技能。抓扶贫开发，既要整体联动、有共性的要求和措施，又要突出重点、加强对特困村和特困户的帮扶。脱贫致富贵在立志，只要有志气、有信心，就没有迈不过去的坎。"

——2013 年 11 月习近平总书记在湖南考察时的讲话

7.1 问题的提出

要研究和消除贫困，首先要解决贫困的测量问题，即确定何谓贫困？何种生活状态才算贫困？何种人属于贫困人口？贫困的测量可分为宏观测量和微观测量，前者瞄准一个国家或地区的总体贫困程度；后者瞄准家庭或个人的贫困程度，是对扶贫对象或贫困人口的甄别、认定。贫困的宏观测量依赖于贫困的微观测量，不论其中哪种测量，消费经济学中的恩格尔系数都是重要的方法之一（尹海洁、唐雨，2009），究其本质是用支出的方法来反映个人或家庭的消费结构，通过消费结构的差异来测量家庭或个人的经济生活水平。微观测量的前提是明确平均每人确保基本生存所需的最低金额数，此即贫困线。各国或地区在制定当地贫困线时都应用了恩格尔系数的思想。为便于全球贫困状况的评价和比较，世界银行制定了以货币为单位的贫困线标准，具体而言，将每人每天生活费不足 1 美元视为贫困，由此衍生出测量家庭贫困程度的方法——"贫困距"法或收入缺口法（一个人或家庭平均收入与贫困线的差距）。收入缺口越大，家庭贫困程度越严重（阿玛蒂亚·森，2001）。由于各国（地区）货币价值、物价水平均不相同，因而难以对贫困状况进行国别和区际比较。早在 20 世纪 70 年代，联合国粮农组织就直接用恩格尔系数作为贫困标准，用以评价国家贫富和地区生活水平。根据这种标准，恩格尔系数在59%以上为贫穷（绝对贫困），50%～59%为温饱，40%～50%为小康，30%～40%为富裕，低于30%为最富足。恩格尔系数意义直观、易于理解且是不受货币价值影响的相对指标，一经问世即得到了西方经济学界的普遍认可和接受，其之所以被广泛应用，根本原因在于能简单地运用食品支出占生活消费支出的份额来衡量不同类型家庭居民的生活和福祉水平（Lancaster et al.，1999）。目前，世界各国或地区都将恩格尔系数作为生活水平指标和宏观、微观贫困测量指标予以使用，我国也很早将恩格尔系数作为物质生活指标纳入实现全面建设小康社会目标的衡量体系之中（权重占7%）。

理论上，影响农户恩格尔系数的直接或间接因素众多，作用机制复杂。在既往文献中，农村居民消费价格指数、农户人均可支配收入和人均储蓄等有显著的正向作用，而人均 GDP、基尼系数、人均总支出、住房支出、文教娱乐以及服务支出与恩格尔系数负相关，其中后四者对恩格尔系数有很强的拉低和挤出效果（赵卫亚，1999；甘健胜、黄泽民，2006；李生辉，2011；张磊等，2013）。当然，还有些间接的重要影响因素（因研究视角受限和数据不可获得而被遗漏）存在明显的时段、地区差异，譬如以村社及其农户为扶贫瞄准单元、解决区域性整体贫困的参与式社区综合发展。该减贫方式在我国已实践了十余年，主要瞄准列入有关部门外资项目引进计划、中央或地方政府"整村推进"计划和国家机关单位对口帮扶计划的贫困村，在增强贫困村民的生存、生产和可行能力，创造就业创业机会、多渠道促农增收，提供基本社会服务、推进城乡公共服务均等化，以及消除农户"没有权力、脆弱性、无发言权和恐惧感"等"隐形贫困"方面有积极意义。然而，相关研究迄今仍非常有限，仅有极少量学者以国内较早实施的农民参与程度较高、项目内容较广、外部技术支持较强、资金投入强度较大的亚行贵州纳雍社区综合扶贫示范项目为例，进行了量化评估或定性分析，研究结果一致认为，该开拓性项目在完善社区生产生活基础设施、提高农民收入和生活质量（未涉及农户恩格尔系数的变化）等方面成效显著（王永平等，2006；郭君平、吴国宝，2013，2014；徐晓鹏，2016）。

综上可见，学术界对恩格尔系数与参与式社区综合发展的相关问题分别给予了较为密切的关注，并使之不断推陈出新。换言之，已有文献利用不同数据分析技术多角度探究了农村恩格尔系数的变化特征和参与式社区综合发展的减贫效应，为后续研究夯实了知识体系和理论基础。但是，由于数据来源各异且缺乏连续性、广泛性，历史文献之间可比性差，影响了该问题研究的累积效果，而且不同文献对影响农村恩格尔系数变化因素的考虑亦不尽相同，加之国内外尚无学者深入探索参与式社区综合发展与农户恩格尔系数间的因果（或相关）关系，更无研究基于分位数视角考察不同时期参与式社区综合发展对不同农户恩格尔系数的群体差异性净影响，为此，本章拟借鉴前人优秀成果，着重在消费贫困分析框架下破解上述问题。

7.2　理论分析与研究设计

7.2.1　理论分析和实证模型

农户生活水平的大幅提高主要表现为恩格尔系数的降低。在西方经济学中，关于消费的理论假说主要有凯恩斯的消费函数理论（绝对收入假说）、杜森贝利的消费理论（相对收入消费理论）、弗里德曼的持久收入假说以及莫迪利亚尼的生命周期消费理论。其中，凯恩斯的消费函数理论仅以收入来解释消费，认为收入是决定消费的最重要因素，人们的消费支出虽然随收入的增长而提高，但其占收入的比重却不断减少；杜森贝利的消费理论认为消费者不仅会受自己过去的消费习惯和周边消费水准的影响来决定消费，而且消费行为具有不可逆性（"棘轮效应"）；弗里德曼的持久收入理论认为，居民消费取决于长期预期，即理性消费者为实现效用最大化，消费决策的主要参考变量并非现期暂时性收入，而是持久收入水平；莫迪利亚尼的生命周期消费理论则强调消费与个人生命周期阶段的关系，认为人们会在更长的时间范围内计划其生活消费开支，以达到整个生命周期内消费的最佳配置，实现一生消费效用最大化，换言之，消费取决于家庭所处的生命周期阶段。其中，弗里德曼的持久收入消费函数与我国居民消费行为最相吻合。总体上，这些极为丰富和深刻的研究，可以为我们在剖析参与式社区综合发展与农户恩格尔系数间关系的理论逻辑起点时提供借鉴。

考虑到决定是否实施参与式社区综合发展的影响因素与农户恩格尔系数的影响因素可能存在系统相关性，故采用赫克曼（Heckman）两阶段法来解决和验证样本可能存在的选择性偏差问题，以避免得到有偏差的估计结果。赫克曼两阶段法通过结果方程导入由选择方程得到的选择修正项［逆米尔斯（Mills）比 λ］来估计参与式社区综合发展对农户恩格尔系数的影响。

选择方程：$Probit\ (project_i = 0,\ 1) = Z_i\gamma + \varepsilon_i$ (7.1)

结果方程：$\ln Engeldex_i = \lambda_{1,i}\delta + X'_i\beta + \mu_i$ (7.2)

式（7.1）中，$Probit$ 表示某村实施参与式社区综合发展的概率；$Engeldex_i$ 表示农户家庭 i 的恩格尔系数；Z 为一组协变量，如老人少儿占家庭人口比例、民族类别、人均耕地面积、兼业情况、户人均纯收入以及户人均借贷金额等；$\varepsilon_i \sim N\ (0,\ 1)$ 为随机扰动项。对于式（7.2），当且仅当 $Probit\ (Project_i = 0,\ 1) > 0$ 时，$\ln Engeldex_i$ 才能被观测到；X' 为一组自变量；μ 为服从 $N\ (0,\ \sigma)$ 分布的随机扰动项。结果方程与普通最小二乘法不同之处在于，前者加入了逆米尔斯比以克服样本的选择性偏差。

为增强研究结论的可靠性，拟用双重差分模型进行稳健性检验。双重差分法的应用前提是处理组和对照组必须满足共同趋势假设（刘瑞明、赵仁杰，2015），即如果未实施参与式社区综合发展，处理组农户与对照组农户收入增长的变动趋势随时间变化不存在系统性差异。由于处理组与对照组的地理位置相邻，总体情况相似，满足共同趋势假设，因而适宜采用双重差分模型。在此基础上，为深入探究参与式社区综合发展对不同消费阶层农户恩格尔系数的净效应，本章设定如下双重差分 – 分位数回归模型：

$$Q_\tau(Engeldex \mid X) = \alpha_{0\tau} + \alpha_{1\tau}Project + \alpha_{2\tau}T + \beta_\tau Project * T + \sum_{k=1}^{K}\delta_{k,\tau}Z + \varepsilon_\tau$$

$$(7.3)$$

式（7.3）中，$Q_\tau[Engeldex]$ 为研究关注的结果变量，代指农户在 τ 分位数上的恩格尔系数；$Project$ 是参与式社区综合发展虚拟变量，其取值 1 或 0 时分别代表处理组和对照组；T 为时期虚拟变量，若在参与式社区综合发展某实施节点之前，令 $T=0$，否则等于 1；$Project * T$ 为交互项，本章核心自变量之一，其系数代表处理组和控制组在控制了其他因素后，试点后与试点前相比农户恩格尔系数增减变化；ε 为随机扰动项；$\alpha_{0\tau}$ 系常数项，$\alpha_{1\tau}$、$\alpha_{2\tau}$、β_τ、δ_τ 依次是对各个变量进行参数估计的第 τ 个分位点系数；Z 为包括户主年龄、家庭人口规模、民族类别、老人少儿占家庭人口比例、户耕地面积、家庭是否兼业、人均纯收入以及人均借贷金额等在内的控制变量，其中，（1）户主年龄（可作为家庭生命周期的代理变量）。家庭在生命周期的不同阶段，消费会表现出不同的特征（贺菊煌，1998；余永定、李军，2000）。通常户主在家庭的经济决策中起决定作用或占支配地位，其食品偏好基本决定了家庭食品消费总支出和消费结构，但是户主的个人特质或随年龄的增长而改变。（2）家庭人口规模。在其他情况相同或相似下，户人口数越大，总消费支出就越多，而且户平均规模是决定实施参与式社区综合发展与否的主要指标之一。（3）民族类别。不同民族的消费习性和观念各异，不仅如此，在同等条件或资源约束下，穷困的少数民族村可优先获得参与式社区综合发展扶贫项目。（4）老人少儿占家庭人口比例。从家庭年龄结构层面来看，人口老龄化和少子化现象通过影响家庭劳动力市场参与、收入支配、居住模式调整、日常生活照料以及财富代际转移等对农户消费安排或模式产生作用。（5）户耕地面积。由于农业生产性投入的增加可能对农户生活消费支出产生"挤出效应"，因此，人均耕地面积或与农民消费存在稳定的数量关系，也会影响参与式社区综合发展实施地点的选择。（6）家庭是否兼业。农户兼业化除了会增加家庭收入外，还将导致食品消费结构的变化。（7）人均纯收入。1936 年，凯恩斯在《就业、利息和货币通论》一书中即提出了消费是收入的函数这一经典理论。（8）人均借贷金额。"借贷"指包括现金和食物的广义借贷，旨在反映农户自有资金不足对消费的影响和家庭食物的匮乏程度。

结合国内外学者的相关研究和实地调研情况，变量符号、定义和选取说明如表 7-1 所示。

表 7-1　　　　两类模型中所有变量符号、定义和选取说明

类型	符号	定义与度量方法	预期影响方向
因变量	*Engeldex*	农户恩格尔系数（%），等于居民食品支出占家庭消费支出总额的比重	
自变量	*Project*	是否实施参与式社区综合发展，是取值 1，否则取 0	－
	T	分两阶段，1999～2003 年，1999 年取值 0，2003 年取 1；2003～2011 年，2003 年取值 0，2011 年取 1	＋
	*Project * T*	参与式社区综合发展与时期两虚拟变量的交互项	－
	Age	户主年龄（岁）	＋
	Tpop	家庭人口规模，户籍人口总数（个）	－
	Ocratio	家庭抚养比（%），即老人少儿占家庭人口总数的比重	＋
	Ethnic	民族类别，汉族 =1，少数民族 =0	－
	Land	户耕地面积（亩）	
	Parttime	家庭是否兼业，虚拟变量，是 =1，否 =0	＋
	Income	农户人均纯收入（万元）	
	Loan	农户人均借贷金额（万元）	－
	Avland	户人均耕地面积（亩/人）	

注：为消除物价因素影响，表中价值类变量均以 1999 年为基期的农村居民消费价格指数进行缩减。

7.2.2　数据来源与样本特征

本章所用数据依托亚洲开发银行贵州纳雍社区综合扶贫示范项目评估

课题，以当地两个极贫村 1999 年、2003 年和 2011 年的追踪调查户为分析
样本，在剔除无效或缺失有效信息的问卷后，最终得到 1019 份高质量问
卷。该扶贫项目属于前述参与式社区综合发展减贫方式，是中国政府于
1998 年与亚行合作的技术援助项目中分项目"基础设施发展"的一个研究
性试点项目，其目标是通过建设电力、饮水、灌溉、公路等小型基础设
施，同时辅之以其他技术支持，来检验基础设施状况的改善对农村经济社
会发展、减缓社区贫困的作用。项目实验地择定为纳雍县昆寨乡中交通十
分不便的"一类"贫困村。在项目开始前（1999 年），两村农户总体情况
大致相当。1999~2003 年，是项目启动实施期，处理组（千秋村）根据农
民需求安排了全面的基础设施（包括饮水、灌溉、社区道路、供电、泥石
流治理等基础设施及维护管理）项目、社区发展基金、农户和社区综合能
力建设；对照组（碓窝河村）则未开展任何扶贫项目。2003~2011 年，为
项目后续观测期，期间处理组和对照组获得的其他支持项目基本一样。

样本基本特征如表 7-2 所示：处理组农户 1999 年、2003 年和 2011 年
恩格尔系数分别为 55.55%（温饱）、42.06%（小康）和 56.61%（温饱）；
对照组农户同期恩格尔系数依序为 54.41%（温饱）、49.72%（小康）和
79.89%（绝对贫困）。纵向对比来看，以上两组农户恩格尔系数在 1999~
2003 年均有所下降，但在 2003~2011 年却又呈现不同程度的提升，此现
象是否意味着恩格尔定律不适合我国农村居民情况，抑或农民消费结构有
向劣化方向转型的迹象呢？不是。这一态势主要由农户后期食品消费结构
升级所致，突出体现在受访村水产品、肉禽和蛋类等动物食物消费量大幅
增加。

表 7-2　　　　　　　　　　　　　　　样本基本特征

年份	组别	变量/类别	Engeldex	Age	Tpop	Ocratio	Ethnic	Land	Parttime	Income	Loan	Avland
1999	处理组	均值	55.55	41.91	4.29	0.44	0.43	2.43	0.41	0.08	0.02	0.62
		最小值	42.45	26	2	0	0	0.80	0	0.03	0	0.20
		最大值	69.40	70	7	1	1	5	1	0.23	0.07	1.50
	对照组	均值	54.41	47.89	4.46	0.38	0.83	3.16	0.70	905.51	0.01	0.73
		最小值	17.65	27	2	0	0	0.50	0	191.33	0	0.10
		最大值	79.91	64	10	1	1	13.50	1	2980	0.09	2.50

续表

年份	组别	变量/类别	Engeldex	Age	Tpop	Ocratio	Ethnic	Land	Parttime	Income	Loan	Avland
2003	处理组	均值	42.06	45.91	4.11	0.43	0.57	2.88	0.89	2045.21	0.01	0.81
		最小值	28.48	30	1	0	0	1	0	308.50	0	0.20
		最大值	59.34	74	7	1	1	5.70	1	5785	0.07	2.20
	对照组	均值	49.72	51.89	4.35	0.38	0.87	3.16	0.72	1176.15	0.01	0.77
		最小值	13.67	31	2	0	0	0.90	0	327.50	0	0.30
		最大值	69.92	68	9	1	1	9.80	1	2872	0.17	2.50
2011	处理组	均值	56.61	54.71	3.77	0.37	0.54	2.08	0.60	4955.08	0.11	0.66
		最小值	0	38	2	0	0	0.50	0	553	0	0.20
		最大值	103.47	82	8	1	1	5.50	1	13595	0.92	2.80
	对照组	均值	79.89	59.62	3.67	0.47	0.80	1.90	0.76	2306.04	0.01	0.61
		最小值	39.85	39	1	0	0	0.50	0	686.90	0	0.10
		最大值	107.43	76	10	1	1	4	1	7615	0.09	1.80

7.3 实证结果及分析

7.3.1 描述性与推断统计

不同组中不同类型农户所占比重及其恩格尔系数均值差异和年度变化情况如表 7-3 所示。

表 7-3　　　　　1999～2011 年不同农户恩格尔系数均值及相应户数占比

样本	联合国粮农组织对恩格尔系数的分级	1999 年		2003 年		2011 年		1999～2003 年		2003～2011 年	
		均值	占比(%)	均值	占比(%)	均值	占比(%)	均值差	占比差(%)	均值差	占比差(%)
处理组	(59%, +∞)(贫困)	65.31	28.58	59.34	5.71	75.64	37.15	-5.97***	-22.87***	16.3***	31.44***
	(50%, 59%](温饱)	54.60	45.71	53.10	17.14	54.30	31.43	-1.50*	-28.57***	1.20	14.29***
	(40%, 50%](小康)	46.37	25.71	43.66	31.43	43.65	20.00	-2.71***	5.72***	-0.01	-11.43***
	[30%, 40%)(富裕)	—	0	36.23	42.86	36.24	5.71	—	42.86***	0.01	-37.15***
	(30%, -∞)(最富裕)	—	0	28.48	2.86	11.44	5.71	—	2.86***	-17.04***	2.85***

续表

样本	联合国粮农组织对恩格尔系数的分级	1999 年		2003 年		2011 年		1999～2003 年		2003～2011 年	
		均值	占比（%）	均值	占比（%）	均值	占比（%）	均值差	占比差（%）	均值差	占比差（%）
对照组	(59%，+∞)（贫困）	66.01	34.78	64.64	13.05	84.40	86.96	-1.37	-21.73***	19.76***	73.91***
	(50%，59%]（温饱）	54.77	42.86	53.93	34.78	54.32	8.70	-0.84	-8.08***	0.39	-26.08***
	(40%，50%]（小康）	46.32	23.91	45.80	41.30	41.79	2.17	-0.52	17.39***	-4.01***	-39.13***
	[30%，40%]（富裕）	36.20	4.35	38.12	8.70	39.85	2.17	1.92***	4.35***	1.73***	-6.53***
	(30%，-∞)（最富裕）	21.63	4.35	13.67	2.17	—	0	-7.96***	-2.18***	—	-2.17***
两组均值差和占比差	Δ(59%，+∞)（贫困）	-0.70	-6.20***	-5.30***	-7.34***	-8.76***	-49.81***				
	Δ(50%，59%]（温饱）	-0.17	2.85***	-0.83	-17.64***	-0.02	22.73***				
	Δ(40%，50%]（小康）	0.05	1.80***	-2.14***	-9.87***	1.86***	17.83***				
	Δ[30%，40%]（富裕）	—	-4.35***	-1.89***	34.16***	-3.61***	3.54***				
	Δ(30%，-∞)（最富裕）	—	-4.35***	14.81***	0.69	—	5.71***				

注：***和*分别表示在1%和10%统计水平上显著；"—"代表不存在。

在参与式社区综合发展启动实施期：（1）处理组。贫困农户和温饱型农户所占比重及其恩格尔系数均值都下降显著，说明这两类农户"脱贫"成效明显；小康农户所占比重显著提高，且其恩格尔系数均值显著下降，说明小康户数大幅增加且生活水平明显提高；富裕农户与最富裕农户所占比重则从零分别增至 42.86%、2.86%，这意味着期间开始出现富裕户，组内贫富差距凸显。（2）对照组。贫困农户、温饱型农户所占比重均显著下降，其恩格尔系数均值虽也变小但都不显著，说明组内贫困广度显著减小，但贫困深度未有明显改善；小康农户所占比重显著提高，但其恩格尔系数均值却有所下降（统计上不显著），表明小康户数增加明显，而生活水平无显著变化；富裕农户所占比重及其恩格尔系数均值均显著提高，这与最富裕农户情况完全相反。对此，其本质事实及原因是富裕户群体明显壮大且其食物消费结构显著升级，而最富裕户群体显著变小但生活消费支出大幅增加。可见，在参与式社区综合发展启动实施期，处理组贫困农户和温饱型农户数大幅减少，富裕农户数大量增加，整体上消费贫困"脱贫"效果比对照组更大。

在参与式社区综合发展后续观测期：（1）处理组。贫困农户所占比重及其恩格尔系数均值均显著提高，这说明此类农户由"低层次"的消费贫困转向了"高层次"的消费贫困；温饱型农户所占比重显著提高，但其恩格尔系数均值的增幅统计上不显著，这意味着温饱型农户群体明显壮大，但生活水平未有显著改变；小康型农户和富裕农户所占比重均显著下降，而其恩格尔系数的均值变化都不显著，说明这两类农户群体有所缩小，但生活消费支出无明显变化；最富裕农户所占比重显著提高，且其恩格尔系数均值显著下降，说明此类农户群体及其平均生活消费支出大幅增加。（2）对照组。贫困农户所占比重及其恩格尔系数均值均显著提高（其原因与处理组的一致）；温饱型农户所占比重显著下降，但其恩格尔系数均值的增幅统计上不显著；小康农户所占比重及其恩格尔系数均值均显著降低；富裕农户所占比重虽显著下降，但其恩格尔系数均值也显著下降；最富裕农户所占比重则从 2.17% 减至 0，贫富两极分化由此缩小。综上所述，在参与式社区综合发展后续观测期，处理组和对照组表面上看贫困农户非但未脱贫，反而"贫困发生率"变大，但实际上生活水平有所提升或"贫困深度"变小；此外，两组农户总体上贫富分化程度加大且更甚于即期。

7.3.2　计量模型分析

由表 7-4 可知，无论在启动实施期抑或后续观测期，赫克曼两阶段模型的 Wald chi2 检验在 1% 显著性水平显著，表明模型拟合效果较好；同时，逆米尔斯比在统计上均不显著，说明不存在样本选择偏差问题。需说明的是，模型中各自变量之间的皮尔逊和斯皮尔曼（Pearson and Spearman）相关性系数均不超过 0.5，这意味着回归结果不受多重共线性问题的影响。

表7-4 赫克曼两阶段法回归结果

因（自）变量	启动实施期		后续观测期	
	结果方程Ⅰ：农户恩格尔系数		结果方程Ⅱ：农户恩格尔系数	
	系数	稳健标准差	系数	稳健标准差
Age	0.046	0.071	0.375***	0.146
Tpop	-0.530	0.577	-0.115	0.892
Ocratio	4.058	3.612	4.142	4.818
Ethnic	-6.783**	2.934	-7.581*	4.560
Land	-1.030*	0.530	-3.219***	1.007
Parttime	4.198**	2.126	-0.881	3.408
Income	-48.253***	17.036	5.859	9.865
Loan	-74.020	45.647	0.721	14.492
Project	-9.802*	5.824	-22.623**	9.980
_cons	65.152***	5.362	59.222***	11.564
因（自）变量	选择方程Ⅰ：参与式社区综合发展		选择方程Ⅱ：参与式社区综合发展	
	系数	稳健标准差	系数	稳健标准差
Ocratio	0.852*	0.480	0.057	0.368
Ethnic	-1.285***	0.258	-1.102***	0.266
Avland	-0.623*	0.336	-0.052	0.293
Parttime	-0.551**	0.272	0.093	0.299
Income	8.121***	1.938	2.847***	0.838
Loan	15.265***	5.030	13.143***	4.539
_cons	0.012	0.434	-0.302	0.471
逆米尔斯比 λ	0.606	0.414	0.304	0.365
Wald chi2（9）	68.06***		34.57***	

注：*、** 和 *** 分别表示通过10%、5% 和 1% 的显著性水平检验；价值类变量均剔除了物价因素影响，下同。

据估计结果可知，在启动实施期和后续观测期，参与式社区综合发展对农户恩格尔系数均有显著影响。参与式社区综合发展即期促使农户恩格尔系数下降约9.8个百分点，后期则可使农户恩格尔系数下降约22.6个百分点。可见，参与式社区综合发展对减缓消费贫困具有明显的即期效应和滞后效应，且后一种效应更大。造成此现象的原因可从两个方面解释：一是参与式社区综合发展促使农民食品消费已由前期吃饱转向后期吃好，即通过食品内部结构的改善引致农民食物消费水平的大幅提高（赵卫亚，1999）；二是参与式社区综合发展后期对农户收入（或家庭消费支出总额）的净效应远大于前期，而且此减贫方式在前后两期对农户食品消费支出净影响的变动幅度相对不大，这已得到相关研究证实（郭君平、吴国宝，2013，2014）。

此外，可由结果方程Ⅰ、结果方程Ⅱ估计得出：除参与式社区综合发展因素外，在启动实施期，影响农户恩格尔系数的其他因素包括民族类别、户耕地面积、家庭是否兼业和人均纯收入。其中，汉族农户恩格尔系数明显低于少数民族农户，即前者生活水平高于后者；户耕地面积每增加1亩，农户恩格尔系数约下降1个百分点；兼业农户恩格尔系数显著高于纯务农农户，这多由兼业农户的食品消费结构优于纯务农农户所致；农户人均纯收入每增加1万元，其恩格尔系数下降近50个百分点。在后续观测期，其他影响农户恩格尔系数的主要因素有户主年龄、民族类别和户耕地面积。其中，户主年龄每增长1岁，农户恩格尔系数约提高0.4个百分点，这说明家庭生命周期对食品消费支出的影响大于对生活消费支出的作用程度；汉族农户恩格尔系数比少数民族农户约低7.6个百分点且在统计上显著，这反映了消费的民族差异性；户耕地面积每增加1亩，农户恩格尔系数下降约3.2个百分点。另由选择方程Ⅰ、方程Ⅱ可知，老人少儿占家庭人口比例、民族类别、户耕地面积、家庭是否兼业、人均纯收入以及人均借贷金额对是否实施参与式社区综合发展起决定作用。

更进一步，通过替换研究方法进行稳健性检验。由表7-5可知，双重差分模型中核心自变量——交互项（$T*Project$）的估计系数在项目启动实施期和后续观测期分别为 -7.247、-12.144，且统计上都极显著，这表明参与式社区综合发展减缓消费贫困的成效突出，可促进农户恩格尔系数即期下降7.2个百分点左右，后期约降低12.1个百分点，并由此佐证了参与式社区综合发展减缓消费贫困的滞后效应大于即期效应，其原因与前文分析一致。

表 7 - 5 　　　　　　　　　双重差分模型回归结果

自变量	启动实施期		后续观测期	
	系数	稳健标准差	系数	稳健标准差
Project	2. 191	2. 131	- 6. 445**	3. 226
T	- 5. 327***	1. 586	30. 959***	3. 119
Project * T	- 7. 247***	2. 547	- 12. 144***	4. 709
Age	0. 083	0. 073	0. 099	0. 118
Tpop	- 0. 745	0. 547	- 0. 612	0. 701
Ocratio	2. 689	2. 879	6. 287*	3. 716
Ethnic	- 2. 715	1. 715	- 2. 445	2. 552
Land	- 0. 768*	0. 440	0. 087	0. 840
Parttime	7. 034***	1. 671	0. 201	2. 748
Income	- 40. 596***	11. 065	- 17. 108***	6. 651
Loan	- 134. 439***	31. 648	- 12. 932	10. 222
_cons	58. 424***	4. 846	48. 650***	7. 952
Wald chi2（12）	132. 86***		207. 74***	
R^2	0. 4493		0. 5950	

就其他控制变量而言，在参与式社区综合发展启动实施期，户耕地面积、家庭是否兼业、人均纯收入以及人均借贷金额对农户恩格尔系数影响显著，其中，户耕地面积每增加 1 亩，农户恩格尔系数下降不到 1 个百分点；兼业农户的家庭恩格尔系数比纯务农农户约高 7 个百分点；人均纯收入每增加 1 万元，农户恩格尔系数约下降 41 个百分点；人均借贷金额每增加 1 万元，农户恩格尔系数降低 1. 34 倍左右。在后续观测期，老人少儿占家庭人口比例和人均纯收入对农户恩格尔系数影响显著，其中，老人少儿占比每提高 1 个百分点，农户恩格尔系数约提高 6 个百分点；人均纯收入每增加 1 万元，农户恩格尔系数约下降 17 个百分点。

为剖析不同阶段参与式社区综合发展减缓消费贫困的瞄准精准度，本章进一步基于 1999～2003 年和 2003～2011 年两期样本数据，选择代表农户恩格尔系数水平的 5 个分位点（0. 1、0. 25、0. 5、0. 75、0. 9），外加 1 个"脱贫率"（0. 79 分位，与贫困发生率相对应）和 1 个"小康率"（0. 46 分位），采用双重差分 - 分位数回归法估计参与式社区综合发展对不同分位点农户恩格尔系数的纯贡献或净效应，结果可从图7-1中交互项的系数变化趋势方面略见一斑。如果参与式社区综合发展对脱贫率以上分位点的纯贡献小于0且显著，那么表示参与式社区综合发展有利于降低消费贫困农户的家庭恩格尔系数。如果参与式社区综合发展对消费贫困农户的家庭恩格尔系数有显著纯贡献，且大于对高恩格尔系数农户的家庭恩格尔系数的纯贡献，则表示参与式社区综合发展促进了农户之间恩格尔系数差距的缩小，反之则表示参与式社区综合发展是致使农户恩格尔系数差距扩大的原因之一。

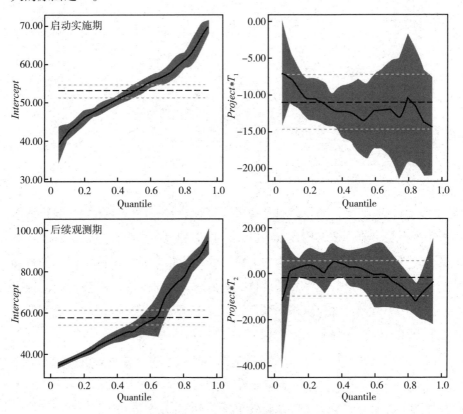

图7-1　前后两期常数项和交互项的分位数回归系数及 Bootstrap 置信区间

如表7-6所示，在启动实施期，倍差-分位数回归结果显示，在农户恩格尔系数由低到高的变化过程中，参与式社区综合发展对农户恩格尔系数的影响总体上呈先降后升特征，由-8.4左右减至-10.846后开始升到-8.6（均值），且统计上均显著。这说明了三点：其一，参与式社区综合发展的即期减贫效应在不同消费水平下差别较大；其二，参与式社区综合发展即期包容性较强，减缓消费贫困的精准度不高，存在"溢出效应"；其三，在一定程度上参与式社区综合发展即期具有缩小农户间恩格尔系数差距（即消费贫富差距）的功能。另对比不同分位点的影响大小和显著性可发现，在 0.75 分位点，参与式社区综合发展对农户恩格尔系数的作用程度最大，这表明参与式社区综合发展即期对处于"脱贫率"附近的农户恩格尔系数负向效果最明显。在后续观测期，参与式社区综合发展仅对 0.39 分位点的农户恩格尔系数影响显著且作用程度最大，这说明参与式社区综合发展减贫方式后期存在"瞄准偏差"，只对处于"小康率"分位点的农户恩格尔系数具有降低效果。

表 7-6　　　　　　不同农户的双重差分-分位数回归结果

自变量	参与式社区综合发展启动实施期						
	0.1	0.25	0.46（小康率）	0.5	0.75	0.79（脱贫率）	0.9
$Project*T_1$	−8.675*（5.142）	−8.276**（3.908）	−8.378**（3.443）	−8.393**（3.401）	−10.846**（4.356）	−8.230*（4.566）	−8.893**（4.335）
控制变量	yes	yes	yes	yes	yes	yes	yes
R^2	0.3445	0.2964	0.2649	0.2601	0.2661	0.2779	0.3455
自变量	参与式社区综合发展后续观测期						
	0.1	0.25	0.39（小康率）	0.5	0.62（脱贫率）	0.75	0.9
$Project*T_2$	−8.078（12.348）	−8.761（8.517）	−12.553**（7.188）	−10.551（7.058）	−6.732（7.290）	−8.105（7.093）	−9.083（6.273）
控制变量	yes	yes	yes	yes	yes	yes	yes
R^2	0.2205	0.2983	0.3614	0.4093	0.4766	0.5365	0.5583

注：yes 表示控制变量全部纳入模型中；括号内稳健标准差。

7.4 本章小结

本研究通过对贵州纳雍县两个贫困村十数年的追踪调查，分别采用赫克曼两阶段模型、双重差分模型以及双重差分-分位数回归法分析参与式社区综合发展对农户恩格尔系数的净影响，最终获得了一些精确的估计结果，并得出以下较为新颖的结论：第一，参与式社区综合发展对减缓消费贫困具有明显的即期效应和滞后效应，其中，后一种效应（致使农户恩格尔系数下降12.1~22.6个百分点）远大于前一种效应（致使农户恩格尔系数下降7.2~9.8个百分点）。第二，参与式社区综合发展即期减贫精度不高、包容性较强，存在"溢出效应"，但在一定程度上具有缩小农户消费贫富差距的功能，且对处于"脱贫率"分位点附近的农户恩格尔系数负向作用最大；及至后期，此减贫方式的"瞄准偏差"极大，仅能降低处于"小康率"分位点的农户恩格尔系数，"漏出效应"突出。

不同减贫方式对平衡扶贫效率与扶贫精度之间的效果各异。上述研究结论为当前脱贫攻坚工作提供的启示是：全面完善参与式社区综合发展减贫方式，并以之为精准扶贫的重要抓手，在更广范围内推行。此外，前文以恩格尔系数为贫困测量指标来实证分析参与式社区综合发展减缓消费贫困的净效应及其精准性，有其进步性或边际贡献。然而，展望未来，为使理论框架更系统、控制方法更严密以及构思效度更细腻，根据当前研究线索提出以下有待解决和注意的问题：（1）贫困是居民实际生活消费和所享福利水平的反映，因此，如何提高农民消费水平仍是我国政府反贫困工作的重点，学界还应开展更多深入的研究。（2）任何统计指标的应用都须满足一定条件。虑及有些贫困家庭普遍存在医药消费所占比例过高、教育支出负担沉重以及食品消费被极大压缩的消费结构，恩格尔系数在特定历史时期和发展阶段对某些特殊群体有其不适性，即恩格尔系数在一些地区微观贫困测量中可能失效，后续研究可从构建指标族（将住房、教育、医疗、交通、衣着等与食品支出共同纳入考量）、消除价格因素影响（调整生活费价格指数）以及消除不同时期、不同阶段或周期波动的影响等多个方向（谢健，1993；马崇明，1994；符想花，2003），通过界定分子和调整分母对恩格尔系数进行适当修正，以更准确地反映我国农村贫困家庭的真实生活水平和参与式社区综合发展减缓消费贫困的净效应。

第8章

参与式社区综合发展的动态减贫效应

——基于收入与消费流动性视角

"抓扶贫开发，中央有明确部署：一是要紧紧扭住发展这个促使贫困地区脱贫致富的第一要务，立足资源、市场、人文旅游等优势，因地制宜找准发展路子，既不能一味等靠、无所作为，也不能'捡进篮子都是菜'，因发展心切而违背规律、盲目蛮干，甚至搞劳民伤财的'形象工程''政绩工程'。二是要紧紧扭住包括就业、教育、医疗、文化、住房在内的农村公共服务体系建设这个基本保障，编织一张兜住困难群众基本生活的安全网，坚决守住底线。三是要紧紧扭住教育这个脱贫致富的根本之策，再穷不能穷教育，再穷不能穷孩子，务必把义务教育搞好，确保贫困家庭的孩子也能受到良好的教育，不要让孩子们输在起跑线上。"

——2013 年 11 月习近平总书记同菏泽市/县区主要负责同志座谈时的讲话

8.1 引 言

传统的贫困研究通常以预设的贫困线为标准，基于某一时点或相对较短时期（一般为一年）的截面数据，来刻画特定时刻下城乡居民的贫困特征，测算某区域内贫困的深度、广度、强度，以及对比总体或个体在不同时点的贫困状态，其本质是一种静态或比较静态的分析思路。相较之下，贫困的动态性研究是从时间维度或风险视角分析个人、家庭在贫困位置上的流动状况（如进入、停留或脱离）及其致因（洪兴建、邓倩，2013；杨慧敏等，2016），抑或对某一特定国家、地区贫困人口结构在时间序列上的变化轨迹或动态分布所进行的长期分析，其目的重在识别导致贫困的系列事件，同时在理论与实践上度量、区分慢性贫困与暂时性贫困，为政府设计可促使贫困状况良性变动的减贫方式或政策提供参考依据。

20 世纪 80 年代以来，在降低贫困发生率的目标导向下，我国农村贫困发生率已发生显著改变，但是暂时性贫困户的比例日益提高，且慢性贫困户在当前"脱贫困难户"中所占比重较大。审视既往，我国减贫实践的思路、对策以及效果均与贫困类别密切相关，即扶贫方式或政策措施对暂时性贫困与慢性贫困的干预效果差异明显，其中，能有效缓解慢性贫困的扶贫方式、政策措施对于减弱暂时性贫困的效果却差强人意。尽管经过多年人、财、物及其他资源的大量投入，我国农村贫困人口大量减少，然即便如此，多数脱贫农户并未实现稳定脱贫或消除经济脆弱性，他们仍面临诸如疾病、意外事故、子女上学、自然灾害、农产品价格波动以及不稳定非农就业等各种生计风险的冲击，在尚不健全的农村社会保障体系下，不少抵御风险能力差的脱贫农户或将因此导致福利水平下降，甚至重陷贫困境地。作为一种在我国实践了十余年的区域性减贫方式，参与式社区综合发展以实现农村纯公共产品或混合公共产品的有效供给为目标载体，以列入有关部门外资项目引进计划、中央或地方政府"整村推进"计划和国家机关单位对口帮扶计划的贫困村（社区）为瞄准单元，通过整体改善贫困村（社区）的生产生活条件、提高村户的发展能力来减缓贫困。基于以上分析和考量，本章利用跨期十数年的农户追踪调查数据，从消费流动性和收入流动性双重视角，着重剖析参与式社区综合发展对农户贫困动态变化的影响作用及其内在机理。这对如何因地制宜实施可动态瞄准的贫困干预措施以解决当前农户脱贫返贫问题，具有重要理论价值和现实意义。

8.2　文献综述

经文献梳理，与本章目标相关的研究涉及贫困动态变化、农户生计资本和参与式社区综合发展。但截至目前，以上三方面内容相互独立，尚未被学界纳入统一分析框架。其中，贫困动态性的开创性研究源自希尔（Hill，1981）以及贝恩和埃尔伍德（Bane and Ellwood，1986）。在20世纪90年代，虽有不少学者逐渐强调区分长、短期贫困的重要性，但因发展中国家缺少农户层面的时序数据或面板数据，致使这些国家的很多贫困研究一直以静态方法为主，贫困动态性研究寥寥可数（Chaudhuri and Ravallion，1994；Herrera and Roubaud，2005）。然而，近十数年，随着定量分析方法的发展和微观面板数据的涌现，贫困问题研究注重结果却忽视过程的情况有所改观，贫困的动态性分析已升至新的高度且成为学界热点，很多学者对此做出了大量有价值的探索。时下，就此领域的研究进展而言，可集中归纳为两部分：第一，贫困动态的概念、度量、分类、特征、发生率、决定因素、治理对策及其政策评价。以贫困的动态分类研究（最多）为例，通常依据家庭或个人在一定时期内经历贫困的时间长短，将总体贫困分解为暂时贫困和持久性贫困（张清霞，2008）。更有甚者，休姆和谢泼德（Hulme and Shepherd，2003）以时间为轴将贫困细分为永远贫困、经常贫困、胶着贫困、偶尔贫困以及非贫困五种形态。第二，农户贫困动态演变的影响因素。除少量专家在生命周期框架内采用描述性统计分析法外，多数学者运用计量模型探究家庭贫困跨期变动的因素。结果发现，户主民族、人口结构、性别特征、就业状况、人力资本、实物资产、基期收入、税收政策以及转移支付政策等对农户中长期贫困状态的脆弱性及其变化作用显著（于敏，2011；姚毅，2012；周振、兰春玉，2014）。

尽管国内外以农户生计资本为核心的研究汗牛充栋，但将其与动态贫困融合分析的"专论"目前极为稀少。生计资本主要以人为中心，包括家庭生活所需资产、个人能力及其实际行动，是农村贫困家庭脱贫的有利因素。不同农户拥有的生计资本多不平衡，主要体现在两方面：一是五种生计资本本身水平高低各异；二是农户生计资本总量和不同类型村庄农户生计资本构成存在较大差异性（蔡志海，2010）。2000 年，英国国际发展署（DFID）指出，农户生计资本运行的性质和状况决定了生计策略的选择及其所致的生计结果。优质、高效的生计资本是农户降低生计脆弱性、增强风险抵御能力的基础（杨云彦、赵锋，2010；伍艳，2015），生计资本匮乏的农户，其持续增收难度、贫困脆弱性都将增大（陈健生，2009；郭圣乾、张纪伟，2013；伍艳，2016）。因此，农户作为社会弱势群体的主体，若要消除慢性贫困达到发展目标，应促使自身生计资本尽可能多样化，以实现生计目的和可持续生存愿望（Baumgartner and Hogger，2004；何仁伟，2014）。至于参与式社区综合发展，相关文献十分有限。据既往少量研究表明，该减贫方式坚持以人为本，围绕满足人的基本需求展开，在完善社区生产生活基础设施、提高农民收入和消费质量方面成效突出（郭君平等，2013，2014；徐晓鹏，2016）。然而，学界迄今未能从消费或收入流动性维度分析参与式社区综合发展对农户慢性贫困或暂时性贫困的不同干预效果。

综上可见，以往研究既有可资借鉴之处（提供了特定视野和概念框架），又有其局限性——学界对参与式社区综合发展与农户贫困动态变化之间的关系几无关注。也正因如此，为后续研究指明了方向。本章的边际贡献为：（1）分析框架新。一方面，从动态角度细分贫困群体，属于动态贫困研究而非静态贫困研究；另一方面，收入贫困并不等同于消费贫困，两者虽有"交集"，但存在本质区别。[①] 本章一改过去单一以收入为贫困判定的标准，将"收入与消费"两个维度和"慢性贫困、暂时性贫困及非贫困"三个维度进行交叉最终形成六维贫困分析架构。（2）研究内容新。从村级区域减贫层面，尝试以参与式社区综合发展对农户二维贫困动态变化的影响及其作用机理为主要探讨内容。（3）政策含义新。所得规律性结论具有丰富的政策含义，突出体现在扶贫政策的制定须考虑到动态层面的贫困状况并兼具差异化特征。

---

① 基于收入与消费两维度可形成三种贫困状态：一是收入贫困但消费非贫困（为当前某特殊目的借钱或超前消费）；二是消费贫困但收入非贫困（为将来某特殊目的刻意缩减当下消费支出）；三是收入消费双重贫困（经济能力微弱且消费需求无法得到满足）。

8.3　研究设计

8.3.1　理论框架与变量设置

为反映参与式社区综合发展与农户贫困状态类型之间的变化关系，基于英国国际发展署（2000）的可持续生计框架（SLF），重点考察参与式社区综合发展所引致的农户贫困动态变化显然是新的视角。结合调研地实际情况、数据可获得性和以往研究结论，本章共选取 14 个控制变量（表 8-1），分别对应 5 类生计资本：（1）物质资本，指农户用于生产、生活的公共设施和物资设备（李小云等，2007）。家庭资产状况在时间维度下既能刻画出农户财富积累，也可准确反映其脱贫能力或是否陷入慢性贫困；加之生产资源越充沛，农户增收潜力越大，脱贫概率越高。为此，择定人均生产性固定资产原值和人均房屋价值为测量指标。（2）金融资本，指农户可支配、可筹措的现金，包括自身现金收入、所得贷款（正规或非正规渠道）以及无偿援助等来源（蔡志海，2010）。文中拟用人均存款和人均借贷金额为代理变量，前者直接影响农户家庭是否贫困，后者可反映贫困农户贷款难或贷不到款问题。（3）自然资本，指农户拥有或能长期使用的土地，不仅可提供最基本的生存保障，也是其最重要的自然资产（杨云彦、赵锋，2010）。土地在贫困地区是短边要素，农户耕地、林地面积充裕（或贫瘠）与否在一定程度上影响其收入增长、贫困几率和贫困时长，故以人均耕地面积和人均林地面积为主要指标。（4）人力资本，包括健康、知识、技能、劳动能力以及适应能力等，是农户生计的基础和其他资本的核心，其"质""量"决定了农户驾驭其他资本的能力（刘恩来等，2015）。在农村反贫困研究中，农户人力资本及其投资与农村贫困之间存在长期的均衡关系，即以受教育水平、健康保健和技能水平为主要代表的人力资本对改善农户贫困状态具有重要意义。基于此，从广义上择定户主年龄、户主受教育程度、户人口规模、户劳动力数量、人均医疗保健支出以及人均文教娱乐支出为观测变量。（5）社会资本，指农户为实施生计策略而利用的社会网络，包括加入的社区组织和个人构建的社会网络（郭圣乾、张纪伟，2013）。家庭社会资本投资力度越大（人情往来和通信费用支出越多），社会关系或网络越丰富（在外务工人数或城镇亲朋好友越多），农户贫困发生的概率越低（丁冬等，2013；关爱萍、李静宜，2017），因此，选取人均交通通信支出和家庭是否兼业作为代理变量。变量设置及样本特征详见表 8 - 1。

表 8 - 1   变量释义及样本基本特征

变量名	变量定义	消费贫困动态类型（均值）			收入贫困动态类型（均值）		
		慢性消费贫困户	暂时性消费贫困户	非消费贫困户	慢性收入贫困户	暂时性收入贫困户	非收入贫困户
消费贫困动态类型	有序变量，非消费贫困 = 1，暂时性消费贫困 = 2，慢性消费贫困 = 3	—	—	—	—	—	—
收入贫困动态类型	有序变量，非收入贫困 = 1，暂时性收入贫困 = 2，慢性收入贫困 = 3	—	—	—	—	—	—
参与式社区综合发展	是否实施，1 = 是，0 = 否	0.358	0.338	0.673	0.269	0.404	0.538
人均生产性固定资产原值	年末生产性固定资产原值/户人口（万元）	0.020	0.023	0.032	0.017	0.023	0.028
人均房屋价值	年末房屋价值/户人口（万元）	0.109	0.172	0.325	0.074	0.152	0.267
人均存款	（银行存款 + 手存现金）/户人口（万元）	0.013	0.031	0.029	0.013	0.014	0.036
人均借贷金额	借贷总额/户人口（万元）	0.021	0.022	0.052	0.012	0.018	0.047
人均耕地面积	耕地总面积/户人口（亩）	0.635	0.759	0.735	0.681	0.576	0.823
人均林地面积	林地总面积/户人口（亩）	0.144	0.180	0.469	0.158	0.135	0.370
户主年龄	数值变量（岁）	47.745	54.549	48.982	52.327	48.573	50.374

续表

变量名	变量定义	消费贫困动态类型（均值）			收入贫困动态类型（均值）		
		慢性消费贫困户	暂时性消费贫困户	非消费贫困户	慢性收入贫困户	暂时性收入贫困户	非收入贫困户
户主受教育程度	受教育年限（年）	2.651	1.944	4.291	2.000	2.966	3.154
户人口规模	数值变量（个）	4.434	4.113	3.818	4.154	4.382	4.022
户劳动力数量	数值变量（个）	2.392	2.627	2.500	2.356	2.365	2.687
人均医疗保健支出	医疗保健总支出/户人口（万元）	0.004	0.007	0.016	0.004	0.006	0.012
人均文教娱乐支出	文教娱乐总支出/户人口（万元）	0.004	0.009	0.029	0.005	0.006	0.020
人均交通通信支出	交通通信总支出/户人口（万元）	0.004	0.007	0.017	0.003	0.006	0.012
家庭是否兼业	虚拟变量，1＝是，0＝否	0.632	0.718	0.836	0.558	0.708	0.791

8.3.2　数据来源和研究方法

1. 数据来源

本章所用数据依托亚洲开发银行贵州纳雍社区综合发展扶贫示范项目，以当地两个极贫村 1999 年、2003 年和 2011 年的追踪调查户为分析样本。在项目开始前（1999 年），处理组（千秋村）和对照组（碓窝河村）农户人均收入水平大致相当。其中，处理组安排了全面的基础设施（如饮水、灌溉、社区道路、供电、泥石流治理等基础设施及维护管理）项目、社区发展基金以及村户能力建设等；对照组则未开展任何扶贫项目。问卷内容主要包括家庭人口特征、从业情况、财产、生活设施、土地、农业技术应用、收入来源、消费支出、储蓄、借贷、技术培训以及社会服务等方面。在剔除无效或缺失有效信息的问卷后，得到 1019 份高质量问卷。经检验，问卷量表的信度优良（所有变量的 Cronbach's α 系数均超过 0.83）且内容效度、建构效度均较高。

2. 贫困动态性测量

基于跨期追踪的面板数据，本章将慢性贫困户界定为在 1999 年、2003 年和 2011 年这三个调查年度内至少有两年处于消费贫困或收入贫困的农户；暂时性贫困户特指在上述三个调查年度内只有一年处于消费贫困或收入贫困的农户；非贫困户特指家庭人均纯收入或人均消费支出在以上三个调查年度均超出预设贫困标准①的农户。其实质是考察一段时期内家庭陷入贫困的次数，以此判断贫困程度或类型，作为贫困动态性的研究起点（周振、兰春玉，2014）。根据家庭经历贫困的时间长短、进出贫困的频次以及收入或消费维度，样本户可细分为慢性消费贫困户和慢性收入贫困户、暂时性消费贫困户和暂时性收入贫困户、非消费贫困户和非收入贫困户等六个群体。换言之，在收入和消费维度下，农户总收入贫困可分解为慢性收入贫困和暂时性收入贫困，总消费贫困可分解为慢性消费贫困与暂时性消费贫困。

3. 计量模型选择

结合前文讨论内容，构建以下回归方程以考察参与式社区综合发展是否以及如何影响农户贫困动态类型之间的转化。

$$DyPovC = \alpha_0 + \alpha_1 Community + \alpha_2 FinancialC + \alpha_3 PhysicalC$$
$$+ \alpha_4 NaturalC + \alpha_5 HumanC + \alpha_6 SocialC + \varepsilon \qquad (8.1)$$

式（8.1）中，$DyPovC$ 为两个因变量，表示农户所处消费贫困动态类型或收入贫困动态类型；$Community$ 表示是否实施参与式社区综合发展，系本章的核心变量，其取值 1 或 0 时分别代表处理组和对照组；在所有控制变量中，$FinancialC$ 表示一组金融资本变量，$PhysicalC$ 指代一组物质资本变量，$NaturalC$ 为一组自然资本变量，$HumanC$ 指代一组人力资本变量，$SocialC$ 为一组社会资本变量；α_0 为常数项，α_1 为 $Community$ 的回归系数，α_2、α_3、α_4、α_5、α_6 为五种生计资本变量向量对应的回归系数向量；ε 为

① 本章贫困标准分别为 1999 年、2003 年和 2011 年的绝对贫困线（以 1999 年为基期扣除物价因素），即年人均 625 元、617.79 元及 2140.93 元。

随机扰动项。鉴于贫困动态类型为多分类有序变量，本章先用有序 Logit 模型来估计且仅报告自变量的边际效应。

为检验研究结果的稳健性，将前述因变量转变为农户陷入消费贫困或收入贫困的次数，然后用其他替代方法重新估计。由于所用样本持续了若干年，因此采用负二项回归模型来考察一定时期内农户陷入收入（或消费）贫困次数的决定关系在某种程度上更有意义。该模型基于负二项分布来拟合计数数据，且利用相乘随机项 $(\mu\nu)$ 代替泊松分布中参数 μ 以控制不可观测的异质性，从而解决过泊松回归模型的过度分散性问题。此时，假设 $y \sim poisson\ (y \mid \mu\nu)$，将 ν 设定为：$E(\nu) = 1$，$\mathrm{Var}(\nu) = \sigma^2$。可得到 $E(y) = \mu$，$\mathrm{Var}(y) = \mu(1 + \mu\sigma^2) > \mu = E(y)$。当 $\nu \sim Gamma\ (1,\ \alpha)$，$y$ 服从于负二项分布时，其概率密度为：

$$\Pr(Y = y \mid \mu,\alpha) = \frac{\Gamma(\alpha^{-1} + y)}{\Gamma(\alpha^{-1})\Gamma(y + 1)} \left(\frac{\alpha^{-1}}{\alpha^{-1} + \mu}\right)^{\alpha^{-1}} \left(\frac{\mu}{\mu + \alpha^{-1}}\right)^{y} \quad (8.2)$$

简而言之，负二项分布回归模型放松了泊松回归模型均值等于方差的假设，因而比泊松回归模型更加灵活（孙梦洁、韩华为，2013）。

8.4　实证结果及分析

8.4.1　消费贫困动态变化

如表 8 - 2 所示，模型 Ⅰ 中未加入任何控制变量，只对农户消费贫困动态类型和参与式社区综合发展进行回归；模型 Ⅱ 则在模型 Ⅰ 的基础上加入全部农户生计资本因素。结果表明，参与式社区综合发展对农户慢性消费贫困、暂时性消费贫困和非消费贫困均影响显著，且边际效应值依次为 -0.164、0.050 和 0.114，这表明实施参与式社区综合发展可使农户陷入慢性消费贫困的概率降低 16.35%，而使其处于暂时性消费贫困和非消费贫困状态的概率分别提高 5.0%、11.4%。据此可知，上述模型揭示了参与式社区综合发展减缓消费贫困的两条路径，即"慢性消费贫困→暂时性消费贫困"和"慢性消费贫困→非消费贫困"。

表8-2　　　　　　　　消费贫困动态变化的边际效应（dy/dx）

变量类型	自变量名	消费贫困动态类型					
		慢性消费贫困		暂时性消费贫困		非消费贫困	
		模型 I	模型 II	模型 I	模型 II	模型 I	模型 II
核心自变量	参与式社区综合发展	-0.220***	-0.164**	0.050***	0.050**	0.169***	0.114**
物质资本	人均生产性固定资产原值	—	-0.342	—	0.104	—	0.238
	人均房屋价值	—	0.113	—	-0.034	—	-0.079
金融资本	人均存款	—	0.182	—	-0.055	—	-0.127
	人均借贷金额	—	0.168	—	-0.051	—	-0.117
自然资本	人均耕地面积	—	-0.078	—	0.024	—	0.055
	人均林地面积	—	-0.034	—	0.010	—	0.024
人力资本	户主年龄	—	-0.005	—	0.001	—	0.003
	户主受教育程度	—	-0.019*	—	0.006	—	0.013
	户人口规模	—	0.066***	—	-0.020***	—	-0.046***
	户劳动力数量	—	-0.073**	—	0.022**	—	0.051**
	人均医疗保健支出	—	-4.438***	—	1.342**	—	3.096***
	人均文教娱乐支出	—	-2.127*	—	0.643	—	1.484*
社会资本	人均交通通信支出	—	-3.775*	—	1.142	—	2.633*
	家庭是否兼业	—	-0.185***	—	0.056***	—	0.129***

注：***、**和*分别表示在1%、5%和10%水平上显著；限于篇幅，稳健性标准差未予给出。下同。

　　模型Ⅱ中其他控制变量同理。从农户生计资本对消费贫困动态变化的影响来看，仅人力资本和社会资本因素对农户慢性消费贫困、暂时性消费贫困以及非消费贫困有显著影响，而物质资本、金融资本和自然资本等因素均无统计显著性。

　　其中，人力资本方面，户主受教育程度对农户慢性消费贫困影响显著，但对农户暂时性消费贫困和摆脱消费贫困并无显著影响，户主受教育年限每增加1年，农户陷入慢性消费贫困的概率下降1.9%；户人口规模对农户消费贫困动态类型存在显著影响，家庭人口每增多1人，农户陷入慢性消费贫困的概率增大 6.6%，而处于暂时性消费贫困和非消费贫困的概率降低 2.0%、4.6%；户劳动力数量对农户慢性消费贫困、暂时性消费贫困和非消费贫困均影响显著，家庭劳动力每增多 1 人，农户陷入慢性消费贫困的概率降低 7.3%，处于暂时性消费贫困的概率提高 2.2%，而摆脱消费贫困的概率提高 5.1%；人均医疗保健支出对农户慢性消费贫困、暂时性消费贫困以及非消费贫困的作用均显著，即人均医疗保健支出每增加 1 万元，农户陷入慢性消费贫困的概率降低 4.438 倍，但处于暂时性消费贫困和摆脱消费贫困的概率分别增大 1.342 倍、3.096 倍；人均文教娱乐支出对农户慢性消费贫困和非消费贫困影响显著，但对暂时性消费贫困无显著影响，这意味着人均文教娱乐支出每增加 1 万元，农户陷入慢性消费贫困的概率下降 2.127 倍，而摆脱消费贫困的概率提高 1.484 倍。

社会资本方面，人均交通通信支出对农户慢性消费贫困与非消费贫困影响显著，人均交通通信支出每增加 1 万元，农户陷入慢性消费贫困的概率降低 3.775 倍，而摆脱消费贫困的概率增大 2.633 倍；家庭是否兼业对农户慢性消费贫困、暂时性消费贫困和非消费贫困均有显著影响，即家庭兼业可使农户陷入慢性消费贫困的概率下降 18.5%，处于暂时性消费贫困的概率提高 5.6%，而摆脱消费贫困的概率提高 12.9%。

8.4.2　收入贫困动态变化

与前文同理，表 8-3 显示，模型Ⅲ中未加入其他任何控制变量，只对农户收入贫困动态类型和参与式社区综合发展进行回归（属于基线模型）；在此基础上，模型Ⅳ添加了所有农户生计资本因素。结果显示，核心变量"参与式社区综合发展"对农户慢性收入贫困、暂时性收入贫困以及非收入贫困均影响显著，相应边际效应值依序为 -0.103、-0.029 和 0.132，其含义是实施参与式社区综合发展可使农户陷入慢性收入贫困、暂时性贫困的概率分别降低 10.3% 和 2.9%，农户摆脱收入贫困的概率相应增大 13.2%。由此不难发现，参与式社区综合发展减缓收入贫困的路径或机制是："慢性收入贫困→暂时性收入贫困""慢性收入贫困→暂时性收入贫困→非收入贫困""慢性收入贫困→非收入贫困"。

表8－3 收入贫困动态变化的边际效应 （dy/dx）

变量类型	自变量	收入贫困动态类型					
		慢性收入贫困		暂时性收入贫困		非收入贫困	
		模型Ⅲ	模型Ⅳ	模型Ⅲ	模型Ⅳ	模型Ⅲ	模型Ⅳ
核心自变量	参与式社区综合发展	－0.158***	－0.103**	－0.049***	－0.029*	0.207***	0.132**
物质资本	人均生产性固定资产原值	—	0.241	—	0.067	—	－0.308
	人均房屋价值	—	－0.046	—	－0.013		0.059
金融资本	人均存款	—	－1.253*	—	－0.348*		1.601*
	人均借贷金额	—	－0.447	—	－0.124		0.571
自然资本	人均耕地面积	—	－0.146**	—	－0.040*		0.186**
	人均林地面积	—	－0.012	—	－0.003		0.016
人力资本	户主年龄	—	0.002	—	0.001		－0.003
	户主受教育程度	—	－0.004	—	－0.001		0.005
	户人口规模	—	0.023	—	0.006		－0.029
	户劳动力数量	—	－0.056**	—	－0.015*		0.071**
	人均医疗保健支出	—	－2.025	—	－0.563		2.588
	人均文教娱乐支出	—	－0.767	—	－0.213		0.981
社会资本	人均交通通信支出	—	－0.441	—	－0.123		0.563
	家庭是否兼业	—	－0.139***	—	－0.039**		0.178***

　　从其他控制变量对收入贫困动态变化的影响来看，除物质资本因素外，金融资本、自然资本、人力资本、社会资本等因素对农户慢性收入贫困、暂时性收入贫困以及非收入贫困状态均有显著影响。其中，金融资本方面，仅人均存款对农户慢性收入贫困、暂时性收入贫困和非收入贫困影响显著，人均存款每增加1万元，农户陷入慢性收入贫困、暂时性收入贫困的概率分别降低1.253倍和34.8%，而摆脱收入贫困的概率提高1.601倍。自然资本方面，也只有人均耕地面积对农户慢性收入贫困、暂时性收入贫困和非收入贫困均影响显著，即人均耕地面积每增加1亩，农户陷入慢性收入贫困、暂时性收入贫困的概率分别降低14.6%和4.0%，摆脱收

入贫困的概率相应增大18.6%。人力资本方面,仅户劳动力数量对农户慢性收入贫困、暂时性收入贫困和非收入贫困均影响显著,家庭劳动力每增多1人,农户陷入慢性收入贫困、暂时性收入贫困的概率分别下降5.6%和1.5%,相反,摆脱收入贫困的概率提高7.1%。社会资本方面,仅家庭是否兼业对农户慢性收入贫困、暂时性收入贫困和非收入贫困影响显著,即兼业可使农户陷入慢性收入贫困、暂时性收入贫困的概率分别下降13.9%、3.9%,而摆脱收入贫困的概率相应提高17.8%。

8.4.3 稳健性检验

为验证参与式社区综合发展对农户贫困动态变化影响效果的准确性,采用负二项回归模型(NBR)和线性概率模型进行检验。表8-4显示,核心自变量参与式社区综合发展在5%统计水平显著且估计系数为负值,这说明参与式社区综合发展可减缓农户慢性收入贫困和慢性消费贫困,同时,可能减缓农户暂时性收入贫困和暂时性消费贫困。综上,两种计量方法的回归结果与前文基本一致,因此,本研究结论具有稳健性。

表8-4 不同计量方法下农户收入与消费贫困动态变化的决定因素

自变量	消费贫困动态类型				收入贫困动态类型			
	负二项回归模型		线性概率模型		负二项回归模型		线性概率模型	
	系数	稳健标准差	系数	稳健标准差	系数	稳健标准差	系数	稳健标准差
参与式社区综合发展	-0.132**	0.055	-0.304**	0.123	-0.128**	0.065	-0.242**	0.121
人均生产性固定资产原值	-0.042	0.656	0.147	1.287	0.061	0.698	0.021	1.146
人均房屋价值	0.011	0.089	-0.008	0.154	-0.105	0.089	-0.189	0.132
人均存款	0.016	0.376	0.056	0.739	-1.127**	0.511	-1.573**	0.741
人均借贷金额	0.213	0.246	0.377	0.444	-0.173	0.212	-0.146	0.301
人均耕地面积	-0.045	0.057	-0.105	0.127	-0.167**	0.070	-0.293**	0.119
人均林地面积	-0.025	0.045	-0.041	0.087	-0.016	0.046	-0.023	0.076
户主年龄	-0.003	0.002	-0.007	0.005	0.003	0.002	0.005	0.005
户主受教育程度	-0.014	0.009	-0.032	0.020	-0.006	0.009	-0.010	0.016

续表

自变量	消费贫困动态类型				收入贫困动态类型			
	负二项回归模型		线性概率模型		负二项回归模型		线性概率模型	
	系数	稳健标准差	系数	稳健标准差	系数	稳健标准差	系数	稳健标准差
户人口规模	0.048***	0.017	0.108***	0.040	0.024	0.021	0.045	0.042
户劳动力数量	−0.054**	0.024	−0.120**	0.055	−0.066**	0.031	−0.121**	0.057
人均医疗保健支出	−3.752***	1.273	−5.893***	2.144	−2.214	1.191	−2.643	1.757
人均文教娱乐支出	−0.812*	0.475	−0.995*	0.664	−0.419	0.352	−0.662	0.482
人均交通通信支出	−3.684**	1.786	−5.111*	2.782	−0.824	1.865	−0.619	2.895
家庭是否兼业	−0.142***	0.043	−0.329***	0.104	−0.167***	0.055	−0.322***	0.111
常数项	1.137***	0.140	3.017***	0.342	0.901***	0.158	2.381***	0.315

8.5 本章小结

本章研究发现，参与式社区综合发展具有显著的动态减贫效应。在消费流动性维度上，参与式社区综合发展能显著降低农户陷入慢性消费贫困的概率（下降16.35%），其作用路径是使一部分农户从慢性消费贫困减缓至暂时性消费贫困，而另一部分农户从慢性消费贫困直接脱贫；在收入流动性维度上，参与式社区综合发展可明显降低农户陷入慢性收入贫困和暂时性收入贫困的概率（依序下降10.3%、2.9%），其减贫机理相对更复杂，除使部分农户从慢性收入贫困直接脱贫外，还使部分农户从慢性收入贫困先减缓至暂时性收入贫困后再完全脱贫，余下其他农户则从暂时性收入贫困直接脱贫。

上述结论对农村减贫具有丰富的政策含义：第一，以实施参与式社区综合发展为契机或平台，加快改善贫困村基础设施与公共服务条件，实现借力外部帮扶与激发内生动力有机统一，彻底打破"贫困陷阱"的恶性循环。过去贫困治理多侧重经济层面的外在扶助，而漠视脱贫主体观念的转变和主观能动性的内在培育。在脱贫攻坚工作中，政府或社会支持是外因，贫困群体是内因，外因只能通过内因发挥作用。因此，在不减弱或继续加大外界投入力度的基础上，还应调动贫困主体参与脱贫的积极性，才能达到扶贫的预期效果。第二，贫困性质、类型及其构成的多样性直接决定了扶贫政策制定的复杂性。因此，政府应根据当前农村贫困的动态结构特点和贫困人口的细分群体，实施差异化扶贫政策，以增强不同农户应对收入波动或平滑消费波动的能力。例如，对慢性收入贫困农户强化培育金融资本、自然资本、人力资本和社会资本等四方面存量的政策举措；对慢性消费贫困农户重点实施提高人力资本和社会资本两方面投资的政策举措。

第9章

参与式社区综合发展的
精准"防贫"效应
——基于贫困脆弱性视角

"治贫先治愚。要把下一代的教育工作做好,特别是要注重山区贫困地区下一代的成长。下一代要过上好生活,首先要有文化,这样将来他们的发展就完全不同。义务教育一定要搞好,让孩子们受到好的教育,不要让孩子们输在起跑线上。古人有'家贫子读书'的传统。把贫困地区孩子培养出来,这才是根本的扶贫之策。"

——2012 年 12 月习近平总书记在河北阜平县考察扶贫开发工作时的讲话

9.1 引 言

党的十八大以来,以习近平同志为总书记的党中央将扶贫攻坚任务上升到新的战略高度,在实现"全面建成小康社会"第一个百年奋斗目标的关键阶段,将"精准扶贫"作为当前和今后一个时期中国贫困治理的指导思想,既体现了认识论与实践观的高度统一,也为全国各条战线齐心协力开展扶贫攻坚工作发出了总动员,一系列针对性强的"滴灌式"扶贫创新举措密集出台，使很多地区的贫困群众不断获得真正实惠。然而，个人或家庭所处环境中始终存在各种生计风险（Sherbinin et al.，2008；王文略等，2015），自然灾害、经济危机、健康打击、家庭结构变化、失业等因素都会降低个人或家庭福利水平，使非贫困人口陷入贫困，使贫困人口陷入永久贫困（Berg，2010；Soltani et al.，2012；Tsegaye et al.，2013）。作为农村社会的最小生计单位，中国农户承受着多重生计风险，虽采取各种应对策略，但其福利状况仍可能遭受损失（Umoh，2008），尤其是贫困农户因缺乏有效应对风险的能力，更易陷入生计、健康、受教育这"三无保障"的困境（Islam and Maitra，2012；赵雪雁等，2015），从而长期处于贫困脆弱状态（杨文等，2012；杨龙、汪三贵，2015）。

在未来相当长一段时期内，我国反贫困工作面临的一个巨大挑战是贫困地区农户抵御风险能力孱弱，返贫现象多发，而解决此棘手难题不仅要事后准确识别、度量农户的贫困状况，还需对农户未来贫困进行有效的事前干预，以"防贫"于未然。以往各国在制定扶贫战略时，多采用本国官方贫困线和世界银行公布的国际贫困线来测算辖区内贫困人口与贫困程度。这种传统的贫困测量以及由此制定的减贫政策是一种"事后干预"，只能亡羊补牢，不具有前瞻性，无法在贫困发生之前阻击贫困（李丽、白雪梅，2010）。进入20世纪90年代后，国际社会对"贫困事前干预"的呼声越来越高，越多研究认为应关注事前状况——贫困脆弱性，一种将风险引入贫困分析并度量一个家庭或个人未来陷入贫困概率的指标（Chaudhuri et al.，2002；陈传波，2005；万广华等，2014）。换言之，唯有通过事前干预，才能有效减少慢性贫困，相应政策更具"可持续性"。及至21世纪，国内外更多学者认识到考察风险和脆弱性才是认识贫困的关键。世界银行（2001）指出，"贫困"除了指以收入为主要度量的福利水平较低以外，还包括各种外部不利冲击导致的贫困脆弱性。[①] 其原因是贫困群体的波动性较强，大部分农户陷入贫困通常是突然遭受自然灾害和风险冲击所致，不少刚脱贫的群体也因相同或相似遭遇而致使脆弱性加重或

---

① 世界银行：《2000/2001年世界发展报告：与贫困作斗争》，中国财政经济出版社2001年版。

返贫。为此，政府扶贫部门既要关注当前贫困，更应随时监测农户贫困脆弱性，尽早推行一些事前干预措施，以增强扶贫政策的有效性与可持续性，以及降低政策的实施成本和社会成本（黄承伟等，2010）。然而，在长期的扶贫模式创新探索中，我国虽积累了丰富的实践经验，但是学界对精准"防贫"的理论研究却严重滞后，以致成为目前扶贫开发研究领域亟待加强的薄弱环节。本章从贫困脆弱性视角量化分析参与式社区综合发展的"防贫"效应及其精准性，不仅益于拓展、深化"贫困预防"理论体系，还可为精准"防贫"方式的创新及大范围推广、应用提供理论支撑。

9.2 文献综述

脆弱性与风险密切相关，最早源于自然科学工作者对气候变化和自然灾害的风险评估研究，后来逐渐拓展成跨学科的分析视角，涉及自然科学（如医学）、工程科学（如计算机、通信工程）、社会科学（如金融、国际政治）以及生态学等领域。由于各学科都是基于本领域的研究对象和学科范式来开展相关研究，因而在不同学科领域，学者对脆弱性的认知和理解各异。在既有文献资料中，脆弱性的概念与定义还未统一，大致有三种观点：未被预防的风险暴露（VER）、期望的贫困（VEP）和期望的低效用（VEU）。其中，前两种为事前预测指标。进一步，在梳理以往成果基础上，脆弱性的内涵可总结归纳为以下方面：一是遍及性。无论贫困户还是非贫困户，在遭遇风险冲击时都可能会因资产和能力不足而表现出脆弱性，但不同家庭或个体的脆弱性不一样。二是前瞻性。即家庭在未来经历福利损失的概率（相对某个基准）。三是时间性（受时间范围约束）。体现在家庭不仅对下个年度或月份的风险可能具有脆弱性，而且会对随时间延续而发生的风险事件做出反应。四是脆弱性程度取决于风险类型、特征以及家庭应对风险的综合能力。风险种类通常分为生计资产风险、生计活动风险和生计结果风险。五是家庭对未来福利损失是脆弱的（由不确定性事件造成）。六是家庭或个人从风险结果中恢复的能力较低（Alwang et al.,

2001；韩峥，2004；孙梦洁、韩华为，2013）。

随着脆弱性研究范畴的不断扩大和深入，世界银行（2001）将脆弱性与贫困联系起来（脆弱性常与贫困相伴生），并定义贫困脆弱性为"个人或家庭因遭遇某些风险而导致财富损失或生活质量下降到某一社会公认水平之下的可能性，高脆弱性是贫困的核心特征之一"，或被描述为"度量对于冲击的弹力——冲击造成未来福利下降的可能性"。据此可见，贫困脆弱性包括外部冲击强度和风险抵御能力两方面，其本质旨在表达一种农村居民在事前的贫困状态或未来陷入贫困的概率。一般情况下，当面临风险冲击强度相当时，高脆弱性农户抵御风险能力弱，低脆弱性农户抵御风险能力强（唐丽霞等，2010），其中，抵御风险能力是指家庭或个人基于拥有的资产配置状况承受打击或缓解甚至消除生计风险的能力（李小云等，2007）。

与贫困脆弱性定义相对应，其测度方法共有三种：一是利用家庭消费与收入的变动性来测度（Dercon and Krishnan，2000；Coudouel and Hentsehel，2000）；二是以当前消费或收入为基期福利，使用未来消费支出（或期望效用）与贫困线（效用）之差进行测度（Kamanou and Morduch，2002；Ligon and Sehechter，2003）；三是以大数定律为基础，使用未来陷入贫困的概率来测度（Pritchitt et al.，2000；Chaudhuri et al.，2002；Kühl，2003）。其中，第三种方法能有效避免前两种方法的局限性。此外，对于影响农户贫困脆弱性的因素研究，世界粮食计划署曾于1995年推出有关贫困群体的分析框架，认为贫困群体的脆弱性主要取决于风险种类、抵御风险能力以及社会服务体系。就国内经验研究来看，黎洁和邰秀军（2009）利用分层模型实证分析了社区和家庭因素对农户贫困脆弱性的影响，结果表明，社区因素对当地人均消费水平与消费波动的作用途径存在较大差异。徐伟等（2011）则基于CHNS面板数据研究发现，农户的社会网络可直接和间接（即抵消家庭成员承受负向冲击的影响）降低贫困脆弱性（徐伟等，2011）。

回顾最近20年，贫困脆弱性作为一种对家庭未来福利的前瞻性度量方法或分析视角而逐渐成为发展经济学中扶贫研究领域的高频词和前沿热点，并且因其富有独特的政策含义而受到各级政府有关部门的高度重视。然而，从中外现有文献来看，研究贫困脆弱性的决定因素较少，其中以中国为例的实证分析更少，至于某一减贫方式对贫困脆弱性的净效应评价几乎无人涉足。另结合贫困治理实践来看，我国当前扶贫开发的政策制定和制度设计，主要依据国家统计局公布的贫困测度指标，但是这些指标缺乏预见性和动态性，致使现行反贫政策或制度因未考虑农户家庭未来福利及相关风险冲击而缺乏瞄准精度和预防性。参与式社区综合发展是以农村社区为扶贫单元、解决区域性整体贫困的重要减贫方式（郭君平、吴国宝，2013，2014），已在我国实践了十余年，侧重瞄准列入有关部门外资项目引进计划、中央或地方政府"整村推进"计划和国家机关单位对口帮扶计划的贫困村，以实现农村纯（或混合）公共产品的有效供给为目标载体，主要通过整体改善贫困村的生产生活条件、提高村户的发展能力来减缓贫困（徐晓鹏，2016），但是历史文献极为有限，学界对参与式社区综合发展与精准防贫问题几无关注。有鉴于此，探析参与式社区综合发展与农户贫困脆弱性之间的因果关系对重塑扶贫理念，将工作重心由贫困治理转向"贫困预防"具有重要的理论和现实意义。简言之，本章在关切、回应现实"精准防贫"问题中体现理论研究价值。

9.3 理论框架与研究方法

9.3.1 贫困脆弱性的测度方法

由于消费的不稳定性可反映农户应对风险的结果，因此本章同其他学者一样以消费为主线来研究农户的贫困脆弱性。与贫困发生率、Sen 指数、SST 指数以及 FGT 指数等事后测度指标不同（只可静态描述贫困状况），贫困脆弱性指数的最大特点在于具有前瞻性和不可观察性（仅能通过估计得到），其测度公式如下所示：

$$V_{k,t} = P_r(c_{k,t+1} \leq z) \times 100\% \qquad (9.1)$$

式（9.1）表示农户家庭的未来消费水平低于预设贫困标准的概率。

其中，$V_{k,t}$ 为农户 k 在 t 时的贫困脆弱性指数，取值范围 $[0, 100]$；$c_{k,t+1}$ 是利用 t 期数据计算得到的 $t+1$ 期的农户消费预期值；$p_r(\cdot)$ 表示居民在 $t+1$ 时陷入消费贫困的概率；z 代表预设的贫困线。基于式（9.1）可进一步变换为：

$$V_{k,t} = P_r(\ln c_k < \ln z) \times 100\%$$

$$= \Phi\left\{ (\ln z - E[\ln(\hat{c}_{k,t+1})])\Big/ \sqrt{\mathrm{Var}[\ln(\hat{c}_{k,t+1})]} \right\} \times 100\% \quad (9.2)$$

式（9.2）中，$E[\ln(\hat{c}_{k,t+1})]$ 与 $\mathrm{Var}[\ln(\hat{c}_{k,t+1})]$ 分别指代农户未来消费水平（对数）均值及方差，可依序通过以下消费均值模型和消费波动模型估计获得。

$$\ln(c) = \alpha_0 + \alpha_1 \mathrm{Inc}^P + \alpha_2 X + e \quad (9.3)$$

$$\mathrm{Var}[\ln(c)] = \beta_0 + \beta_1 risk + \beta_2 ability + \beta_3 support + X + \varepsilon \quad (9.4)$$

式（9.3）、式（9.4）中，c 表示农户人均消费支出；Inc^P 为农户的持久性收入；X 是一组与农户消费相关的人口特征及其他控制变量，$\mathrm{Var}[\ln(c)]$ 表示式（9.3）估计后的残差平方值；α 和 β 均为待估参数；$risk$ 指农户面临的风险冲击因素；$ability$ 表示农户的风险管理能力或平滑消费能力；$support$ 表示农户可获得的社会或社区支持；e、ε 均为残差项。

9.3.2 参与式社区综合发展的精准"防贫"效应估计模型

依前文所述，贫困脆弱性的本质是一种"贫困事前状况"，通过干预措施降低农户贫困脆弱性即为"贫困预防"（简称"防贫"）。作为早期重要的扶贫干预措施之一，参与式社区综合发展在某种程度上可减弱农户贫困脆弱性。即，参与式社区综合发展可能具有一定防贫效应。针对研究目标和内容，拟采用项目（政策）效果评估的国际主流方法——倍差－匹配估计量①和倍差－分位数回归。其中，前者用于估计参与式社区综合发展

---

① 利用倾向值得分匹配和倍差－倾向值得分匹配进行稳健性检验，限于篇幅，相关估计结果未予报告。

的防贫净效应（总体）；后者用于估计参与式社区综合发展防贫的瞄准精度（不同细分群体）。

（1）倍差－匹配估计量。该方法由倍差法与偏差矫正匹配估计量组成，可获得平均处理效应。相比偏差矫正匹配估计量，其消除了不可观测因素和不随时间变化特征所引起的偏差，且能对可观测协变量的较差匹配进行调整，因而可准确评价参与式社区综合发展的"防贫"效应。倍差－匹配估计量是在厘清倍差法的两次差分过程① （即 $\Delta V_t = V_t - V_{t-1}$ 和 $\delta = \Delta V_{W=1} - \Delta V_{W=0}$ ）的基础上，用最近邻匹配法（有回置的一对多匹配）替代第二个过程。由此，倍差－匹配估计量计算的 SATE 和 SATT（SATC 可类似测算）为：

$$\hat{\tau}_M^{DD-BCM} = \frac{1}{N} \sum_i \left\{ \Delta \widetilde{V}_i(1) - \Delta \widetilde{V}_i(0) \right\}, \ \hat{\tau}_M^{DD-BCM,t} = \sum_{i \in T} \omega_i \left\{ \Delta V_i - \sum_{j \in C} \omega_{ij} \Delta \widetilde{V}_j(0) \right\}$$

（9.5）

式（9.5）中，ω_i 表示对处理组重构结果分布时的重新加权；ω_{ij} 相当于 $1/J_M(i)$，是处理组单元 i 赋予匹配的对照组单元 j 的权重；$J_M(i)$ 为单元 i 的最近 M 个匹配的标号集合。

（2）倍差－分位数回归。此方法是一种对因变量按预设分位数进行倍差估计的计量分析方法，由倍差法与分位数回归法组成，拟得到分位数处理效应，用于估计参与式社区综合发展对不同贫困脆弱性组农户的"防贫"效应。其基准模型设定为：

$$Q_\tau[Y|X] = \alpha_{0\tau} + \alpha_{1\tau}P + \alpha_{2\tau}T + \gamma_\tau P*T + \sum_{k=1}^K \delta_{k,\tau}Z + \varepsilon_\tau, \ 0 < \tau < 1$$

（9.6）

式（9.6）中，$Q_\tau[Y|X]$ 表示农户在 τ 分位数上的贫困脆弱性指数；P 是参与式社区综合发展虚拟变量，其取值 1 或 0 时分别代表处理组（实施参与式社区综合发展扶贫项目）和对照组（未有其他任何扶贫项目）；T 为时期虚拟变量，在参与式社区综合发展某实施节点前，令 $T=0$，否则等于 1；$P*T$ 为交互项（核心自变量），其系数 γ 代表参与

---

① 样本在项目实施前后的变化和处理组与对照组的时间变化量的比较。

式社区综合发展对处理组农户贫困脆弱性的净效应，其显著性、作用方向和程度为本章最关注的内容之一；Z 为一组控制变量；$\alpha_{0\tau}$ 为常数项，$\alpha_{1\tau}$、$\alpha_{2\tau}$、γ_τ、δ_τ 依次表示对各个自变量进行参数估计的第 τ 个分位数的系数。

9.3.3 数据来源和变量选择

分析用数据源自亚洲开发银行贵州纳雍社区综合扶贫示范项目评估课题，以当地两个极贫村 1999 年、2003 年和 2011 年的追踪调查户为样本。该扶贫项目属于前文所述参与式社区综合发展减贫方式，是中国政府于 1998 年与亚行合作的技术援助项目中分项目"基础设施发展"的一个研究性试点项目，旨在通过建设电力、饮水、灌溉、公路等小型基础设施，同时辅之以其他技术支持，来检验基础设施状况的改善对农村经济社会发展、减缓社区贫困的作用。项目实验地择定为纳雍县（国家级贫困县）昆寨乡（极贫乡）中交通十分不便的"一类"贫困村。在项目开始前（1999 年），处理组（千秋村）和对照组（碓窝河村）农户人均收入水平大致相当。此后，1999～2003 年，是项目启动实施期，处理组根据农民需求安排了全面的基础设施项目（如饮水、灌溉、社区道路、供电、泥石流治理等基础设施及维护管理）、社区发展基金以及村户综合能力建设；同期，对照组未开展任何扶贫项目。2003～2011 年，为项目后续观测期，期间处理组和对照组获得的其他支持项目大致等同。最后收到有效问卷共计 1019 份。经检验，问卷量表的信度（Cronbach'α 系数 >0.81）、效度优良。在借鉴历史文献的基础上，结合调研数据条件和当地实际情况，因（自）变量的选择依研究目标和不同计量模型的构建要求而定（见表 9-1）。

1. 消费均值模型与消费波动模型的因（自）变量

农户消费均值模型与消费波动模型中变量释义及描述性统计如表 9-1 所示。

表 9 - 1 农户消费均值模型与消费波动模型中变量释义及描述性统计

因素	变量符号	定义、说明	1999 年 均值	1999 年 最小值	1999 年 最大值	2003 年 均值	2003 年 最小值	2003 年 最大值	2011 年 均值	2011 年 最小值	2011 年 最大值
因变量	Consum_exp	户人均消费支出(万元),取对数	6.510	5.570	7.979	6.924	5.993	8.132	7.596	6.311	9.355
	Vaconsum_exp	式(9.3)估计后的残差平方值	0.039	4.2e-9	0.580	0.044	4.9e-6	1.274	0.066	1.1e-5	0.631
	Pov_Vulner	农户贫困脆弱性指数(%)	93.840	77.221	100	24.264	0.032	40.623	0.614	0	6.492
风险冲击因素	Medical_exp	户医疗保健支出(万元)	0.015	0	0.37	0.016	0	0.157	0.044	0	0.368
	Edu_exp	户文化教育支出(万元)	0.005	0	0.053	0.014	0	0.091	0.073	0	2.2
风险冲击管理能力因素	Crop_inc	户种植业纯收入(万元)	0.139	0.010	0.382	0.186	0.035	0.511	0.136	-0.011	0.463
	Aqua_inc	户养殖业纯收入(万元)	0.033	-0.039	0.201	0.044	-0.122	0.202	0.158	-0.101	2.778
	Priva_inc	户私营活动纯收入(万元)	0.038	-0.015	0.620	0.021	-0.012	0.294	0.045	0	1.103
	Lolabor_rem	户本地劳动者报酬(万元)	0.061	0	0.640	0.188	0	1.176	0.411	0	2.759
	Miwork_inc	户外出务工收入(万元)	0.093	0	0.600	0.177	0	1.147	0.318	0	3.897
	Deposit	家庭储蓄额(万元)	0.026	0	0.350	0.077	0.004	0.588	0.138	0.004	1.620
	Prod_assets	户年末生产性固定资产原值(万元)	0.056	0	0.170	0.104	0.003	0.637	0.114	0	1.544
	Hous_value	户年末住房原值(万元)	0.214	0.020	1.160	0.396	0.020	2.314	1.335	0.003	9.926
	Culti_area	户耕地面积(亩)	2.840	0.500	13.500	3.040	0.9	9.800	1.979	0.500	5.500
支持可及性因素	Loan	是否借贷,是=1,否=0	0.802	0	1	0.420	0	1	0.259	0	1
	Tran_inc	户转移性收入(万元)	0.002	0	0.081	0	0	0	0.224	0	3.204
	Project	是否实施参与式社区综合发展,是=1,否=0	0.432	0	1	0.432	0	1	0.432	0	1
其他控制变量	Age	户主年龄(岁)	45.350	26	70	49.350	30	74	57.475	38	82
	Edu	户主受教育程度,1=文盲或半文盲,2=初小,3=高小,4=初中,5=高中及以上	2.063	1	5	2.063	1	5	2.100	1	5
	Tpop	家庭人口规模(个)	4.383	2	10	4.247	1	9	3.716	1	10
	Dratio	户人口抚养比	0.883	0	3	0.911	0	5	0.822	0	4
	Ethnic	是否汉族,1=汉族,0=其他	0.654	0	1	0.741	0	1	0.691	0	1

自变量

因变量指农户人均消费支出的对数和农户未来人均消费水平（对数）的方差［即式（9.3）估计后的残差平方值］。

　　自变量包括风险冲击、风险冲击管理能力、支持可及性和其他控制变量四个方面。

　　（1）风险冲击。医疗保健支出代表农户应对健康风险的投资，而文化教育支出可表示子女教育费用对家庭消费水平的影响和冲击。这两方面支出的突发性大幅增加（如大病、升学）或过快增长会严重挤占或抑制农村居民对其他方面的消费支出，其结果可能对农户整体消费需求产生较大影响。

　　（2）风险冲击管理能力。①种植业纯收入、养殖业纯收入、私营活动纯收入、本地劳动者报酬、外出务工收入以及家庭储蓄额等变量与农户以货币收入抵御风险冲击的能力密切相关。②生产性固定资产和年末住房原值两变量反映了农户家庭固定资产情况。农户固定资产越多，其抵御风险能力越强且家庭消费水平越高。③耕地面积。除了影响项目实施地的选择，该变量也可能与农民消费存在稳定的数量关系，这是因为农业生产性投入的增加在某种程度上会使农户节衣缩食，从而减少相应的生活消费支出。

　　（3）支持可及性。①"是否借贷"变量中，"借贷"为广义借贷，包含现金和食物，反映了农户的资金需求和食物能否自给自足。转移性收入变量的增速、比重逐年变大，已成为影响居民消费能力、抵御风险能力的重要原因之一。②转移性收入包括亲友赠送、救济金以及其他诸如良种、农资综合、退耕还林等各种补贴。③农户所在村是否实施参与式社区综合发展，直接或间接影响农民消费水平和消费结构。

　　（4）其他控制变量。①家庭人口规模和人口抚养比。此二变量可反映农户劳动人口负担程度，当家庭成员越多、人口比越大，表明农户家庭生活负担越重。②户主年龄。由于缺失值太多而无法得到农户家庭劳动力的平均年龄，因此权且用户主年龄加以替代。户主通常是一家之主，享有较高的主导权，其性格、偏好基本决定了家庭消费支出的去向和额度，但是随着年龄的渐长，这些个人特质都可能会随之发生改变。③户主受教育年限。据研究证实，户主受教育年限与家庭消费支出呈显著正向关系，其原因是受教育年限可体现个体人力资本水平，农户户主人力资本存量越高，家庭收入来源越广、收入水平越高且收入结构越合理，继而诱致家庭消费水平更高（白菊红，2004；张世伟、郝东阳，2011）。④是否汉族。不同的民族有不同的消费习性和观念，而且在同等条件或资源约束下，扶贫项目的天平将优先倾向于穷困的少数民族农户。

2. 倍差－匹配估计量和倍差－分位数回归模型的因（自）变量

在倍差－匹配估计量模型中，除已确定的示性变量（是否实施参与式社区综合发展）和输出变量（农户贫困脆弱性指数）外，还须根据条件独立性假设①，选取一组可能引致样本选择偏差的控制变量，即那些同时影响综合发展项目决定与农户贫困脆弱性的因素。本章最终选定户主年龄、户主受教育程度、家庭人口规模、人口抚养比、是否汉族、生产性固定资产、年末住房原值以及耕地面积等 8 个变量作为匹配变量。其中，得到研究证实的会影响农户贫困脆弱性的变量有户主受教育程度、耕地面积、家庭人口规模、劳动力数和生产性固定资产（徐伟等，2011；武拉平等，2012）。在倍差－分位数回归模型中，因变量为农户在不同分位数上的贫困脆弱性指数；自变量中除时期变量、是否实施参与式社区综合发展变量以及两者的交互项外，其他控制变量与倍差－匹配估计量模型中的匹配变量一致。需特别说明的是，为消除物价因素影响，本章所有价值类指标均以 1999 年为基期的农村居民消费价格指数进行缩减。

9.4 实证结果与分析

9.4.1 农户贫困脆弱性的动态变化

据乔胡瑞等（Chauhuri et al.，2002）研究认为，农户贫困脆弱性的估

---

① 条件独立性假设，又称强可忽略性假设，指在控制影响匹配偏差的农户特征 X 后，社区是否实施综合发展项目与农户贫困脆弱性是相互独立的。

计或测度，首先须采用普通最小二乘法对消费均值和消费方差进行回归以取得未知方差的结构；然后再运用三阶段可行最小二乘法（FGLS）对消费均值与消费方差进行加权回归，旨在处理异方差问题并获取未来消费均值及其方差的估计值。基于消费均值模型［式（9.3）］和消费波动模型［式（9.4）］得到如表 9 - 2 所示结果。表中模型Ⅰ和模型Ⅱ利用 FGLS 法分别对 1999 年农户消费均值和户消费波动的影响因素进行了分析。在模型Ⅰ中，医疗保健支出、文化教育支出、种植业纯收入、养殖业纯收入、私营活动纯收入、本地劳动者报酬、外出务工收入、储蓄总额以及家庭人口规模对农户消费均值有显著影响，其中，前 7 个因素作用方向为正，后 2 个因素作用方向为负；在模型Ⅱ中，仅储蓄总额、家庭人口规模和是否汉族对农户消费波动影响显著。

表 9 - 2　　　　农户消费水平与消费波动模型的回归结果（FGLS 法）

因素/变量	1999 年		2003 年		2011 年	
	模型Ⅰ $\ln(c)$	模型Ⅱ $\mathrm{Var}[\ln(c)]$	模型Ⅲ $\ln(c)$	模型Ⅳ $\mathrm{Var}[\ln(c)]$	模型Ⅴ $\ln(c)$	模型Ⅵ $\mathrm{Var}[\ln(c)]$
Medical_exp	1.993***	-0.124	5.691**	0.068	1.718***	-0.242**
Edu_exp	6.300**	-0.157	4.226***	-0.072	0.625***	-0.009
Crop_inc	2.699***	0.038	1.698***	0.187	2.363***	-0.386**
Aqua_inc	2.127***	0.174	1.349***	0.134	0.902***	-0.122***
Priva_inc	1.268***	0.089	0.391	0.209	0.166	-0.089
Lolabor_rem	1.291***	0.159	0.841***	0.054	0.818***	-0.068***
Miwork_inc	1.683***	0.001	0.624***	0.015	0.151**	-0.008
Deposit	-1.938**	-0.377**	-0.292	0.026	-0.951***	0.223***
Prod_asset	0.344	-0.140	-0.285	-0.139*	-0.618**	0.141**
Hous_value	0.203	-0.009	0.075	0.074***	0.019	0.033***
Culti_area	-0.010	0.003	0.011	0.004	0.012	0.016
Loan	-0.016	-0.002	-0.016	0.030	0.070	0.049*
Tran_inc	2.026	0.313	—	—	0.608***	-0.097***
Project	-0.024	-0.018	-0.009	-0.056**	0.143*	-0.071**
Age	-0.002	-0.001	-0.004	-0.002***	0.001	0.002**
Edu	-0.026	0.007	-0.023	-0.012	0.002	-0.006
Tpop	-0.202***	-0.010**	-0.185***	-0.012**	-0.204***	0.009

续表

因素/变量	1999 年		2003 年		2011 年	
	模型 I $\ln(c)$	模型 II $\mathrm{Var}[\ln(c)]$	模型 III $\ln(c)$	模型 IV $\mathrm{Var}[\ln(c)]$	模型 V $\ln(c)$	模型 VI $\mathrm{Var}[\ln(c)]$
Dratio	− 0.028	− 0.002	− 0.028	0.003	0.022	− 0.013*
Ethnic	− 0.079	− 0.020*	0.192***	0.000	0.018	− 0.014
_cons	6.845*	0.107***	7.024***	0.138**	7.204***	− 0.040
R^2（拟合优度）	0.9093	0.3064	0.8731	0.3453	0.9513	0.4157

注：***、**、*分别表示在1%、5%和10%水平上显著，下同；"—"表示变量转移性收入的回归系数因缺失值过多而删失；限于篇幅，OLS 法的估计结果和 FGLS 法估计系数的标准差均未予汇报。

类似，模型 III 和模型 IV 用 FGLS 法分别对 2003 年农户消费均值和消费波动进行回归分析。结果显示，这两模型中的影响因素存在较大差异。在模型 III 中，医疗保健支出、文化教育支出、种植业纯收入、养殖业纯收入、本地劳动者报酬、外出务工收入、家庭人口规模以及是否汉族对农户消费均值有显著影响；但在模型 IV 中，生产性固定资产、年末住房原值、是否实施参与式社区综合发展、户主年龄以及家庭人口规模对农户消费波动影响显著。

同样，模型 VI 和模型 VIII 也用 FGLS 法对 2011 年农户消费均值和消费波动进行回归估计。在模型 VI 中，医疗保健支出、文化教育支出、种植业纯收入、养殖业纯收入、本地劳动者报酬、外出务工收入、储蓄总额、生产性固定资产、转移性收入、参与式社区综合发展以及家庭人口规模对消费均值影响显著；而在模型 VIII 中，医疗保健支出、种植业纯收入、养殖业纯收入、本地劳动者报酬、储蓄总额、生产性固定资产、年末住房原值、耕地面积、是否借贷、转移性收入、参与式社区综合发展、户主年龄以及人口抚养比对消费波动有显著影响。

基于以上消费水平模型和消费波动模型的估计值，可测算出不同农户在不同阶段的贫困脆弱性指数及其变化程度。表 9 - 3 数据显示，在实施参与式社区综合发展之前（1999 年），处理组和对照组的农户贫困脆弱性指数虽有显著差别，但都高达 90% 以上；及至参与式社区综合发展主体项目结束时（2003 年），两组农户贫困脆弱性指数均降至 24% 左右且在统计上无显著差异；及至 2011 年，两组农户贫困脆弱性指数分别降至 0.30% 和

0.86%（差异显著）。据此可知：（1）在参与式社区综合发展启动实施期和后续观测期，两组农户的贫困脆弱性指数均得到大幅下降，且两期降幅分别高达约70个百分点和24个百分点，其原因可能是国家宏观经济增长、实施参与式社区综合发展及其他重要因素。（2）无论处理组抑或对照组，其农户抵御风险波动和外部冲击的能力均大为增强，他们2011年之后陷入消费贫困的概率（即贫困脆弱性指数）非常低，均未超过1%。

表9-3　　　　　　　　农户贫困脆弱性指数的变化比较　　　　　　单位：%

样本	1999 年	2003 年	2011 年	1999 年/2003 年均值差	2003 年/2011 年均值差	1999 年/2011 年均值差
处理组	95.03 (0.82)	24.58 (1.54)	0.30 (0.13)	70.45*** (1.73)	24.28*** (1.57)	94.73*** (0.85)
对照组	92.97 (0.72)	24.04 (1.87)	0.86 (0.22)	68.91*** (1.81)	23.18*** (1.75)	92.08*** (0.78)
处理组与对照组均值差	2.09* (1.09)	0.54 (2.35)	-0.56** (0.28)			

注：农户贫困脆弱性指数测算所用的贫困标准统一为2008年的绝对贫困线（895元）；括号内数值为标准差。

9.4.2　参与式社区综合发展"防贫"的即期和时滞效应

从前文中我们并不能知悉参与式社区综合发展在启动实施期和后续观测期对农户贫困脆弱性下降是否均有贡献；若有，其贡献度分别多大？要回答这两个问题，还需作深入细致的分析。在DD-BCM方法的估计下，本章选择8个匹配变量和4个最近邻居，然后基于稳健方差估计了不同时期中参与式社区综合发展对农户贫困脆弱性的平均干预效应，包括SATT（或PATT）、SATE（或PATT）及SATC（或PATC）。[①] 需先说明的是，

---

① SATE是指样本的平均干预效应（sample average treatment effect）；SATT是指样本的干预组平均干预效应（sample average treatment effect for the treated）；SATC是指样本的对照组平均干预效应（sample average treatment effect for the control）。PATT是指总体的平均干预效应（population average treatment effect）；PATE是指总体的干预组平均干预效应（population average treatment effect for the treated）；PATC是指总体的对照组平均干预效应（population average treatment effect for the control）。

SATE 是 SATT 与 SATC 的平均值，用于衡量参与式社区综合发展对样本农户的贫困脆弱性指数的平均干预效应。由于存在外推插值问题，并且 SATT 与 SATE 所需估算值数不同（Imbens and Wooldridge，2009），SATE 的估计可能会产生较大偏差，因此，SATT 是一个比 SATE 更可信的估计量。DD – BCM 法估计的 SATT 结果见表 9 – 4。

表 9 – 4　　　　　　不同时期参与式社区综合发展的防贫效应估计

项目	参与式社区综合发展"防贫"的即期效应					
	类别	系数	标准差	Z 值	P > │z│	95% 置信区间
样本	SATT	– 5. 363**	2. 330	– 2. 30	0. 021	[– 9. 930，– 0. 796]
	SATE	– 4. 892*	2. 864	– 1. 71	0. 088	[– 10. 505，0. 721]
	SATC	– 4. 546	3. 617	– 1. 26	0. 209	[– 11. 636，2. 543]
总体	PATT	– 5. 363***	1. 803	– 2. 97	0. 003	[– 8. 897，– 1. 829]
	PATE	– 4. 892*	2. 731	– 1. 79	0. 073	[– 10. 245，0. 461]
	PATC	– 4. 546	3. 466	– 1. 31	0. 190	[– 11. 341，2. 248]
项目	参与式社区综合发展"防贫"的时滞效应					
	类别	系数	标准差	Z 值	P > │z│	95% 置信区间
样本	SATT	– 0. 086	2. 438	– 0. 04	0. 972	[– 4. 863，4. 692]
	SATE	0. 690	2. 521	0. 27	0. 784	[– 4. 250，5. 630]
	SATC	1. 276	3. 023	0. 42	0. 673	[– 4. 649，7. 201]
总体	PATT	– 0. 086	2. 420	– 0. 04	0. 972	[– 4. 828，4. 657]
	PATE	0. 690	2. 587	0. 27	0. 790	[– 4. 381，5. 761]
	PATC	1. 276	3. 197	0. 40	0. 690	[– 4. 990，7. 542]

在启动实施期，参与式社区综合发展对农户贫困脆弱性影响显著，平均效应值为 – 5. 363，对此可解释为在控制其他条件不变的情况下，参与式社区综合发展即期可使每户农户的贫困脆弱性指数平均降低 5 个百分点左右。此外，经测算，DD – BCM 估计的 PATT 与 SATT 的系数及其作用方向和统计显著性均相同，这说明若从总体中抽取另一样本，能观察到相同水平的处理组平均干预效应。换言之，参与式社区综合发展即期的平均干预效应估计结果稳健。

与即期不同，在参与式社区综合发展后续观测期，DID – BCM 估计的

SATT、SATE、SATC、PATT、PATE 以及 PATC 都不显著。这表明，在控制其他条件不变的情况下，参与式社区综合发展后期对农户贫困脆弱性无明显降低作用，即该减贫方式总体上不具有"防贫"滞后效应。对此结果，可根据前述贫困脆弱性定义，将其根本原因解释为参与式社区综合发展后期对农户未来消费的影响更多体现在消费结构而非消费水平上。

9.4.3　参与式社区综合发展"防贫"的精准性评价

为刻画、分析不同阶段不同农户贫困脆弱性指数下参与式社区综合发展的"防贫"效应，本章利用 1999～2003 年和 2003～2011 年两期样本数据，将农户贫困脆弱性指数分成 9 个分位数（$\tau = 0.1 \sim 0.9$），其中分位数 0.1～0.2、0.3～0.4、0.5、0.6～0.7、0.8～0.9 分别对应农户贫困脆弱性的微度组、轻度组、中度组、重度组和极度组，然后采用近似于自然实验的倍差－分位数回归模型进行估计，并运用只依赖给定观测信息而无须其他假设或增加新观测的自助抽样法求得标准误，以削弱倍差－分位数回归模型误差项的未知干扰，增强估计、推断效能。在回归结果中，分位数由小至大表示农户贫困脆弱性指数由低向高演变，通过对比各自变量的系数变化，可观察到不同因素对农户贫困脆弱性的影响如何随着农户贫困脆弱性指数的提高而发生改变。

从图 9－1 和表 9－5 中可知，在参与式社区综合发展启动实施期：当农户处于微度贫困脆弱性组（$\tau = 0.1 \sim 0.2$）时，参与式社区综合发展对这类农户的贫困脆弱性影响不显著；当农户处于轻度（$\tau = 0.3 \sim 0.4$）、中度（$\tau = 0.5$）以及重度（$\tau = 0.6$）贫困脆弱性组时，参与式社区综合发展对农户贫困脆弱性的影响较大且显著，然而其中各组农户的贫困脆弱性指数越高，所受保障程度越小；当农户处于重度（$\tau = 0.7$）和极度（$\tau = 0.8$、0.9）贫困脆弱性组时，参与式社区综合发展对农户贫困脆弱性无显著影响，可见，部分重度和所有极度脆弱户均未能从参与式社区综合发展中受到保障，其原因是前述农户多数是"鳏寡孤独残"或劳动力少、老人孩子多的家庭，缺乏抵御风险冲击能力，须通过其他帮扶措施来"防贫"。一言以蔽之，参与式社区综合发展即期"不益极度脆弱户，益部分重度脆弱户""不溢微度脆弱户，溢中度、轻度脆弱户"。抑或，此扶贫开发方式的"防贫"包容性较强，可惠及大多数农户，同时略有"漏出效应"和"溢出效应"。

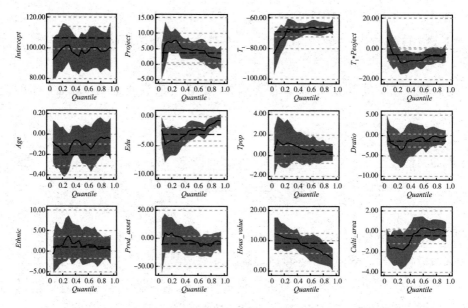

图 9 - 1　启动实施期自变量的分位数回归系数及 Bootstrap 置信区间

表 9 - 5　　　　　不同时期农户贫困脆弱性的倍差 - 分位数回归结果

自变量	参与式社区综合发展"精准防贫"的即期效应								
	0.1	0.2	0.3	0.4	0.5	0.6	0.7	0.8	0.9
Project	6.382**	7.015***	7.082***	5.033***	4.448***	4.771***	4.476***	2.365	2.061
T_1	-77.679***	-72.489***	-67.565***	-67.990***	-66.911***	-66.412***	-66.315***	-66.578***	-66.019***
$T_1 * Project$	1.591	-3.053	-7.991**	-6.866**	-6.306**	-6.313**	-3.834	-2.693	-3.706
Age	-0.109	-0.165	-0.174	-0.059	-0.114	-0.121	-0.097	-0.029	-0.030
Edu	-4.746***	-3.950***	-4.117***	-3.110***	-2.278***	-2.003***	-2.528***	-1.222*	-0.568
Tpop	1.581	1.021	1.160	0.864	0.598	0.419	0.431	0.512	0.307
Dratio	-1.629	-2.508	-3.215*	-0.765	-0.542	-0.207	-0.568	-0.171	-0.467
Ethnic	1.470	1.523	3.748*	1.923	1.038	1.550	1.582	0.752	0.870
Prod_asset	9.513	9.115	2.365	-5.377	-4.041	-7.768	-11.428	-13.980*	-5.016
Hous_value	12.253***	11.356***	10.718***	10.701***	8.734***	7.761***	7.409***	6.111***	5.258***
Culti_area	-1.667**	-1.612**	-1.821**	-1.062	-0.170	0.315	0.134	0.166	0.098
_cons	94.988**	100.041***	101.951***	96.326***	98.451***	97.952***	100.527***	97.857***	98.381***
Pseudo R^2	0.7796	0.7966	0.8159	0.8391	0.8608	0.8447	0.8288	0.8164	0.8032

续表

自变量	参与式社区综合发展"精准防贫"的时滞效应								
	0.1	0.2	0.3	0.4	0.5	0.6	0.7	0.8	0.9
Project	8.672	3.157	-2.470	-3.041	-2.481	-0.340	-2.125	0.702	-0.472
T_2	-4.219	-14.002**	-22.247***	-25.066***	-26.619***	-26.959***	-29.378***	-29.881***	-32.602***
$T_2 * Project$	-9.502*	-4.055	2.135	2.777	2.070	-0.440	1.253	-1.806	-1.152
Age	-0.041	-0.104	-0.012	-0.007	-0.020	-0.063	-0.065	-0.068	-0.019
Edu	-0.570	-0.628	-0.146	-0.096	-0.145	-0.305	-0.406	-0.465	0.165
Tpop	-0.103	-0.473	-0.034	-0.052	-0.035	-0.019	-0.046	-0.083	0.097
Dratio	0.326	0.387	-0.016	-0.030	0.040	0.140	0.015	0.057	0.340
Ethnic	-0.175	0.232	0.021	0.092	0.232	0.250	0.208	-0.186	0.027
Prod_asset	-0.753	-1.421	-0.804	-1.224	-1.501	-1.519	-1.543	-2.866	-3.534
Hous_value	0.289	0.299	0.299	0.283	0.361*	0.356	0.346	0.803	0.838
Culti_area	0.332	0.569	0.100	0.230	0.190	0.317	0.308	0.361	0.208
_cons	6.812	20.715*	23.113**	25.556***	27.825***	30.979***	34.383***	35.582***	34.268***
Pseudo R^2	0.1853	0.3262	0.4636	0.5752	0.6525	0.6918	0.6919	0.6841	0.6796

　　此外，除户主年龄和家庭人口规模外，控制变量中的户主受教育程度、人口抚养比、是否汉族、生产性固定资产、年末住房原值以及耕地面积在不同分位数对农户贫困脆弱性都有显著影响。其中，户主受教育程度在0.1~0.8分位的分位数回归中均负向显著且随着分位数的提高渐次变大，说明即期户主受教育程度具有较大"防贫"效应，延长户主受教育年限能明显降低绝大多数农户的贫困脆弱性，但极度贫困脆弱性组农户除外；人口抚养比仅在0.3分位的分位数回归中负向显著，且估计值为-3.215，这说明人口抚养比每增加一个单位，部分轻度贫困脆弱性组农户的脆弱性指数约降低3个百分点；是否汉族仅在0.3分位的分位数回归中显著为正，由是观之，部分汉族轻度贫困脆弱性组农户的脆弱性比少数民族同类农户更高；生产性固定资产仅在0.8分位的分位数回归中通过显著性检验且方向为负（-13.980），这意味着生产性固定资产每增加1万元，部分极度脆弱性组农户的脆弱性指数约下降14个百分点；年末住房原值在0.1~0.9分位的分位数回归中均正向显著，说明住房在不同程度上提高了所有农户的脆弱性（建新房或修缮旧房所致）；耕地面积在0.1~0.3分位

的分位数回归中均通过显著性检验，且回归估计值分别为 - 1.667、-1.612、-1.821，其含义是户耕地面积每增加 1 亩，微度和轻度脆弱性组农户的贫困脆弱性指数平均约下降 1.7 个百分点，表明耕地多具有一定"防贫"功能。

横向比较即期农户在不同贫困脆弱性下各影响因素，不难发现：当农户处于微度贫困脆弱性组（$\tau = 0.1 \sim 0.2$）时，年末住房原值对农户贫困脆弱性的影响最大，参与式社区综合发展的影响不显著；当农户处于轻度和中度贫困脆弱性组（$\tau = 0.3 \sim 0.5$）时，年末住房原值对农户贫困脆弱性的影响最大，参与式社区综合发展次之，这表明参与式社区综合发展是降低前述两类农户贫困脆弱性的重要力量；同样，当农户处于重度贫困脆弱性组（$\tau = 0.6$）时，年末住房原值对农户贫困脆弱性的影响最大，参与式社区综合发展次之；然而，当农户处于重度贫困脆弱性组（$\tau = 0.7$）时，年末住房原值对农户的贫困脆弱性影响最大，户主受教育程度次之，但参与式社区综合发展的影响不显著；当农户处于极度贫困脆弱性组（$\tau = 0.8$）时，生产性固定资产对农户贫困脆弱性的影响最大，年末住房原值次之，参与式社区综合发展无显著影响；当农户处于极度贫困脆弱性组（$\tau = 0.9$）时，年末住房原值对农户贫困脆弱性的影响最大，参与式社区综合发展的影响不显著。可见，在即期农户贫困脆弱性的不同水平上，不同影响因素对农户贫困脆弱性的作用会发生变化，并且起主导作用的因素也各异。

在参与式社区综合发展后续观测期（见图 9 - 2 和表 9 - 5），当农户处于微度贫困脆弱性组（$\tau = 0.1$）时，参与式社区综合发展对农户贫困脆弱性的影响显著，说明这类微度脆弱户后期可从此减贫方式中获得一定保障，具有明显"防贫"时滞效应和"溢出效应"；当农户贫困脆弱性处于其他分位点（$\tau = 0.2 \sim 0.9$）时，参与式社区综合发展对农户贫困脆弱性的影响均不显著。这一结果与总体情况吻合。此外，其他控制变量中仅时间因素和年末住房原值在不同分位数对农户贫困脆弱性影响显著，其他变量均不显著。其中，年末住房原值在 0.5 分位的分位数回归中通过显著性检验，且回归估计值为正。对此，可能的解释是这部分农户因住房的改造、重建引发消费波动，进而导致自身贫困脆弱性的显著提高。

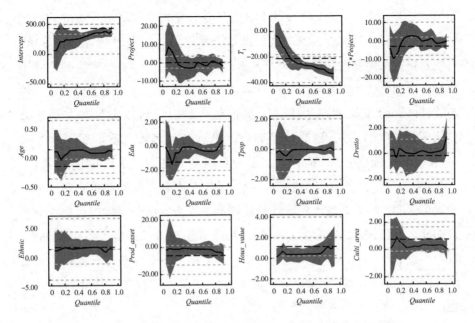

图 9 - 2　后续观测期自变量的分位数回归系数及 Bootstrap 置信区间

对比不同贫困脆弱性水平下各影响因素可知：当农户处于微度贫困脆弱性组（$\tau = 0.1$）时，参与式社区综合发展对农户贫困脆弱性的影响最大；当农户处于中度贫困脆弱性组（$\tau = 0.5$）时，除时间因素外，年末住房原值对农户贫困脆弱性的影响最大，参与式社区综合发展的影响不显著；当农户贫困脆弱性指数处于其他分位点（$\tau = 0.2 \sim 0.4$、$0.6 \sim 0.8$）时，仅时间因素显著，其他因素均无显著作用。以上反映了在参与式社区综合发展后期，不同影响因素对不同贫困脆弱性水平农户的脆弱性效应发生了变化，其中主导因素也略有改变。

9.5　本章小结

基于 1999 年、2003 年及 2011 年贵州纳雍的农户微观调查数据，本章采用"倍差 - 匹配估计量法"从贫困脆弱性视角量化分析了参与式社区综合发展的"防贫"效应，最终得出以下结论：第一，欠发达地区的农户贫困脆弱性在 1999 ~ 2011 年间降幅巨大（约下降 99%），抗风险冲击能力得到极大提升。第二，总体上，参与式社区综合发展的"防贫"效应存在明显的时期差异。详言之，参与式社区综合发展的"防贫"即期效应显著，可使农户贫困脆弱性降低 5 个百分点以上，然而其"防贫"时滞效应并不突出，后期未能使农户贫困脆弱性显著降低。第三，分不同群体考察，参与式社区综合发展即期"防贫"虽存在一定"漏出效应"和"溢出效应"，但包容性较强、瞄准精度尚可，能惠及大多数"重度脆弱户"和"中度、轻度脆弱户"；换言之，在项目启动实施期，除"微度脆弱户""极度脆弱户"及部分"重度脆弱户"外，其间各贫困脆弱组农户均能从中得到保障，然而，贫困脆弱性强度越高的农户，所受保障程度愈小。不仅如此，参与式社区综合发展后期，此种"防贫"的精准度可持续性差，仅一小撮农户受益，总体无明显时滞效应。第四，在参与式社区综合发展的不同实施阶段，影响农户贫困脆弱性的主要因素存在群体和时期"双重"差异。

基于以上研究结论，可获得一些重要政策启示：第一，"十三五"期间，尤其是到 2020 年全国贫困县都"脱贫摘帽"后，全面推广以协调、整合以及精准为导向的参与式社区综合发展"治贫、防贫"方式，以减少、杜绝当前及今后农村公共服务项目供给碎片化和部门利益分散化现象，统筹、兼顾国家扶贫精度、瞄准收益（含经济、社会及政治三方面收益）和扶贫成本。第二，因地制宜、因时制宜，相机调整、优化参与式社区综合发展的项目结构，既要保持甚或增强其脱贫增收功能，更应深度挖掘、充分发挥其"贫困预防"作用。与此同时，切实提高其事后治贫和事前"防贫"的精准性，在平衡效率和成本的条件下，尽可能减少"漏出效应"和"溢出效应"。第三，增加参与式社区综合发展中的技术技能培训项目，不断拓展农村教育的广度和深度，帮助更多农民树立"终身学习"理念，消除农村知识贫困和文化贫困。第四，重点依托参与式社区综合发展中基础设施建设项目，着力提供一些房屋配套设施，以减轻农户尤其是贫困户的建房负担；同时，严格执行住房城乡建设部、国家发展改革委员会及财政部联合出台的农村危房改造建设标准，指导农民处理好"量力而行"与"尽力而为"两者间的关系，避免陷入因"房"致贫、因"房"返贫的境地。

第 10 章

研究结论与政策建议

"改进脱贫攻坚动员和帮扶方式，扶持谁、谁来扶、怎么扶、如何退，全过程都要精准，有的时候需要下一番'绣花'功夫。"

——2017 年 3 月"两会"期间习近平总书记在参加四川代表团审议时的讲话

10.1 全书研究结论

本书研究利用贵州省纳雍县两个极贫村三轮跨期十数年的农户追踪调查数据，经理论分析和实证检验，得出以下主要结论：

第一，参与式社区综合发展是指以具备一定规模和长期发展条件（或资源禀赋）的农村贫困社区及其中弱势群体为基本瞄准单元，通过实施"一揽子"扶贫项目、援助活动或干预措施，达到多维有效减贫并促进农村可持续发展目标的减贫方式，属于综合而非单一干预的"区域发展减贫模式"范畴。其主要优势包括：能最大限度满足穷人多方面需求；相对容易跨越社区发展的临界最小努力阈值；化解贫困表现形式多样化与扶贫项目单一化的矛盾；贫困瞄准精度相比片区、重点县更高。其局限性为：扶助社区须具备一定的发展基础和条件；内外资源整合成本高，统筹协调工作难度大；社区内农户受益不均，存在"溢出效应"和"漏出效应"；脱贫指标多，资金需求大，供需矛盾突出。此外，其减贫作用机理是通过农村生活类、生产类、社会类以及生态类基础设施建设的单一作用与协同效应，直接或间接地减少"生存型贫困""温饱型贫困"和"发展型贫困"，同时，通过践行参与和赋权理念，减少农村社会排斥。

第二，参与式社区综合发展减贫方式虽有一定"漏出效应"和"溢出效应"，但其包容性较强，可惠及绝大多数"轻度贫困户"和"中、小富户"。除"极贫户"（最低收入组）和部分"极富户"（最高收入组）外，其间各收入组农户均能从中受益，且收入水平越高，相对受益越大。不仅如此，参与式社区综合发展此种减贫效果可持续性较强，无论即期效应抑或时滞效应均很明显，且后者远大于前者。此外，参与式社区综合发展对农户参与种植、养殖以及本地务工等主要生计活动的影响，存在显著的"群体"和"时期"双重差异。

第三，参与式社区综合发展具有显著的动态减贫效应。在消费流动性维度上，参与式社区综合发展能显著降低农户陷入慢性消费贫困的概率（下降16.4%），其作用路径是使一部分农户从慢性消费贫困减缓至暂时性消费贫困，而另一部分农户从慢性消费贫困直接脱贫；在收入流动性维度上，参与式社区综合发展可明显降低农户陷入慢性收入贫困和暂时性收入贫困的概率（依序下降10.3%、2.9%），其减贫机理相对更复杂，除使部分农户从慢性收入贫困直接脱贫外，还使部分农户从慢性收入贫困先减缓至暂时性收入贫困后再完全脱贫，余下其他农户则从暂时性收入贫困直接脱贫。

第四，欠发达地区农户的贫困脆弱性在1999～2011年间降幅巨大（约下降99%），抗风险冲击能力得到极大提升。总体上，参与式社区综合发展的"防贫"即期效应显著，可使农户贫困脆弱性指数降低5个百分点以上，然而其"防贫"时滞效应却并不突出。分不同群体考察，参与式社区综合发展"防贫"虽存在一定"漏出效应"和"溢出效应"，但包容性较强、瞄准精度尚可，能惠及大多数"重度脆弱户"和"中度、轻度脆弱户"；换言之，除"微度脆弱户""极度脆弱户"及部分"重度脆弱户"外，其间各贫困脆弱组农户均能从中得到保障，然而，贫困脆弱性强度越高的农户，所受保障程度越小。不仅如此，参与式社区综合发展此种"防贫"的精准度可持续性差，无明显时滞效应。

第五，参与式社区综合发展对减缓消费贫困有显著的即期效应（致使农户恩格尔系数下降 7.2~9.8 个百分点）和滞后效应（致使农户恩格尔系数下降 12.1~22.6 个百分点），且后一种效应更大。不仅如此，参与式社区综合发展即期减贫精度不高、包容性较强，存在"溢出效应"，但在一定程度上具有缩小农户间恩格尔系数差距（或消费贫富差距）的功能，且对处于"脱贫率"分位点附近的农户恩格尔系数负向作用最大；及至后期，此减贫方式的"瞄准偏差"极大，仅能降低处于"小康率"分位点的农户恩格尔系数，"漏出效应"突出。

10.2　宏微观政策建议

任何一个农村社区的脱贫与发展都离不开社会大环境，任何一种扶贫方式都离不开国家宏观经济政策和扶贫战略的制约。基于以上研究结论和研究内容但不囿于此，本书提出：为最大化发挥参与式社区综合发展的减贫功效，实现精准扶贫，政府部门应放活微观针对性政策，完善宏观普适性政策，具体举措如下。

10.2.1　微观层面

1. 构建政府与市场协同推进参与式社区综合发展的减贫机制

尽管参与式社区综合发展因"空心村"引发社会各界对扶贫成本—收益问题的激烈争论，但是，贫困村或贫困社区譬如一间为穷人遮风避雨的破败房屋，如果放任"风霜雨雪"对其恣意吹打而不修缮，它只会更加破烂不堪。相反，若扶贫主体不拘于经济效益、不计眼前得失、放眼长远，尽可能推进以行政村或社区为单元的综合发展减贫方式，则可庇护更多贫困人口，使他们免受"风吹雨打霜冻日晒"之苦。鉴于此，政府和社会各界应采取"筑巢引凤"的扶贫策略，通过改善贫困地区的生产、生活、投资环境，尤其是加大农村基础设施建设投入，提高基本公共服务水平，引导或促使属于当地的人、财、物"落地生根"或"回流"，甚或吸引外来资源而产生"聚集效应"。

在参与式社区综合发展实施过程中，总原则是既要切合实际进行宏观思考、系统规划或顶层设计，又要尊重落后地区反贫的实践探索和贫困人口的首创精神。其一，采取"自上而下"与"自下而上"相结合的决策方式。"自上而下"可保证政令统一、防控风险；而"自下而上"即底层推动，是为了充分尊重农民的意见和权利，由他们决定项目类型和实施方法。其二，着重打破部门间条块分割、政出多门，遏制"九龙治水，越治越乱"的怪象，塑造高效的项目组织体系、运行机制和管理模式。其三，促成市场"无形之手"与政府"有形之手"配合的同时，防止政府成为"闲不住的手"而过度干预。

2. 改变以往反向激励措施，设计正向激励机制，将协助农民反贫自组织的再生与发展作为参与式社区综合发展项目实施的重要内容

与"他组织"相对，农民自组织是指合作依靠农民自发、自愿推动，由内生因素决定的民间社团形式。一般可划分为三种：一是经济性组织，如农村民间金融组织、农村专业技术协会和农村经济合作组织等；二是"他组织"的辅助性组织，如农村老年协会、妇女协会等；三是社会文化组织，如帮扶协会、社区照顾协会以及各种文体协会。

农民反贫自组织的再生与发展是农村反贫困中农民主体地位的突出体现，可通过培育贫困社区农民经济合作组织，并使之与贫困农民建立稳定、紧密的利益联结关系来实现，其最终目的是从根本上提高贫困农民在农业产业化发展中的组织化程度。在参与式社区综合发展过程中，引导、协助农村贫困社区组建形态多样、领域各异、功能不同的农民自发自为性反贫组织，旨在凭借外部牵引催生内部动力，促使社区反贫困内化为自觉追求、外化为实际行动。详言之，即弱化以往扶贫政策措施的反向激励（让"减贫摘帽"代替"哭穷戴帽"），调动贫困群体以自身力量脱贫，从而打破"扶贫→脱贫→返贫→再扶贫"的恶性循环，走出"扶一把，富一阵，一放手又贫困"的怪圈。

3. 继续建设贫困社区交通、能源、通信等小型基础设施，着力打通农村基本公共服务的"最后一公里"

强化贫困地区村级交通、能源、通信等小型基础设施建设，使之成为区域（包括集中连片特困区和国家扶贫重点县）交通扶贫战略中伸向贫困农村社区的主要抓手，旨在破解落后地区基本公共服务末端的"最后一公里"难题，达到改善农村生产生活条件、增加农户收入和减缓慢性贫困的目标。前文分析结果表明，农户增加交通通信支出（意味着与外界交流更加频繁，信息来源及信息量增多）有助于其减缓贫困程度，即从"慢性消费贫困"变为"非消费贫困"。反过来，如果贫困村实施参与式社区综合发展，不仅可提高交通通信基础设施的可达性，还能降低农户交通通信支出成本而不减弱其与外部的紧密联系。

4. 加大农村人力资本投资，尤其要加强农民教育培训力度，以消除贫困社区农户慢性消费与收入双重贫困

由前文分析结果可知，户主受教育年限越高，越有利于农户降低陷入慢性消费贫困的概率，同时提高处于非消费贫困的可能性。此外，人均文教娱乐支出对减缓农户慢性消费贫困也有显著作用，并且会提高其处于暂时消费贫困和非消费贫困的概率。对此，可能的解释是：第一，农户户主一般是家庭的顶梁柱或最主要劳动力，其能力的强弱直接决定家庭收入的多寡；第二，教育会提高、改变受教育者的劳动生产率和消费观念，进而起到增加农户家庭收入、提升消费水平的作用；第三，人均文教娱乐支出的增加会拉高农户的家庭消费水平。鉴于此，在制定人力资本特别是教育扶贫政策时，政府除继续坚持正规教育资源向农村倾斜外，还应广泛开展非正规教育，如成人教育、社区教育、农业实用技术培训和职业技能培训等，最大限度发挥人力资本改善农村贫困状况的效应。

5. 制定、完善农民"健康扶贫"政策，以之作为新型农村合作医疗制度的重要补充，提高贫困社区农户脱贫概率

所谓"健康扶贫"即是通过建立对接机制和搭建活动平台，动员全社会力量向贫困地区输入系列化的公益服务项目，包括赠送医疗器械设备与常用必备药品，组织义诊体检和社区疾病防治，以及举办基层医务人员培训和妇幼卫生健康知识讲座等，以提升贫困农村居民的健康水平和村级卫生站（室）的服务能力。这是一种由传统单纯解决经济困难的扶贫模式扩展为帮助贫困群体提升生存质量、保障身心健康的扶助模式，若与"新农合"紧密衔接，能有效防止农户因病致贫返贫。健康扶贫的"防贫效应"（即贫困预防或降低贫困发生概率的功能），可从前文所述人均医疗保健支出对减缓农户慢性收入贫困有显著影响得到一定佐证，究其原因是家庭成员身体健康所带来的收益远高于医疗保健费用，而健康扶贫又能在一定程度上减少贫困农户这方面的支出压力。

6. 遏制农村乱占滥用耕地现象，开展高标准基本农田建设，并促进劳动力非农转移就业，确保贫困社区农户耕地面积不减少

基于前文回归结果可知，人均耕地面积的增加虽然对减缓慢性消费贫困、暂时消费贫困以及非消费贫困均无显著影响，但是，其对提高农户摆脱慢性收入贫困、暂时收入贫困和保持非收入贫困状态的概率均有明显的促进作用。由此可见，耕地面积仍是贫困村农户生活保障的重要资产要素之一。对于耕地资源稀缺的农村贫困社区，政府应严格执行耕地保护政策，及时遏制非法乱占耕地建房现象，并同时开展高标准基本农田建设，加快转移农村剩余劳动力，创造条件确保贫困农户家庭常住人口人均耕地占有量不变或至少不减少。

10.2.2 宏观层面

1. 以"保障型扶贫方式托底 + 开发式扶贫方式扩能 + 市场化扶贫方式提效"编织农村社区综合扶贫网

贫困涉及的主要是公平问题，而市场机制以追求效率为目标。当贫困积累至某种程度后会引发社会动荡的势能和危机，扰乱市场机制的正常运行，致使经济发展效率轻则降低，重则无从实现；相反，若只追逐效率不注重公平，必然会造成两极分化、贫富悬殊。因此，在农村减贫问题上，必须兼顾公平与效率。然而，任何一种扶贫方式均有其自身的独特功能和局限性。为扩大扶贫效益，政府可编织一张覆盖所有农村贫困群体的"扶贫网"。

第一，通过保障型扶贫方式为永久性贫困人口[①]和部分暂时贫困人口的基本生存和生活需要"托底"。实证研究表明，家庭人口规模是影响农户慢性消费贫困程度最大的因素，家庭人口规模越大的农户陷入慢性消费贫困的概率越高，相反，家庭人口规模越小的农户处于慢性消费贫困的概率越小。因此，对于那些家庭人口规模大且劳动力缺乏的贫困农户，可通过保障型扶贫方式向他们提供各种津贴和补助金，以满足其基本的生活需求。即，以最低生活保障政策来解决农户家庭人口过多或劳动力负担系数过高导致的慢性消费贫困问题。

第二，在此基础上通过开发式扶贫方式"扩能"，即增强贫困人口的自我组织水平、自我发展能力和市场竞争能力。此外，由于扶贫资源有限，政府独立解决贫困问题难度较大，因而还应推行市场化扶贫方式，实现政府部门、市场主体和社会成员的协调配合，从而提高扶贫工作效率和扶贫资源利用效率。

2. 以实施参与式社区综合发展项目为契机，推进"就地城镇化"和"城乡均等化"，大力发展"回归经济"，加速贫困社区脱贫进程

就地城镇化与异地城镇化相对，包括"离土不离乡"城镇化和"不离土不离乡"城镇化，是继"离土离乡"城镇化之后探索的新型城镇化道路，意指以中小城镇或新型农村社区建设为依托，按照城乡统筹、城乡一体、产城互动、生态宜居的理念，通过发展生产和提高农民收入，加强社会事业建设，促进农民职业化或非农化、思想观念现代化、生活方式城市化和本地产业化。在贫困地区实施参与式社区综合发展将农村变成新社区应是"就地城镇化"的题中之义，或可作为削弱传统城镇化所致城市病或"反城市化"倾向的手段之一。

城乡均等化，亦称城乡等值，是德国赛德尔基金会于 1950 年开始倡导的农村发展试验，旨在促进农民与市民的收入等值、公共服务等值、社会

---

① 永久性贫困人口指永久性丧失了体力和智力，如年老体弱、终身残疾、痴呆等。

保障等值和生活便利程度等值，即城乡居民的生活质量或幸福指数大体相当，具有同等的生活、工作及交通条件，能共享改革发展成果。其核心理念在于"城乡生活不同类但等值"，具体而言，即运用乡村革新与土地整理的手段，来达到"在农村社区生活并不代表生活水平低、生活质量差"的目标。

"回归经济"是指在国家加快推进城乡一体化、鼓励自主创业的宏观背景下，地方政府以乡情亲情为纽带，通过"集凤筑巢"，吸引、鼓励外出人才或务工人员携带项目、资金、技术、信息以及先进理念等返乡创业，参与家乡建设的一种经济发展模式。其意义和作用在于：利于就近解决贫困农村剩余劳动力的就业问题；促进农民思想观念、思维方式更新和生活方式进步，提高农村社区文明和谐程度；带动贫困地区经济发展，增强地方经济实力，加快农村社区就地城镇化。

3. 保持国民经济持续快速、高质量增长，加大收入分配调节力度，完善农村社区贫困人口福利体系，实现福利的社会性压倒福利的特权性

世界银行高级副行长韦诺德·托马斯（2010）认为，中国近年来的减贫工作取得重大进展，减贫速度高居全球首位，但国家收入差距却并未缩小。[①] 这种多国普遍出现的差异化问题警醒着世人，世界减贫发展需更加注重经济增长质量，以利于减少极端贫困、缩小结构性不平等和保护生态环境。当然，除了继续强化经济增长的减贫作用外，收入分配尤其是再分配对农村减贫的决定性作用也不容忽视，因为收入分配在不同时期减贫效应不同，当收入分配或收入不平等程度恶化时，将会部分抵消经济增长或收入增长的减贫效应。

福利虽不等于特权，但在权力干预下却可转化为某些党政官员甚或关系户的特权。因此，须变革现行社会福利制度，抵制权力干扰，构建政府主导的兼具普惠适度性、社会性和差异性特征的贫困人口福利体系。其中，政府主导意指政府须在政策、法律、组织和资金等方面提供有效保障；普惠适度性意指福利应惠及所有贫困人口，且须与当前人口、资源、

---

① 2010 年 11 月 17 日，中国国际扶贫中心第五期名人讲坛。

环境和政治经济发展水平相适应；社会性意指所建福利体系应增强贫困人口的社会归属感，并能平衡贫困人口自身长短期利益乃至与其他各方之间的利益；差异性意指福利体系要兼顾地区差异（因地制宜）和群体差异（适可而止），既维持贫困人口劳动力再生，又消除其滋生懒惰习气与不劳而获的"等靠要"思想。

4. 正确处理扶贫监督与扶贫信任之间的关系，严防、严惩农村社区"苍蝇式"扶贫腐败，建立完善的内控机制和常态化、多元化的监督检查体系

作为贫困人口的"保命钱"和减贫脱贫的"助推剂"，近年扶贫助困资金的监管使用受到社会各界的高度关注。扶贫监督不是故意"找茬儿"，它既是制度关怀，更是提升扶贫质量的保障。在参与式社区综合发展实施过程中，处理扶贫信任与扶贫监督的关系应以"信任不是放弃监督的借口，没有监督的信任即为轻信"为指导思想。扶贫腐败，广义而言，是指扶贫资金被侵吞贪污、挤占挪用、骗取滥用、滞留沉淀以及虚报冒领等违纪行为。而惩治扶贫腐败，归根结底是资金分配与管理的权力监督问题。

与马克思总结、描述资本家获取剩余价值时的心理类似，中国反腐专家经调查研究后得出的事实结论是：当权力失去 20% 的监督时，它就蠢蠢欲动；当权力失去 40% 的监督时，它就破门而出；当权力失去 60% 的监督时，它就铤而走险；当权力失去 80% 的监督时，它就敢践踏一切法律；当权力失去 100% 的监督时，它就不怕上断头台。这一规律在扶贫腐败现象中同样存在，当前多起特大"集体沦陷"式的扶贫系列腐败案即是有力例证。

"苍蝇式"扶贫腐败问题肇因复杂，为遏制、杜绝此类现象频发，让农村社区扶贫资金使用管理规定成为任何部门、单位、个人都不容触碰的"高压线"，各级政府须建立健全扶贫资金监督管理制度，并严格执行、全面落实。首先，研究制定扶贫单位内部控制制度，确保扶贫资金信息披露和扶贫对象、项目公示公告及时、准确、真实、完整。其次，建立常态化、多元化的监督检查体系。其中，地方政府承担财政专项扶贫资金监管的主要责任（以强化资金和项目运行监管作为工作重心），既要积极配合审计、纪检、监察等部门开展行政监督工作，又应进一步发挥社会监督作用（如引入第三方评估机构），还需正确运用好新闻舆论监督，并引导扶贫对象自主参与监督。

参考文献

［1］阿玛蒂亚·森：《贫困与饥荒》，王宇、王文玉译，商务印书馆2001年版。

［2］阿玛蒂亚·森：《以自由看待发展》，任赜、于真译，中国人民大学出版社2002年版。

［3］奥本海默：《贫困的真相》，英国伦敦阿伦莱恩图书公司1993年版。

［4］白菊红：《农村家庭户主人力资本存量与家庭收入关系实证分析》，载于《西北农林科技大学学报》（社会科学版）2004年第5期。

［5］边燕杰、丘海雄：《企业的社会资本及其功效》，载于《中国社会科学》2000年第2期。

［6］蔡昉：《中国收入差距和贫困研究：我们知道什么，我们应该知道什么?》，载于工作论文系列四十二，2005年。

［7］蔡昉、陈凡、张车伟：《政府开发式扶贫资金政策与投资效率》，载于《中国青年政治学院学报》2001年第2期。

［8］曹宝、秦其明、王秀波等：《自然资本：内涵及其特点辨析》，载于《中国集体经济》2009年第12期。

［9］蔡志海：《汶川地震灾区贫困村农户生计资本分析》，载于《中国农村经济》2010年第12期。

［10］柴瑞娟：《我国农村社会保障构建困境与求解之道——基于国家责任的视角》，载于《社会科学家》2011年第5期。

［11］陈传波：《农户风险与脆弱性：一个分析框架及贫困地区的经验》，载于《农业经济问题》2005年第8期。

［12］陈健生：《生态脆弱地区农村慢性贫困研究——基于600个国家扶贫重点县的监测证据》，经济科学出版社2009年版。

[13] 程名望、Jin Yanhong、盖庆恩、史清华：《农村减贫应该更关注教育还是健康？——基于收入增长和差距缩小双重视角的实证》，载于《经济研究》2014 年第 11 期。

[14] 陈俊：《新世纪以来中国农村扶贫开发面临的困境》，载于《学术界》2012 年第 9 期。

[15] 陈卫平、申学锋：《农村绝对贫困人口：救助式扶贫还是开发式扶贫？》，载于《财政研究》2006 年第 5 期。

[16] 陈少晖、李丽琴：《财政压力视域下的农村社会保障制度变迁（1949—2009）》，载于《福建论坛》（人文社会科学版）2010 年第 11 期。

[17] 陈树强：《增权：社会工作理论与实践的新视角》，载于《社会学研究》2003 年第 5 期。

[18] 楚永生：《参与式扶贫开发模式的运行机制及绩效分析——以甘肃省麻安村为例》，载于《中国行政管理》2008 年第 11 期。

[19] 丁冬、王秀华、郑风田：《社会资本、农户福利与贫困——基于河南省农户调查数据》，载于《中国人口·资源与环境》2013 年第 7 期。

[20] 段世江、石春玲：《"能力贫困"与农村反贫困视角选择》，载于《中国人口科学》2005 年第 s1 期。

[21] 范小建：《60 年：扶贫开发的攻坚战》，载于《求是》2009 年第 20 期。

[22] 范斌：《弱势群体的增权及其模式选择》，载于《学术研究》2004 年第 12 期。

[23] 符想花：《恩格尔系数在我国应用的缺陷及原因分析》，载于《经济经纬》2003 年第 5 期。

[24] 高美红：《"三农"问题与农村社会保障制度建设》，载于《党政干部学刊》2009 年第 1 期。

[25] 高进水：《我国农村社会保障制度体系的变迁》，载于《财政研究》2010 年第 2 期。

[26] 甘健胜、黄泽民：《城镇居民恩格尔系数降速放缓趋势及其因素分析——基于运用分形分析方法的研究》，载于《管理世界》2006 年第 12 期。

[27] 格里·斯托克：《作为理论的治理：五个论点》，载于《国际社会科学杂志》（中文版）1999 年第 1 期。

[28] 郭建宇、吴国宝：《基于不同指标及权重选择的多维贫困测量——以山西省贫困县为例》，载于《中国农村经济》2012 年第 2 期。

[29] 郭圣乾、张纪伟：《农户生计资本脆弱性分析》，载于《经济经纬》2013 年第 3 期。

[30] 郭君平、吴国宝：《社区综合发展减贫方式的农户收入效应评价——以亚洲开发银行贵州纳雍社区扶贫示范项目为例》，载于《中国农村观察》2013 年第 6 期。

[31] 郭君平、吴国宝：《社区综合发展减贫方式对农户生活消费的影响评价——以亚行贵州纳雍社区扶贫示范项目为例》，载于《经济评论》2014 年第 1 期。

[32] 郭志仪、常晔：《农户人力资本投资与农民收入增长》，载于《经济科学》2007 年第 3 期。

[33] 国家统计局：《2003 中国农村贫困监测报告》，中国统计出版社 2003 年版。

[34] 国务院扶贫办：《建立精准扶贫工作机制实施方案》，http://www. sdfgw. gov. cn/art/2014/6/4/art_95_82066. html，2014 年 5 月 12 日。

[35] 关爱萍、李静宜：《人力资本、社会资本与农户贫困——基于甘肃省贫困村的实证分析》，载于《教育与经济》2017 年第 1 期。

[36] 韩菡、钟甫宁：《劳动力流出后"剩余土地"流向对于当地农民收入分配的影响》，载于《中国农村经济》2011 年第 4 期。

[37] 韩峥：《脆弱性与农村贫困》，载于《农业经济问题》2004 年第 10 期。

[38] 韩广富、王丽君：《当代中国农村扶贫开发的历史经验》，载于《东北师大学报》（哲学社会科学版）2006 年第 1 期。

[39] 贺菊煌：《用基本的生命周期模型研究储蓄率与收入增长率的关系》，载于《数量经济与技术经济研究》1998 年第 3 期。

[40] 何仁伟：《山区聚落农户可持续生计发展水平及空间差异分析——以四川省凉山州为例》，载于《中国科学院大学学报》2014 年第 2 期。

［41］洪兴建、邓倩：《中国农村贫困的动态研究》，载于《统计研究》2013 年第 5 期。

［42］胡鞍钢、胡琳琳、常志霄：《中国经济增长与减少贫困（1978—2004）》，载于《清华大学学报》（哲学社会科学版）2006 年第 5 期。

［43］黄季焜：《改革以来中国农业资源配置效率的变化及评价》，载于《中国农村观察》1999 年第 2 期。

［44］黄季焜，S. Rozelle，章奇：《中国的经济增长、收入分配与贫困》，北大中国经济研究中心（林毅夫发展论坛，http：//jlin. ccer. edu. cn/article/article. asp？id＝254）工作论文，2004 年。

［45］黄承伟、王小林、徐丽萍：《贫困脆弱性：概念框架和测量方法》，载于《农业技术经济》2010 年第 8 期。

［46］姜爱华：《政府开发式扶贫资金绩效研究》，中国财政经济出版社 2008 年版。

［47］姜爱华：《我国政府开发式扶贫资金投放效果的实证分析》，载于《中央财经大学学报》2008 年第 2 期。

［48］焦国栋：《当前我国农村扶贫开发面临的问题与矛盾》，载于《中共中央党校学报》2004 年第 4 期。

［49］康晓光：《中国贫困与反贫困理论》，广西人民出版社 1995 年版。

［50］来仪：《"参与式"农村扶贫模式在四川民族地区的实施及非经济性因素分析》，载于《西南民族大学学报》（人文社科版）2004 年第 10 期。

［51］雷晓康、王茜：《中国最低生活保障制度现状与回顾》，载于《社会保障研究》2009 年第 2 期。

［52］李实、J. Knight：《中国城市中的三种贫困类型》，载于《经济研究》2000 年第 10 期。

［53］李金叶、周耀治、任婷：《经济增长、收入分配的减贫效应探析——以新疆为例》，载于《经济问题》2012 年第 2 期。

［54］李小云、于乐荣、齐顾波：《2000～2008 年中国经济增长对贫困减少的作用：一个全国和分区域的实证分析》，载于《中国农村经济》2010 年第 4 期。

[55] 李小云、董强、饶小龙等：《农户脆弱性分析方法及其本土化应用》，载于《中国农村经济》2007年第4期。

[56] 李瑾瑜：《贫困文化的变革与农村教育的发展》，载于《教育理论与实践》1997年第1期。

[57] 李秉龙、李金亚：《中国农村扶贫开发的成就、经验与未来》，载于《人民论坛》2011年第11期。

[58] 李文、李芸：《中国农村贫困若干问题研究》，中国农业出版社2009年版。

[59] 李甫春：《广西少数民族地区的十种扶贫开发模式》，载于《民族研究》2000年第4期。

[60] 李昌平：《开发式扶贫模式检讨》，载于《学习时报》，2006年10月2日。

[61] 李庆梅、聂佃忠：《负所得税,是实现扶贫开发与农村低保制度有效衔接的现实选择》，载于《中共中央党校学报》2010年第5期。

[62] 李丽、白雪梅：《我国城乡居民家庭贫困脆弱性的测度与分解——基于CHNS微观数据的实证研究》，载于《数量经济技术经济研究》2010年第8期。

[63] 李生辉：《中国农村恩格尔系数的影响因素分析》，载于《经济论坛》2011年第7期。

[64] 黎洁、邰秀军：《西部山区农户贫困脆弱性的影响因素：基于分层模型的实证研究》，载于《当代经济科学》2009年第5期。

[65] 林卡、陈梦雅：《社会政策的理论和研究范式》，中国劳动社会保障出版社2008年版。

[66] 刘畅：《中国益贫式增长中的经济政策研究》，载于东北财经大学博士学位论文，2009年。

[67] 刘坚：《新阶段扶贫开发的成就与挑战》，中国财政经济出版社2006年版。

[68] 刘爽：《试论消除能力贫困与西部大开发》，载于《中国人口科学》2001年第5期。

[69] 刘家强、唐代盛、蒋华：《中国新贫困人口及其社会保障体系构

建的思考》，载于《人口研究》2005 年第 5 期。

[70] 刘瑞明、赵仁杰：《西部大开发：增长驱动还是政策陷阱——基于 PSD – DID 方法的研究》，载于《中国工业经济》2015 年第 6 期。

[71] 刘延东：《为贫困地区孩子开启健康成长、实现梦想的幸福之门——在全面改善贫困地区义务教育薄弱学校基本办学条件电视电话会议上的讲话》，载于《光明日报》，2014 年 3 月 14 日。

[72] 刘书鹤：《农村社会保障的若干问题》，载于《人口研究》2001 年第 5 期。

[73] 刘玉玺：《贫困山区农村社会保障制度亟待完善》，载于《武汉金融》2010 年第 9 期。

[74] 刘冬梅：《中国政府开发式扶贫资金投放效果的实证研究》，载于《管理世界》2001 年第 6 期。

[75] 刘荣章、陈志峰、翁伯琦：《海西背景下福建省农村扶贫开发的挑战与对策》，载于《东南学术》2012 年第 3 期。

[76] 刘艳梅：《西部地区生态型反贫困战略选择》，载于《理论前沿》2006 年第 4 期。

[77] 刘坚：《中国农村减贫研究》，中国财政经济出版社 2009 年版。

[78] 刘恩来、徐定德、谢芳婷等：《基于农户生计策略选择影响因素的生计资本度量——以四川省 402 户农户为例》，载于《西南师范大学学报》（自然科学版）2015 年第 40 卷第 12 期。

[79] 路高信：《西部欠发达地区扶贫开发与新农村建设协调推进的成功实践——陕西省实施板块推进、连片开发式扶贫战略调查》，载于《中国延安干部学院学报》2008 年第 6 期。

[80] 陆文聪、余新平：《中国农业科技进步与农民收入增长》，载于《浙江大学学报》（人文社会科学版）2013 年第 4 期。

[81] 罗知：《地方财政支出与益贫式经济增长——基于中国省际数据的经验研究》，载于《武汉大学学报》（哲学社会科学版）2011 年第 3 期。

[82] 马崇明：《试论恩格尔系数在我国的局限性及其解决办法》，载于《当代财经》1994 年第 3 期。

[83] 马克林、冯乐安：《促进生态环境保护与扶贫开发的良性互

动——以甘肃民族地区为例》，载于《科学经济社会》2010 年第 2 期。

[84] 乔召旗：《扶贫政策、经济增长对中国扶贫工作的影响》，载于《云南社会科学》2009 年第 2 期。

[85] 覃建雄、张培、陈兴：《旅游产业扶贫开发模式与保障机制研究——以秦巴山区为例》，载于《西南民族大学学报》（人文社会科学版）2013 年第 7 期。

[86] 全球治理委员会：《我们的全球伙伴关系》，牛津大学出版社 1995 年版。

[87] 任燕顺：《对整村推进扶贫开发模式的实践探索与理论思考——以甘肃省为例》，载于《农业经济问题》2007 年第 8 期。

[88] 阮敬：《中国农村亲贫困增长测度及其分解》，载于《统计研究》2007 年第 11 期。

[89] 尚卫平、姚智谋：《多维贫困测度方法研究》，载于《财经研究》2005 年第 31 期。

[90] 陕立勤、K. S. Lu：《对我国政府主导型扶贫模式效率的思考》，载于《开发研究》2009 年第 1 期。

[91] 盛来运：《经济增长和收入分配对农村贫困变动的影响》，载于《中国农村观察》1997 年第 6 期。

[92] 史清华、晋洪涛：《征地一定降低农民收入吗：上海 7 村调查——兼论现行征地制度的缺陷与改革》，载于《管理世界》2011 年第 3 期。

[93] 宋子良：《中国扶贫实践及存在问题》，载于《华中科技大学学报》（社会科学版）2001 年第 1 期。

[94] 宋镇修、王雅林：《农村社会学》，黑龙江教育出版社 1993 年版。

[95] 宋洪远：《扶贫攻坚的"中国经验"》，载于《光明网理论专稿》，2016 年 10 月 13 日。

[96] 宋元梁、肖卫东：《中国城镇化发展与农民收入增长关系的动态计量经济分析》，载于《数量经济技术经济研究》2005 年第 9 期。

[97] 孙梦洁、韩华为：《中国农村患者的医疗需求行为研究——来自三省农户调查的实证分析》，载于《经济科学》2013 年第 2 期。

［98］ 孙梦洁、韩华为：《灾害、风险冲击对农户贫困脆弱性影响的研究综述》，载于《生产力研究》2013 年第 4 期。

［99］ 唐丽霞、李小云、左停：《社会排斥、脆弱性和可持续生计：贫困的三种分析框架及比较》，载于《贵州社会科学》2010 年第 12 期。

［100］ 世界银行：《1990 年世界发展报告》，中国财政经济出版社 1990 年版。

［101］ 世界银行：《2000/2001 年世界发展报告：与贫困作斗争》，中国财政经济出版社 2001 年版。

［102］ 万广华、刘飞、章元：《资产视角下的贫困脆弱性分解：基于中国农户面板数据的经验分析》，载于《中国农村经济》2014 年第 4 期。

［103］ 汪三贵：《在发展中战胜贫困——对中国 30 年大规模减贫经验的总结与评价》，载于《管理世界》2008 年第 11 期。

［104］ 汪三贵、A. Park 和 S. Chaudhuri 等：《中国新时期农村扶贫与村级贫困瞄准》，载于《管理世界》2007 年第 1 期。

［105］ 王丽：《完善现行农村社会保障制度的对策》，载于《经济纵横》2009 年第 4 期。

［106］ 王冰冰：《经济增长与收入分配减贫作用的动态比较研究》，载于《商业时代》2010 年第 22 期。

［107］ 王淑婕、顾锡军：《区域发展视野下的青海藏区扶贫开发困境与解策》，载于《青海社会科学》2012 年第 3 期。

［108］ 王三秀：《可持续生计视角下我国农村低保与扶贫开发的有机衔接》，载于《宁夏社会科学》2010 年第 4 期。

［109］ 王小林、S. Alkire：《中国多维贫困测量：估计和政策含义》，载于《中国农村经济》2009 年第 12 期。

［110］ 王朝明：《中国农村 30 年开发式扶贫：政策实践与理论反思》，载于《贵州财经学院学报》2008 年第 6 期。

［111］ 王永平、周丕东、陈德寿：《参与式发展与农村可持续扶贫开发——亚行贵州纳雍社区综合扶贫示范项目个案分析》，载于《美中公共管理》2006 年第 1 期。

［112］ 王文略、毛谦谦、余劲：《基于风险与机会视角的贫困再定

义》，载于《中国人口资源与环境》2015年第12期。

[113] 文秋良：《经济增长与缓解贫困：趋势、差异与作用》，载于《农业技术经济》2006年第3期。

[114] 伍艳：《贫困地区农户生计脆弱性的测度——基于秦巴山片区的实证分析》，载于《西南民族大学学报》（人文社会科学版）2015年第5期。

[115] 伍艳：《贫困山区农户生计资本对生计策略的影响研究——基于四川省平武县和南江县的调查数据》，载于《农业经济问题》2016年第3期。

[116] 吴国宝：《将乡村振兴战略融入脱贫攻坚之中》，载于光明网（理论频道）2018年1月2日。

[117] 吴江、黄晶：《社会资本理论剖析》，载于《理论学刊》2004年第5期。

[118] 武拉平、郭俊芳、赵泽林等：《山西农村贫困脆弱性的分解和原因研究》，载于《山西大学学报》（哲学社会科学版）2012年第6期。

[119] 西奥多·W. 舒尔茨：《人力投资——人口质量经济学》，贾湛、施炜译，华夏出版社1990年版。

[120] 向东：《消除贫困必须加强农村社会保障制度建设》，载于《经济问题探索》2002年第6期。

[121] 谢健：《恩格尔定律的实用性及恩格尔系数的修正》，载于《统计研究》1993年第1期。

[122] 熊丽英：《贫困文化和文化贫困》，载于《求索》2004年第2期。

[123] 熊曼曼：《我国农村社会保障的现状与问题探究》，载于《思想战线》2011年第S2期。

[124] 徐伟、章元、万广华：《社会网络与贫困脆弱性——基于中国农村数据的实证分析》，载于《学海》2011年第4期。

[125] 徐晓鹏：《农村基础设施建设对社区综合发展的影响研究——以亚行贵州社区扶贫示范项目为例》，载于《农林经济管理学报》2016年第1期。

[126] 姚福喜、徐尚昆：《国外社会资本理论研究进展》，载于《理论

月刊》2008 年第 5 期。

[127] 姚云云、郑克岭：《发展型社会政策嵌入我国农村反贫困路径研究》，载于《中国矿业大学学报》（社会科学版）2012 年第 2 期。

[128] 姚毅：《城乡贫困动态演化的实证研究——基于家庭微观面板数据的解读》，载于《财经科学》2012 年第 5 期。

[129] 杨小柳：《参与式扶贫的中国实践和学术反思——基于西南少数民族贫困地区的调查》，载于《思想战线》2010 年第 3 期。

[130] 杨颖：《从中国农村贫困的特征分析看反贫困战略的调整》，载于《社会科学家》2012 年第 2 期。

[131] 杨颖：《经济增长、收入分配与贫困：21 世纪中国农村反贫困的新挑战——基于 2002—2007 年面板数据的分析》，载于《农业技术经济》2010 年第 8 期。

[132] 杨颖、胡娟：《贵州扶贫开发成效、历程及挑战思考》，载于《开发研究》2013 年第 2 期。

[133] 杨慧敏、罗庆、许家伟：《中国农村贫困的动态发展及影响因素分析》，载于《经济经纬》2016 年第 5 期。

[134] 杨云彦、赵锋：《可持续生计分析框架下农户生计资本的调查与分析——以南水北调（中线）工程库区为例》，载于《农业经济问题》2009 年第 3 期。

[135] 杨文、孙蚌珠、王学龙：《中国农村家庭脆弱性的测量与分解》，载于《经济研究》2012 年第 4 期。

[136] 杨龙、汪三贵：《贫困地区农户脆弱性及其影响因素分析》，载于《中国人口资源与环境》2015 年第 10 期。

[137] 叶普万：《中国城市贫困问题研究论纲》，中国社会科学出版社2007 年版。

[138] 叶兴庆：《中国将继续发挥扶贫领跑者作用》，载于《中国经济时报》，2016 年 10 月 14 日。

[139] 尹海洁、唐雨：《贫困测量中恩格尔系数的失效及分析》，载于《统计研究》2009 年第 5 期。

[140] 俞可平：《治理与善治》，社会科学文献出版社 2000 年版。

[141] 于敏：《贫困县农户动态贫困实证研究——以内蒙古自治区、甘肃省贫困县为例》，载于《华南农业大学学报》（社会科学版）2011 年第 2 期。

[142] 余永定、李军：《中国居民消费函数的理论与验证》，载于《中国社会科学》2000 年第 1 期。

[143] 原华荣：《生产性贫困与社会性贫困》，载于《社会学研究》1990 年第 6 期。

[144] 詹姆斯·罗西瑙：《没有政府的治理》，江西人民出版社 2001 年版。

[145] 赵玺玉：《新时期中国农村扶贫开发面临的挑战及其对策》，载于《中国石油大学学报》（社会科学版）2008 年第 5 期。

[146] 赵昌文、郭晓鸣：《贫困地区扶贫模式：比较与选择》，载于《中国农村观察》2000 年第 6 期。

[147] 赵卫亚：《我国农村居民恩格尔系数变动规律探析》，载于《农业经济问题》1999 年第 6 期。

[148] 赵雪雁、赵海莉、刘春芳：《石羊河下游农户的生计风险及应对策略——以民勤绿洲区为例》，载于《地理研究》2015 年第 5 期。

[149] 张永丽、王虎中：《新农村建设：机制、内容与政策——甘肃省麻安村"参与式整村推进"扶贫模式及其启示》，载于《中国软科学》2007 年第 4 期。

[150] 张海霞、庄天慧：《非政府组织参与式扶贫的绩效评价研究——以四川农村发展组织为例》，载于《开发研究》2010 年第 3 期。

[151] 张其仔：《社会资本论——社会资本与经济增长》，社会科学文献出版社 1999 年版。

[152] 张全红、张建华：《贫困、经济增长与脱贫时间：基于中国城镇居民调查数据的分析》，载于《南方经济》2007 年第 3 期。

[153] 张萃：《中国经济增长与贫困减少——基于产业构成视角的分析》，载于《数量经济技术经济研究》2011 年第 5 期。

[154] 张浩淼：《关于贫困问题的社会保障学分析》，载于《兰州学刊》2007 年第 5 期。

[155] 张平：《中国农村贫困人口最低生活保障方式相关问题解析》，载于《中央财经大学学报》2008 年第 4 期。

[156] 张畅：《发展现代农业推进扶贫开发——以安徽大别山区为例》，载于《中国农村经济》2007 年第 S1 期。

[157] 张大维：《生计资本视角下连片特困区的现状与治理——以集中连片特困地区武陵山区为对象》，载于《华中师范大学学报》（人文社会科学版）2011 年第 4 期。

[158] 张红芳、吴威：《心理资本、人力资本与社会资本的协同作用》，载于《经济管理》2009 年第 7 期。

[159] 张清霞：《贫困动态性研究》，载于《湖南农业大学学报》（社会科学版）2008 年第 3 期。

[160] 张世伟、郝东阳：《分位数上城镇居民消费支出的决定》，载于《财经问题研究》2011 年第 9 期。

[161] 张磊、范淑娟、赵悦辰：《我国农村恩格尔系数影响因素的研究》，载于《华东经济管理》2013 年第 2 期。

[162] 周沛：《社会福利体系研究》，中国劳动社会保障出版社 2007 年版。

[163] 周华：《益贫式增长的定义、度量与策略研究——文献回顾》，载于《管理世界》2008 年第 4 期。

[164] 周振、兰春玉：《我国农户贫困动态演变影响因素分析——基于 CHNS 家庭微观数据的研究》，载于《经济与管理》2014 年第 3 期。

[165] 朱国宏：《经济社会学》，复旦大学出版社 1999 年版。

[166] 中华人民共和国国务院新闻办公室：《中国农村扶贫开发的新进展（白皮书）》，2011 年。

[167] 中国农村贫困定性调查课题组：《中国 12 村贫困调查（理论卷）》，社会科学文献出版社 2009 年版。

[168] 中央财经领导小组办公室：《农村政策简明读本》，中共中央党校出版社 2001 年版。

[169] 邹水清、周学武：《建立效益性扶贫开发资金分配制度》，载于《湖北社会科学》1997 年第 1 期。

［170］祝汉顺:《马边彝族自治县扶贫开发模式评价指标体系研究》，载于《经济研究导刊》2013 年第 12 期。

［171］Alwang, J. , Siegel, P. B. , and Jorgensen, S. L. . Vulnerability: A Review from Different Disciplines. The World Bank Social Protection Discussion Paper, No. 0015, 2001.

［172］Bane, M. J. , and D. Ellwood. Slipping into and out of Poverty: The Dynamics of Spells ［J］. Journal of Human Resources, 1986, 21 (1): 1 - 23.

［173］Baumgartner, R. and Hogger. In Search of Sustainable Livelihood Systems ［M］. Sage Publications Ltd, New Delhi, Thousand Oaks, London, 2004.

［174］Berg, M. V. . Household Income Strategies and Natural Disasters: Dynamic Livelihoods in Rural Nicaragua ［J］. Ecological Economics, 2010, (69): 592 - 602.

［175］Bourdieu, P. . The Forms of Social Capital ［A］. in Handbook of Theory and Research for the Sociology of Education, New York: Greenwood Press, 1986: 241 - 258.

［176］Chaudhuri, S. , Jalan, J. , and Suryahadi, A. . Assessing Household Vulnerability to Poverty from Cross - Sectional Data: A Methodology and Estimates from Indonesia. Discussion Paper Series No. 0102 - 52, 2002, Department of Economics, Columbia University.

［177］Chaudhuri, S. , and M. Ravallion. How Well do Static Indicators Identify the Chronically Poor ［J］. Journal of Public Economics, 1994, 53 (3): 367 - 394.

［178］Chaskin, R. J. . Building Community Capacity: A Definitional Framework and Case Studies from a Comprehensive Community Initiative ［J］. Urban Affairs Review, 2001 (36): 291 - 322.

［179］Chenery, H. , S. Ahluwalia, and C. Bell, et al. . Redistribution with Growth ［J］. Oxford: Oxford University Press, 1974.

［180］Coleman, J. S. . Social Capital in the Creation of Human Capital ［J］. American Journal of Sociology, 1988 (94) : 95 - 120.

［181］Coudouel, A., and J. Hentsehel. Poverty Data and Measurement ［J］. The World Bank: Washington, D. C., memo, 2000.

［182］Craig, G.. Community Capacity – building: Something Old, Something New...?［J］. Critical Social Policy, 2007, 27 (3): 335 – 359.

［183］Dercon, S., and P. Krishnan. Vulnerability, Seasonality and Poverty in Ethiopia ［J］. Journal of Development Studies, 2000, 36 (6): 25 – 53.

［184］DFID, Sustainable Livelihoods Guidance Sheets ［R］. Department for International Development, 2000.

［185］Dollar, D., and A. Karry. Growth Is Good for the Poor ［J］. Journal of Economic Growth, 2002, 7 (3): 195 – 225.

［186］Doksum, K.. Empirical Probability Plots and Statistical Inference for Nonlinear Models in the Two – Sample Case ［J］. Annals of Statistics, 1974 (2): 267 – 277.

［187］Fishlow, A.. Brazilian Size Distribution of Income ［J］. American Economic Review, 1972, 62 (1/2): 391 – 402.

［188］Foster, J., E. J. Greer, and E. Thorbecke. A Class of Decomposable Poverty Measures ［J］. Econometrica, 1984, 52 (3): 761 – 766.

［189］Friedmann, J.. Empowerment: The Politics of Alternative Development ［J］. Oxford: Blackwell, 1992: 31 – 35.

［190］Hanifan, L. J.. The Rural School Community Centre ［J］. Annals of the American Academy of Political and Social Science, 1916 (67): 130.

［191］Herrera, J., and F. Roubaud. Urban Poverty Dynamics in Peru and Madagascar 1997 – 1999: A Panel Data Analysis ［J］. International Planning Studies, 2005, 10 (1): 21 – 48.

［192］Hill Martha S.. Some Dynamic Aspects of Poverty. In: Hill Martha S., Hill Daniel H., & Morgan James N. (ed), Five Thousand American Families: Patterns of Economic Progress. Michigan: Institute for Social Research, 1981, pp. 93 – 120.

［193］Huang, J. K., Q. Zhang, and S. Rozelle. Economic Growth, the Nature of Growth and Poverty Reduction in Rural China ［J］. China Economic

Journal, 2008, 1 (1): 107 –122.

[194] Hulme, D. , and A. Shepherd. Conceptualizing Chronic Poverty [J]. World Development, 2003, 31 (3): 403 –423.

[195] Imbens, G. , and J. Wooldridge. Recent Developments in the Econometrics of Program Evaluation [J]. Journal of Economic Literature, 2009, 47 (1): 5 –86.

[196] Islam, A. , and Maitra, P. . Health Shocks and Consumption Smoothing in Rural Households: Does Microcredit have a Role to Play? [J]. Journal of Development Economics, 2012, (97): 232 –243.

[197] Kakwani, N. , and E. Pernia. What is Pro – poor Growth? [J]. Asian Development Review, 2000, 18 (1): 1 –16.

[198] Kamanou, G. , and J. Morduch. Measuring Vulnerability to Poverty. World Institute for Development Economies Research, Discussion Paper, No. 58, 2002.

[199] Kraay, A. . When is Growth Pro – poor? Evidence from a Panel of Countries [J]. Journal of Development Economics, 2006 (6): 198 –227.

[200] Kuznets, S. . Economic Growth and Income Inequality [J]. American Economic Review, 1955, 45 (1): 1 –28.

[201] Kühl, J. J. . Disaggregating Household Vulnerability Analyzing Fluctuation in Consumption Using a Simulation Approach. Institute of Economics, University of Copenhagen, manuscript, 2003.

[202] Lancaster, G. , Ray, R. , and Valenzuela, M. . A Cross – country Study of Equivalence Scales and Expenditure Inequality on Unit Record Household Budget Data [J]. Review of Income and Wealth, 1999 (4): 455 –482.

[203] Lehmann, E. . Non – parametrics: Statistical Methods Based on Ranks [M]. San Francisco, 1974, Holden – Day.

[204] Ligon. , E. , and L. Sehechter. Measuring Vulnerability [J]. Economic Journal, 2003, 113 (486): C95 –110.

[205] Lin Nan. Social Capital: A Theory of Social Structure and Action [M]. Cambridge: Cambridge University Press, 2003.

［206］Perkins, D. D., and M. A.. Zimmerman, Empowerment Theory, Research, and Application ［J］. American Journal of Community Psychology, 1995, 23 (5): 569 – 579.

［207］Pritchitt, L., A. Suryhadi, and S. Sumarto. Quantifying Vulnerability to Poverty: A Proposed Measure, with Application to Indonesia. Policy Research Working Paper, No. 2437, 2000.

［208］Putnam, R. D.. The Prosperous Community: Social Capital and Public Life ［J］. The American Prospect, 1993 (13): 35 – 42.

［209］Gibson, J., and S. Rozelle. Poverty and Access to Roads in Papua New Guinea ［J］. Economic Development and Cultural Change, 2003, 52 (1): 159 – 185.

［210］Grosse, M., K. Harttgen, and S. Klasen. Measuring Pro – Poor Growth in Non – Income Dimensions ［J］. World Development, 2008, 36 (3): 1021 – 1047.

［211］Gutiérrez L. M.. Working with Women of Color: An Empowerment Perspective ［J］. Social Work, 1990 (3): 149 – 153.

［212］Gutiérrez L. M., and R. Ortega. Developing Methods to Empower Latinos: The Importance of Groups ［J］. Social Work with Groups, 1991, 14 (2): 23 – 43.

［213］Ravallion, M.. Measuring Social Welfare with and without Poverty Lines ［J］. American Economic Review, 1994, 84 (2): 359 – 364.

［214］Ravallion, M., and S. H. Chen. Measuring Pro – Poor Growth ［J］. Economic Letters, 2003, 78 (1): 93 – 99.

［215］Ravallion, M., and S. H. Chen. China's Uneven Progress Against Poverty ［J］. Journal of Development Economics, 2007, 82 (1): 1 – 42.

［216］Sherbinin, A. D., Vanwey, L. K., Mcsweeney, K., et al.. Rural Household Demographics, Livelihoods and the Environment ［J］. Global Environmental Change, 2008 (18): 38 – 53.

［217］Rhodes, R. A. W.. The New Governance: Governing without Government ［J］. Political Studies, 1996, 3 (44): 653.

［218］ Simpson, L., Wood, L. and Daws, L.. Community Capacity Building: Starting with People not Projects ［J］. Community Development Journal, 2003, 38 (4): 277 – 286.

［219］ Solomon, B. B.. Black Empowerment: Social Work in Oppressed Community ［M］. NY: Columbia University Press, 1976.

［220］ Soltani, A., Angelsen, A., Eid, T., et al.. Poverty, Sustainability, and Household Livelihood Strategies in Zagros, Iran ［J］. Ecological Economics, 2012, (79): 60 – 70.

［221］ Son, H. H.. A Note on Pro-Poor Growth ［J］. Economic Letters, 2004, 82 (3): 307 – 314.

［222］ Rowntree, B. S.. Poverty: A Study of Town Life ［M］. London: Macmillan, 1901.

［223］ Tsegaye, D., Vedeld, P., and Moe, S. R.. Pastoralists and Livelihoods: A Case Study from Northern A Far, Ethiopia ［J］. Journal of Arid Environments, 2013, (91): 138 – 146.

［224］ UNDP. Human Development Report ［R］. Oxford: Oxford University Press, 1997.

［225］ Umoh, G. S.. Programming Risks in Wetlands Farming: Evidence from Nigerian Floodplains ［J］. Journal of Human Ecology, 2008, 24 (2): 85 – 92.

［226］ Wagle, U. R.. Multidimensional Poverty: An Alternative Measurement Approach for the United States? ［J］. Social Science Rearch, 2008, 37 (2): 559 – 580.

［227］ White, H., and E. Anderson. Growth Versus Redistribution: Does the Pattern of Growth Matter? ［J］. Development Policy Review, 2001 (3): 267 – 289.

［228］ Woolcock, M.. Social Capital and Economic Development: Toward a Theoretical Synthesis and Policy Framework ［J］. Theory and Society, 1998 (27): 151 – 208.

［229］ World Bank. From Poor Areas to Poor People China's Evolving Poverty Reduction Agenda An Assessment of Poverty and Inequality in China ［R］. Washington D. C. ：The World Bank，2009.

［230］Zimmerman，M. A.. Taking Aim on Empowerment Research：On the Distinction between Individual and Psychological Conceptions ［J］. American Journal of Community Psychology，1990，18（1）：169–176.

图书在版编目（CIP）数据

参与式社区综合发展的减贫防贫效应研究：基于多维动态视角/郭君平著．—北京：经济科学出版社，2018.5

（中国农业科学院农业经济与发展研究所研究论丛．第 5 辑）

ISBN 978 - 7 - 5141 - 9138 - 7

Ⅰ.①参… Ⅱ.①郭… Ⅲ.①扶贫 - 研究 - 中国

Ⅳ.①F126

中国版本图书馆 CIP 数据核字（2018）第 050496 号

责任编辑：齐伟娜 初少磊
责任校对：郑淑艳
责任印制：李 鹏

参与式社区综合发展的减贫防贫效应研究

——基于多维动态视角

郭君平 著

经济科学出版社出版、发行 新华书店经销

社址：北京市海淀区阜成路甲 28 号 邮编：100142

总编部电话：010 - 88191217 发行部电话：010 - 88191540

网址：www. esp. com. cn

电子邮箱：esp@ esp. com. cn

天猫网店：经济科学出版社旗舰店

网址：http://jjkxcbs. tmall. com

北京季蜂印刷有限公司印装

710×1000 16 开 14.5 印张 220000 字

2018 年 5 月第 1 版 2018 年 5 月第 1 次印刷

ISBN 978 - 7 - 5141 - 9138 - 7 定价：48.00 元

（图书出现印装问题，本社负责调换。电话：010 - 88191502）

（版权所有 翻印必究 举报电话：010 - 88191586

电子邮箱：dbts@ esp. com. cn）